农村金融知识

简明读本

NONGCUN JINRONG ZHISHI JIANMING DUBEN

主　编　刘音妤

副主编　张　芳　朱云霞　邵建平

兰州大学出版社

图书在版编目(CIP)数据

农村金融知识简明读本/刘音妤主编. —兰州:兰州大学出版社,2009.8

(2009 农家书屋文库)

ISBN 978-7-311-03467-2

Ⅰ.农… Ⅱ.刘… Ⅲ.农村金融—基本知识—中国

Ⅳ.F832.35

中国版本图书馆 CIP 数据核字(2009)第 153104 号

责任编辑	佟玉梅
封面设计	管军伟

书　　名	农村金融知识简明读本
主　　编	刘音妤
副 主 编	张　芳　朱云霞　邵建平
出版发行	兰州大学出版社　(地址:兰州市天水南路 222 号　730000)
电　　话	0931－8912613(总编办公室)　　0931－8617156(营销中心)
	0931－8914298(读者服务部)
网　　址	http://www.onbook.com.cn
电子信箱	press@onbook.com.cn
印　　刷	兰州人民印刷厂
开　　本	710×1020　1/16
印　　张	17.75
字　　数	261 千
版　　次	2009 年 10 月第 1 版
印　　次	2009 年 10 月第 1 次印刷
书　　号	ISBN 978-7-311-03467-2
定　　价	25.60 元

前　言

很多农民朋友可能曾经有这样的经历：辛辛苦苦挣的血汗钱，怕露富，不将钱存入银行，藏在角落里、埋在地下，等到翻出来的时候才发现已经被老鼠咬破了。年底领到打工工资后，不知道可以汇款，把钱带在身上，坐火车、坐汽车及睡觉都不踏实，装钱的口袋要拿在手上，提心吊胆就怕被小偷偷走。辛辛苦苦养了几十头羊，卖了 2 000 元钱，等到把钱存到农村信用社时才发现都是假的。一片好心为朋友担保，结果发现自己却被告上法庭。另外，还有在孩子上学或者给老人看病急需用钱的时候，不知道去信用社贷款，到处找亲朋好友借钱，东拼西凑，砸锅卖铁……

农民对金融知识的欠缺，不仅表现在对金融基本常识的缺乏和了解上，更为重要的是获得金融信息的渠道少。在日常的生活中，如存款等基本金融知识是很多农民相对较为熟悉的，而对贷款、理财、银行卡、保险等金融知识的了解就少一些，对相关金融政策、法律法规知识的了解就更少。大部分农民都是通过与农村信用社打交道才了解到一些相关的金融信息，通过这种方式得到的金融知识有时并不全面。本书通过系统的梳理，深入浅出、通俗易懂地给农民介绍各种金融知识，提供给农民生活中需要掌握的一些有用的金融技能，帮助农民享受现代金融带来的各种便捷和服务，为农民脱贫致富奔小康搭建一个良好的平台。

本书共七篇，分别为：金融机构篇、储蓄存款篇、贷款篇、银行卡和其他金融服务篇、投资理财篇、保险篇、人民币知识和反假币篇。

金融机构篇　主要介绍了当前我国的金融机构和专门为农民服务的金融机构及其业务和职能。

储蓄存款篇　主要介绍了当前银行、农村信用社推出的活期和定期存款等各种储种,比较了优缺点,帮助农民根据自己的实际情况选择最适合的存款等。同时,还介绍了办理各种储蓄存款的方法及相关知识。

贷款篇 主要介绍了银行和信用社发放贷款的种类、条件、期限等基础知识。农民办理各类贷款的程序与需要提供的资料等,本篇尤其针对农民生产、生活的实际,重点介绍了国家助学贷款、农户小额信用贷款、农村个人住房贷款等业务的办理。同时,还对农村非法集资和高利贷的情况进行了介绍。

银行卡和金融服务篇 主要介绍了办理借记卡与信用卡的方法,银行卡的使用,银行卡诈骗手法等知识。同时,对当前银行和信用社提供的结算、代理、反洗钱等金融服务以及新型金融产品进行了介绍。

投资理财篇 主要介绍了理财的各种方法和技巧。针对农民防范风险的需要,重点向农民推荐如何搭配使用各种储蓄方式,使用"四分存单法"、"四阶梯存单法"、"12存单法"、"利滚利存款法"等储蓄理财的技巧,使自己既能够保证日常用钱需要,又能够获得最多的利息收入。另外,还向农民介绍了购买国债、股票、基金、黄金等投资理财知识。

保险篇 主要介绍了农村企业与农民个人能够办理的各种保险业务。介绍了保险公司提供的各种保险品种的有关知识。同时,还为农民提供了怎样挑选保险产品,怎样与保险公司打交道,怎样看懂保险合同,怎样投保以及怎样向保险公司索赔等方面的知识。

人民币知识和反假币篇 主要介绍了当前我国发行的五套人民币的基础知识,说明了目前流通中的第五套人民币的防伪特征。介绍了识别假币的"一看、二摸、三听、四测"等方法。同时,对如何兑换残缺、污损的人民币以及对纪念币和国库券的真假鉴别和交易进行了介绍。

本书在写作过程中借鉴了一些其他学者的观点,在此表示感谢。同时,由于时间和编者水平有限,本书在写作过程中难免存在一些疏漏和不妥,请读者给予批评指正。

编 者

2009 年

目　录

金融机构篇

一、我国的金融机构

金融机构是对从事资金融通部门的统称（或称从事货币信用活动的中介组织）。

我国金融业由银行业、证券业、保险业三大部分组成。因此,我国的金融机构主要由银行机构、证券机构和保险机构三类构成。

按照地位和功能的不同,我国的金融机构可以分为:

(1)中央银行,即中国人民银行。

(2)政策性银行,包括国家开发银行、中国农业发展银行、中国进出口银行。

(3)商业银行,主要包括大型商业银行、中小商业银行、农村金融机构、中国邮政储蓄银行和外资银行。

大型商业银行包括:中国工商银行、中国农业银行、中国银行、中国建设银行和交通银行。

中小商业银行包括:股份制商业银行和城市商业银行。股份制商业银行包括:中信银行、中国光大银行、华夏银行、中国民生银行、广东发展银行、深圳发展银行、招商银行、兴业银行、上海浦东发展银行、恒丰银行、浙商银行、渤海银行等。城市商业银行是在原城市信用社的基础上组建的,如北京银行、上海银行等。

农村金融机构包括:农村信用社、农村商业银行、农村合作银行、新型农村金融机构如村镇银行、农村资金互助社、小额贷款公司等。

中国邮政储蓄银行是在邮政储蓄的基础上组建的。2006 年 12 月 31

日经国务院同意,中国银监会正式批准成立,2007年3月20日挂牌。

外资银行:2006年12月11日,我国加入世界贸易组织过渡期结束,取消了外资银行经营人民币业务的地域和客户限制,允许外资银行对所有客户提供人民币服务。外资银行包括外商独资银行、中外合资银行、外国银行分行、外国银行代表处。

(4)保险公司,主要包括全国性的保险公司,地方性的保险公司和外资、合资保险公司。

全国性的保险公司包括中国人民保险(集团)公司,中保财产保险有限公司,中保人寿保险有限公司,中保再保险有限公司,中国太平洋保险公司,中国平安保险公司,华泰财产保险公司,泰康人寿保险公司和新华人寿保险公司等。

地方性的保险公司有新疆兵团保险公司,天安保险公司,大众保险公司,永安财产保险公司和华安财产保险公司等。

外资、合资保险公司有香港民安保险深圳公司,美国友邦保险公司上海分公司,美国美亚保险公司广州分公司,东京海上保险公司上海分公司,中宏人寿保险股份有限公司和瑞士丰泰保险公司上海分公司等。

(5)证券机构,主要包括证券公司、证券交易所、证券登记结算公司。

证券公司,又称券商,如华夏证券有限公司,中国国泰证券有限公司,中国国际金融有限公司,广发证券股份有限公司,中国海通证券股份有限公司等。

证券交易所,如上海证券交易所和深圳证券交易所。

登记结算公司,如中国证券登记结算有限责任公司。

(6)信托投资公司是一种以受托人的身份代人理财的金融机构。业务范围主要限于信托、投资和其他代理业务。如北京国际信托投资有限公司,深圳国际信托投资公司,国联信托股份有限公司等。

(7)其他金融机构,如金融租赁公司,典当行,财务公司等。

二、我国的农村金融机构

农业是国民经济的基础,农业、农村、农民是农村金融机构服务的对象,也是农村金融事业发展的基础。我国农村金融体系主要由以下银行和非银行金融机构组成:中国农业发展银行、中国农业银行、农村信用合作社、新型农村金融机构、农村保险机构等。

三、中国农业发展银行的职能

中国农业发展银行是专门服务农村的政策性银行,于 1994 年 11 月 18 日正式成立。

中国农业发展银行的主要职能是:按照国家的法律、法规和方针、政策,以国家信用为基础,筹集农业政策性信贷资金,承担国家规定的农业政策性金融业务,代理财政支农资金的拨付,为农业和农村的经济发展服务。

中国农业发展银行主要资金来源是中国人民银行的再贷款,同时也发行政策性金融债券。其主要业务范围是:

(1)办理由国务院确定、中国人民银行安排资金并由财政部予以贴息的粮食、棉花、油料、猪肉、食糖等主要农副产品的国家专项储备贷款;

(2)办理粮、棉、油等农副产品的收购贷款及粮、油调销和批发贷款;

(3)办理扶贫贷款和农业综合开发贷款,以及国家确定的小型农、林、牧、水基本建设和技术贷款;

(4)为各级政府设立的粮食风险基金开户并代理拨付;

(5)发行金融债券;

(6)境外筹资;

(7)办理业务范围内开户企事业单位的存款。

中国农业发展银行不办理农民个人的信贷业务。中国农业发展银行总行设在北京,在省、自治区、直辖市设分行,地、市设二级分行,县一级设支行。

四、中国农业银行的业务

(一)中国农业银行改革历程

中国农业银行是新中国成立的第一家商业银行,也是改革开放后第一家恢复成立的国家专业银行。中国农业银行最初成立于 1951 年,在 1979

年为配合农村的家庭联产承包责任制改革,中国农业银行恢复成立。当时的定位是专业银行,统一管理支农资金,集中办理农村信贷,领导农村信用合作社。到上世纪 80 年代中期,中国农业银行全部贷款中的 98% 都集中投向了我国农村。进入上世纪 90 年代中期,中国农业银行开始全面向国有商业银行转轨。自 1994 年至 2005 年,中国农业银行先后经历了中国农业发展银行分设、与农信社脱钩、剥离不良资产等过程。在商业化进程中,为了提高劳动生产率,中国农业银行撤离了部分农村领域,2006 年前,中国农业银行县一级网点一度曾大幅收缩。由于受我国农村落后的生产力所困,中国农业银行积累了大量的不良资产。从 2004 年以来,我国开始实施国有商业银行股份制改革,但由于农业银行的历史包袱重,经营基础弱,又涉及国家和社会极为关注的农村经济政策,直到 2007 年 1 月,全国金融工作会议才确定了中国农业银行改革"面向'三农'、整体改制、商业运作、择机上市"的十六字方针。2008 年 11 月 6 日,国家通过汇金公司向中国农业银行注资 1 300 亿元人民币等值美元。 2009 年 1 月 15 日更名为"中国农业银行股份有限公司",实现了由国有独资商业银行向股份制商业银行的历史性跨越。

(二)中国农业银行的主要业务

2007 年,国务院对中国农业银行改革的定位是:强化为"三农"服务的市场定位和责任,充分利用在县域的资金、网络和专业等方面的优势,更好地为"三农"和县域经济服务。目前,中国农业银行是我国唯一一家以服务"三农"为特色的大型商业银行,服务好"三农"成为中国农业银行的职责所在。中国农业银行的主要业务包括:

(1)办理各类存款、贷款;

(2)办理转账结算、现金结算、票据贴现和信用卡业务;

(3)办理信托、委托、代理、租赁、抵押、房地产开发、咨询等业务;

(4)办理外汇存贷款、出口信贷、外汇汇款、进出口贸易结算、非贸易结算、代理外币及外币票据兑换、外币票据贴现、代客户办理即期与远期外汇买卖、外币有价证券买卖、境外外汇借款、境内外发行、代理发行外币有价证券、外汇担保和见证、资信调查和咨询服务等业务。

中国农业银行总行设在北京,在省、自治区、直辖市设分行,地、市设二级分行,县一级设支行,县以下设营业所、分理处、储蓄所。

五、农村信用社的职能

农村信用社是由农民和集体经济组织自愿入股组成,由入股人民主管理,主要为入股人服务的具有法人资格的金融机构。农村信用社实行自主经营,独立核算,自负盈亏。农村信用社联合社是由辖区内农村信用社入股组成,实行民主管理,主要为入股农村信用社服务的信用社联合社组织,信用社联合社对农村信用合作社实行管理、监督和协调。

自 2003 年 8 月以来,我国启动了农村信用社改革。按照"国家宏观调控,加强监督,省级政府依法管理,信用社自我约束、自担风险"的原则,各省成立了省级农村信用社联合社,经省政府授权行使对全省农村信用社的管理、指导、协调、服务职能,构建了新的管理体制。

农村信用社主要业务范围是:

(1)办理农户、个体户、农村合作经济组织的存款、贷款;

(2)代理银行委托业务及办理批准的其他业务;

(3)办理转账结算、现金结算、票据贴现和信用卡业务;

(4)办理代付、代收及保险等中间业务等。

六、新型农村金融机构

2006 年 12 月 20 日,中国银行业监督管理委员会下发了《关于调整放宽农村地区银行业金融机构准入政策 更好支持社会主义新农村建设的若干意见》,鼓励各类资本到农村地区新设主要为当地农户提供金融服务的村镇银行,鼓励发展服务农民和农村小企业的社区性信用合作组织,鼓励境内商业银行和农村合作银行在农村地区设立专营贷款业务的全资子公司,并要求新设银行业法人机构总部原则上设在农村地区,其具备贷款服务功能的营业网点只能设在县(市)或县(市)以下的乡(镇)和行政村。同时,农村地区各类新设立的银行业金融机构,其金融服务必须能够覆盖机构所在地辖内的乡(镇)或行政村。

2007年10月,经国务院同意,中国银监会决定扩大调整放宽农村地区银行业金融机构准入政策试点范围,将试点省份从原来的四川、青海、甘肃、内蒙古、吉林、湖北6省(区)扩大到全部31个省(市、区)。

也就是说,新型农村金融机构是指2006年以来根据中国银监会有关规定新成立的服务"三农"的银行业金融机构。到2008年底,全国获准开业的新型农村金融机构已经达到105家。其中,村镇银行89家,贷款公司6家,农村资金互助社10家。

七、农村保险机构

农村保险是我国保险事业的重要组成部分。虽然我国目前还没有专门的农村保险机构,但中国人民保险公司、中国太平洋保险公司、中国平安保险公司等已将业务范围逐步扩展到农村,并与中国农业银行签订了代理保险业务协议,部分地区的农村信用社也和保险公司签订了代理保险业务协议,全面开展了农村财产保险、责任保险、保证保险、人身保险等业务。为了给我国的农业风险撑起"保险伞",《国务院关于农村金融体制改革的决定》明确指出,要在总结试点的基础上,逐步建立农村保险合作社,并组建国家农业保险公司和地方农业保险公司,为农村保险合作社办理分保和再保险业务。

储蓄存款篇

　　存款可分为个人存款和对公存款。个人存款又叫储蓄存款,是指个人将闲置不用的资金存入银行,并可以随时或按约定时间支取款项的一种信用行为。对公存款又叫单位存款,是机关、团体、部队、企业单位、事业单位和其他组织以及个体工商户将资金存入银行,并可以随时或按约定时间支取款项的一种信用行为。

　　储蓄存款是农民最常接触的金融业务之一,是指农民把自己暂时不用的钱存入银行或农村信用社,以备将来使用并能获取利息的一种方式。

　　把钱存入银行或农村信用社有很多好处:一是把钱存入银行或农村信用社最安全,最保险,如果把钱藏在家里,钱有可能被老鼠咬烂,被小偷偷走,甚至可能霉烂,造成损失;而存放到银行或农村信用社能够防止这些情况的发生。二是把钱存入银行或农村信用社是有利息的,即俗话说的"钱生钱"。三是可以积少成多,集聚资金,集中财力来办理建房、结婚、生产、投资、养老等大事。

一、储蓄存款的种类

(一)活期储蓄

　　活期储蓄是指不确定存期,储户随时可以存取款、存取金额不限的一种储蓄方式。根据存取方式不同,农业银行和农村信用社开办的活期储蓄分为三种形式:

1.活期存折储蓄

　　开户时1元起存,多存不限,存取自由,灵活方便。特点是适应性强,适合于个人生活待用款和暂时不用、闲置时间不长的款项的存储。

2.活期存单储蓄

一次性存入、一次性支取的活期储蓄存款。该种储蓄一次存入,一次支取,金额、存期都不受限制,储蓄机构发给存单作为存款凭证,凭存单随时支取,按实存天数计息,利随本清。

3.活期支票储蓄

一种以个人存款作保证,以支票作为支付结算凭证,由存款人签发给收款人,在办理支票业务的银行办理支现或转账结算的活期储蓄存款。适用于存取金额较大,存取频繁,信誉较好的储户。目前,我国只在少数大城市办理活期支票储蓄业务。

(二)定期储蓄

定期储蓄是指在存款时约定存期,一次或按期分次存入本金,整笔或分期、分次支取本金或利息的一种储蓄方式。可以根据自己资金闲置时间的长短选择不同的期限,同时可办理定期存款到期约定转存或自动转存。存款利率较高,相比活期储蓄来说有较多的利息收入。

定期储蓄可分为以下几种类型:整存整取、零存整取、整存零取、存本取息、定活两便和通知存款。

1.整存整取

指开户时一次性存入本金,并约定固定的存期,到期时一次性支取本金和利息的一种储蓄。特点是:存期长、稳定性强、利率较高。适合于较长时间不用的生活节余款以及个人积蓄的存储。这种方式储蓄要求 50 元起存,多存不限,存期分为 3 个月、半年、1 年、2 年、3 年、5 年,不同档次执行不同利率,存期越长,利率越高。

2.零存整取

指银行和储户约定一个期限,在期限内按照约定金额,将资金分期固定存入账户中,到期时支取本金和利息的一种定期储蓄。这种储蓄一般 5 元起存,存期分为 1 年、3 年、5 年,存款金额由储户自己确定,一般每月存入一次,中途如有漏存,可在次月补齐,到期支取时按实存金额和实际存期计算利息。

3.整存零取

指由储户与银行约定存期,一次存入一笔较大的整数资金,分期陆续平均支取本金,到期支取利息的一种储蓄。该种储蓄1 000元起存,存期分1年、3年、5年。支取期由储户与银行协商确定。

4.存本取息

指由储户与银行约定存期,开户时一次存入本金,在约定存期内按照相应档次的利率分次支取利息,到期支取本金的一种储蓄。这种储蓄5 000元起存,存期分1年、3年、5年,可以1个月或几个月取息一次,由储户与银行协商确定。

5.定活两便

指存款时不确定存期,可随时到银行提取,利率随存期长短而变化、兼有定期和活期两种性质的储蓄种类。这种储蓄一般50元起存,存单分记名、不记名两种,记名式可挂失,不记名式不挂失。

6.个人通知储蓄存款

指储户在存入款项时不约定存期,支取时需提前通知银行,约定支取日期和金额才能取款的一种储蓄方式。根据储户提前通知时间的长短,分为1天通知存款与7天通知存款两个档次。这种存款方式最低起存金额为5万元,最低支取金额为5万元,存款人需要一次性存入,但可以一次或分次支取。

7.教育储蓄

指个人为其子女上高中、大中专、大学本科、硕士或者博士研究生而积蓄资金,分次存入,到期支取本息的一种定期储蓄。教育储蓄是一种特殊的零存整取定期储蓄存款。

二、怎样选择储蓄方式

银行和农村信用社开办的储蓄种类很多,各有各的特点,储户可根据个人的需要进行选择。

活期储蓄存款随时存取灵活方便,只要活期储蓄账户里面有钱,就可以随时取钱,存钱和取钱的金额、次数都不受限制。活期储蓄的利率会比定期存款利率低一些。适用于个人日常生活中当期不需用钱,而近期有消费需要的存储。如果这些钱不存入银行,说不定哪一天一高兴就会花掉,如果存入银行,就可以能省则省,把零星小钱积累成为一笔可观的资金。

整存整取定期储蓄存款,适宜于个人较长时间闲置节余的资金的存储。由于有相对较高的利息,家庭中需要攒钱建房、买农机具、供子女上学、子女结婚、防病养老等,均可采用此种方式存钱。

零存整取定期储蓄存款,适宜于农村中多数在外打工的中青年人,每月有较为固定的收入来源者采用。这种方式存款可以积少成多,积零成整,帮助打工的中青年人积累财富,便于在春节或其他时候回家时带更多的钱,办更多的事。

存本取息定期储蓄存款,特别适合于退休回农村后有养老金和抚恤金的老人。他们可以定期得到一笔较为固定的利息收入,有利于安排好家庭生活。

整存零取定期储蓄存款,适合于拥有一笔较大的收入节余而要养活家人,供子女上学、子女结婚或者赡养老人的个人或家庭采用。

定活两便储蓄存款,既有活期储蓄随时存取的灵活性,在达到一定存期后又能够享受比活期储蓄高的利息。如果个人或家庭收入季节性较强,用钱季节性也较强,还有一些日常收入一时难以确定用到什么地方,这时就可以选择定活两便储蓄,这样既可在用钱时随时支取,又可在不用钱时获取较多的利息。

个人通知储蓄存款,除了具有定活两便储蓄的优点外,其利率比定活两便储蓄要高。但由于这种储蓄要求起存金额较高,因此,比较适合那些一次收入较多,而近期内如何使用一时心中没底,又不好确定存期的一种个人选择存款方式。

教育储蓄,能积零成整,满足中低收入家庭小额存储,积蓄资金,解决子女非义务教育支出的需要。适合家中有上小学4年级以上的在校学生的家庭。

以下是各种存款种类的比较,见表2-1。

表 2-1　各种存款种类比较

储　种	存　期	金 额 限 制	存 取 方 式
活期	不定期	1 元起存	随时
整存整取	3、6 个月，1、2、3、5 年	50 元起存	一次存入一次支取
零存整取	1、3、5 年	5 元起存	逐月存入一次支取
整存零取	1、3、5 年	1 000 元起存	一次存入,分次支取本金,到期支取利息
存本取息	1、3、5 年	5 000 元起存	一次存入,分次支取利息,到期支取本金
定活两便	不定存期	50 元起存	随时
通知存款	不定存期	50 000 元起存	一次存入,一次或分次支取,支取前 1 天或 7天通知
教育储蓄	1、3、6 年	50 元起存,最高 20 000 元	分次存入,一次支取

三、怎样在银行开户和销户

小故事

小李第一次存钱的经历

在某建筑队打工的河南籍小伙子小李刚把拖了半年的工资领到手。50 元一张的,厚厚的一沓。对于小李这样打工生涯才一年的"生手"来说,已经是一笔不小的收入了。想起刚刚打电话老爹交待的话:"过两年就该娶媳妇了,要把钱存起来,可别弄丢了。"小李回到宿舍就没闲着,这么多钱搁那儿呢,床底?顶棚?墙缝……恐怕都不行。他们住的地方就是一个大棚,全是大通铺,人来人往,进出自如,跟菜市场一样,不安全! 还是存银行得了。

小李小心翼翼揣着钱走到工地附近的一家银行。找到银行了却找不着门,后来看见有人从转动的"门"进出,他大着胆子跟在后面,迷迷糊糊转了几圈,结果还在外面,试了几次终于进到厅里。大厅里,一排排椅子坐满了人,小李正纳闷大家怎么都像看猴一样看着他时,一个保安走过来告诉他:"请拿号!"搞不清楚什么意思的小李惶恐地望着保安,保安又说:"拿号!"小李还是没弄明白,傻傻地站在大厅里。保安看了他一眼,走到一台机器旁边,用手指头在一个屏幕上点了一下,拿出一张纸条递给小李,然后说:"等一会!"听着大厅里不时响起的一个甜美的广播声音"请××号顾客到 5 号柜台",小李这会终于明白了,乖乖地走到一张空椅子上坐了下来。等了十几分钟,听到广播里叫到自己手中小纸条上的号到 4 号柜台时,小李赶快走了过去,站在柜台前。紧张的小李把钱递进窗口里,里面的服务小姐问:"存定期还是活期?"小李愣了愣,忙答道:"活的、活的"。服务小姐从窗口递出一张纸,"请填这张表,出示您的身份证。"额头见汗的小李好不容易填好表,连着身份证递给服务小姐。只见服务小姐在电脑上噼里啪啦一阵敲打,然后又让小李输密码。小李一时半会不知道输什么好,想了好一会,才手忙脚乱地摁了几个数字。当服务小姐把存折递出来时,小李抓起存折就慌忙跑出银行,出了门才发现,自己的内衣都让汗湿了。

(一)个人怎样开户

拿本人有效身份证件 (16 周岁以上携带居民身份证或临时居民身份证,16 周岁以下带户口簿),到银行或者农村信用社的营业柜台亲自办理个人账户的开户手续。如果请别人代办开户手续,还需要出示代理人的有效身份证件。个人结算账户不允许别人代办开户。

开户时,银行会要求填写开户凭条或者"活期储蓄存款凭条",按要求填写姓名、身份证号、地址、电话、存款金额等资料,然后再签名确认,将开户凭条和身份证一同交给银行工作人员就可以了。为便于日后取款或办理其他业务时验证本人身份,银行会要求开户时预留印鉴或者输入密码。如果选择将来取款时凭印鉴支取,储户需要盖上个人印章。如果选择凭密码支取,应输入 6 位数的密码。储户可以跟银行说明,开立需要的是存折、银行卡或者存单,以及是否需要通存通兑,手续办妥后,就可以领到自己的存折(存单)或者银行卡了。

小知识

什么是通存通兑

所谓通存通兑业务是指某一个银行在某一个范围内(全国、省或市、县),一个服务网点(储蓄所)开出的存单,可以在任何一个服务网点上兑现现金,不收取任何手续费。

跨行通存通兑业务是指市民通过银行向本人或他人实时办理资金转账、现金存取和信息查询的业务。也就是说,实现通存通兑之后,手中持有A银行存折的市民,完全可到B银行办理存取款,而不必再像以往那样,将现金在不同银行间"搬来搬去"。比如,中国邮政储蓄银行的通存通兑分为全市通存通兑、异地通存通兑和金卡跨行通兑三种。

①全市通存通兑:邮政储蓄计算机联网点的活期储蓄用户凭存折可在所在城市邮政储蓄计算机联网点的储蓄窗口办理存款和取款业务;凭邮政储蓄卡在自动柜员机(ATM)上办理取款和查询业务。

②异地通存通兑:邮政储蓄计算机联网点的活期储蓄用户凭存折和密码可在全国邮政储蓄卡网络上的任何一个联网点的储蓄窗口办理存款和取款业务;凭邮政储蓄卡在自动柜员机上办理取款和查询业务。办理全国通存通兑业务不收取任何手续费。

③金卡跨行通兑:金卡跨行通兑业务是指所在城市金融机构以及邮政储汇局发行的信用卡(含储蓄卡)可在上述各单位设置的ATM上互相代理,并相应进行跨行资金划拨清算业务。储户持邮政储蓄卡可在所在城市工商银行、农业银行、中国银行、建设银行等商业银行联网的ATM上办理查询和取款业务,上述银行发行的信用卡(储蓄卡)的持有者也可在邮政储蓄联网的ATM上办理查询和取款业务。储户办理金卡跨行通兑业务无须支付任何费用。储户办理业务过程中如果遇到账款不符的情况,可向ATM所属的邮政储蓄网点或银行办理查询。

开通跨行通存通兑的手续:客户在办理跨行通存通兑业务之前,须持本人有效身份证件和相关存款凭证,亲自到开户银行申请开通该业务,并签订业务协议;开通手续既可以在开立个人存款账户时一并申请,也可在开户之后再到开户银行另行申请。

目前开通通存通兑的账户限于活期存款账户，存款凭证包括活期一本通、普通活期存折和借记卡。客户到账户开户行申请开通通存通兑业务后，可持有效身份证件和相关存款凭证到任何一家开通跨行通存通兑业务的银行网点，即时办理存款、取款、查询等业务。为方便客户，跨行通存通兑允许代办，但需要出示代办人和存款人的身份证件和相关存款凭证。

开户时，银行一般都要求必须预存钱，有些银行要求至少预存 1 元钱，也有的银行要求至少预存 10 元钱。

个人可以在不同的银行开设不同的账户。比如，在农业银行××支行开了一张活期存折户后，还可以到其他银行，比如农村信用社再开一个活期存折户，办一张借记卡，或者可以到工行××支行再开设一个教育储蓄的账户。

随着银行服务水平的提高，在银行办理开户手续也越来越简单，开户凭条一般都集中放在银行的服务大厅里，而不再需要从银行工作人员处拿取。在填写开户凭条时，有填写好的开户凭条样本供参考。如果还有疑问，就可以直接询问办理的工作人员。

（二）农村企业怎样开户

对于农村企业、事业单位或者个体工商户来说，凡是具备开户条件的，都要在银行开立基本存款账户，以便办理转账结算。根据我国《银行账户管理办法》的规定，企业只能开立一个基本存款账户，不能多头开立基本存款账户。开立基本存款账户时，要由中国人民银行当地分支机构核发开户许可证。企业可以自主选择任何一家银行开立账户，银行也可以自愿选择企业开立账户。

申请开立基本存款账户的，应填制开户申请书，提供规定的证件。送交盖有存款人印章的印鉴卡片，经银行审核同意并凭中国人民银行当地分支机构核发的开户许可证，即可开立该账户。

印鉴卡片上填写的户名必须与单位名称一致，同时要加盖开户单位公章、单位负责人或财务机构负责人、出纳人员三枚图章。它是单位与银行事先约定的一种具有法律效力的付款依据，银行在为单位办理结算业务时，凭开户单位在印鉴卡片上预留的印鉴审核支付凭证的真伪。如果支付凭证上加盖的印章与预留的印鉴不符，银行就可以拒绝办理付款业务，以保障开户单位款项的安全。

设立基本账户时应提供给银行的材料包括：营业执照正本原件和3张复印件；组织机构代码证正本原件和3张复印件；公司公章、法人章、财务专用章；法人身份证原件和3张复印件；国、地税税务登记证正本原件和3张复印件；企业撤消原开户行的开户许可证、撤销账户结算清单、账户管理卡。

一般一个星期后可到开户行领取基本账户管理卡。

对于个体工商户来说，如果具有相当生产经营规模、符合银行开户条件的，可比照国有、集体农、工、商企业，在当地银行申请开立有关账户。如果生产规模较小，不完全具备银行开户条件的，经征得农业银行同意，也可开立一个存款户。个体工商户开户时所需要的材料是个体户营业执照、组织机构代码证、税务登记证、负责人身份证。

（三）什么是有效身份证件

有效身份证件是指符合法律、行政法规和国家有关规定的身份证件。根据《个人存款账户实名制规定》第五条，下列身份证件为实名证件：

(1)居住在境内的中国公民，为居民身份证或者临时居民身份证；

(2)居住在境内的16周岁以下的中国公民，为户口簿；

(3)中国人民解放军军人，为军人身份证件；中国人民武装警察，为武装警察身份证件；

(4)香港、澳门居民，为港澳居民往来内地通行证；

(5)台湾居民，为台湾居民来往大陆通行证或者其他有效旅行证件；

(6)外国公民，为护照。

（四）什么是存款实名制

个人存款账户实名制是指个人在银行开立存款账户时，必须出示本人的有效身份证件,并使用该证件上的真实姓名的制度。

从2000年4月1日起,我国开始实行存款实名制。它可以保证个人存款账户的真实性,有利于维护存款人的合法权益,有利于配合现金管理,防范经济、金融犯罪。

存款实名制有很多好处,假如您不小心把存折丢掉了,如果存折上的姓名与身份证上的姓名不一致,银行就不会给您挂失,存折上的钱就取不出来。当要提前支取定期存款,如果不是实名,银行也不会给您办理。而如果是实名,上面所说的两种情况就不会发生了,也不会给您的生活带来一些不必要的麻烦。其实,存款实名制还有一个好处,就是给那些想要匿名隐藏获得不义之财的人设置障碍。

(五)怎样销户

如果储户不想在开户的银行或农村信用社存取款,或者打算支取全部存款,以后不再续存,这时应按存折上的最后余额填写活期储蓄取款凭条,连同存折一起交给银行或农村信用社的柜台工作人员办理销户手续。银行验明存折和办理完账务后,在存折及账页上均加盖"结清"戳记,再结出储户应得的利息金额,填制利息清单,请储户签字后,再将一联利息清单同本息款项一并交付给储户。支票户只需将填好账户余额的支票交银行或农村信用社经办人员办理即可。

(六)谁有权查询、冻结、扣划个人的账户

金融机构及其工作人员负有为个人存款账户的情况保守秘密的责任。除法律另有规定的外,不得向任何单位或个人提供有关个人存款账户的情况,并有权拒绝任何单位或个人查询、冻结、扣划个人在金融机构的款项。否则,将予以严肃处理,造成严重后果的,要依法追究法律责任。

根据有关规定,对于金融机构工作人员违反规定,泄露个人存款情况并由此造成严重后果的,将依法对其追究法律责任。但依照中国人民银行发布的《金融机构协助查询、冻结、扣划工作管理规定》,以下机构有权根据工作需要要求金融机构予以配合,见表2-2。

除上述有关机关可以依法查询、冻结或扣划个人储蓄存款外,其他任

何不具有采取强制措施权利的单位到银行划拨或冻结个人储蓄存款的，都属于违法行为。

表 2-2　有权查询、冻结、扣划单位和个人存款的执法机关一览表

单位名称	查　询		冻　结		扣　划	
	单位	个人	单位	个人	单位	个人
人民法院	有权	有权	有权	有权	有权	有权
税务机关	有权	有权	有权	有权	有权	有权
海关	有权	有权	有权	有权	有权	有权
人民检察院	有权	有权	有权	无权	无权	无权
公安机关	有权	有权	有权	无权	无权	无权
国家安全机关	有权	有权	有权	无权	无权	无权
军队保卫部门	有权	有权	有权	无权	无权	无权
监狱	有权	有权	有权	无权	无权	无权
走私犯罪侦查机关	有权	有权	有权	无权	无权	无权
监察机关(包括军队监察机关)	有权	有权	无权	无权	无权	无权
审计机关	有权	有权	无权	无权	无权	无权
工商行政管理机关	有权	无权	暂停结算	暂停结算	无权	无权
证券监督管理机关	有权	无权	无权	无权	无权	无权

(七)很久没有使用银行账户应该怎样处理

　　首先应该考虑这个账户今后还有没有使用的必要，如果没有必要保留，建议去开户银行办理销户手续，避免财务管理上的混乱和不必要的"小额账户管理费"等支出。

　　银行对于一定时间以上没有客户主动交易的账户可能列为"长期不动户"或"睡眠账户"。如何办理"长期不动户"的重新使用或结清销户手续，须根据相关的银行规定办理。

四、怎样办理活期储蓄存取款

办理活期储蓄时,储户可以自由选择使用活期存折或者银行借记卡,现在的年轻人很多都是用借记卡,因为借记卡携带方便,而且还能在自动取款机(ATM)上使用。但是,很多年纪大一点的人都喜欢用活期存折。因为,活期存折的使用方法简单一些,交易记录和存折账户里的余额都可以打印在存折上,可以清楚地知道每次存钱或者取钱后,存折里面到底有多少钱。

(一)怎样用活期存折存取款

在办理活期存折的存取款时,要先填写存款凭证或者取款凭证,然后把凭证和存折一起交给银行柜台工作人员。现在有很多银行在办理活期存折的存取款业务时,可以不用填写存款和取款凭条,只需要告诉银行柜台工作人员,如"存 500 元钱"或者"取 500 元钱"等,银行就会根据储户的存款和取款需要打印出相关凭证,凭证上面有存折账户号、存款和取款的金额等信息,储户核对没有问题后,签字确认交给银行柜台工作人员就可以了。

如果是存单,则将存单交银行储蓄专柜经办人员办理即可。凭印鉴支取的应盖上个人印章。凭密码支取或通存通兑的,要在银行提供的输入机上输入密码,或以其他方式提供密码。钱取出后应小心保管。

需要注意的是,活期存折只能在开户银行的柜台上存取现金,不能在商户的 POS 机上使用, 也不能在 ATM 机上做存取交易。在使用活期存折时,应该仔细保管自己的账号、密码等资料,以免存折、密码被盗遭受损失。

(二)活期存折的挂失

如果不小心将存单(折)或者预留印鉴、印章丢失了,或者忘记密码了,不论存单是否到期,应立即持本人身份证明到开户银行申请挂失,并提供姓名、存款种类、存入日期、金额、账号及住址等有关情况,填写挂失申请书,向开户银行正式声明挂失止付。银行储蓄机构在确认该笔存款未被支取的前提下,方可受理挂失手续。办理挂失手续后 7 天(节假日除外)就可以领到新存折。

记名式的存单(或存折)可挂失,不记名式的存单(或存折)不可以挂失。若存款在挂失前或挂失失效后已被他人支取,银行不负责任。

1.口头挂失

如果储户当时出差在外或其他原因不能到原开户银行办理正式挂失手续,可用电话、电报、信函或在通存通兑网点办理口头挂失,以防止存折上的钱被别人领取。但必须在口头挂失5天之内(节假日顺延)补办书面正式挂失手续,否则口头挂失不再有效。

2.正式挂失

持本人身份证明到开户银行申请挂失,并提供姓名、存款种类、存入日期、金额、账号及住址等有关情况,填写挂失申请书,向开户银行正式声明挂失止付。正式挂失7天后,储户需与储蓄机构约定时间,办理补领新存单(或存折)或支取存款手续。如储户本人不能前往办理可委托他人代为办理挂失手续,但代理人要出示其身份证明。

3.撤销挂失

储户办理了挂失申请后,又要求撤销挂失的,必须持本人身份证明与挂失申请书的客户联到银行撤销挂失手续。

4.密码修改与取消

在出示本人身份证明与存单(或存折),准确输入原密码的情况下,可以直接修改密码。如果忘记密码,则应出示本人身份证明与存单 (或存折),要视同存单(或存折)挂失处理。

如果不慎将凭印鉴支取储蓄存款的印章丢失, 也应立即到银行申请挂失,注销原留印鉴,更换新印鉴。其挂失手续与存单(或存折)挂失基本相同。

五、怎样办理定期储蓄存取款

(一)整存整取定期储蓄存款的办理

整存整取定期储蓄存款的开户、到期支取手续与活期储蓄的手续基本相同,只是填写的存款凭条是"整存整取定期储蓄存款凭条"。不同的是，定期储蓄存款过期支取，过期时间只能按活期储蓄存款利率支付利息。定期储蓄存款未到期而提前支取时，必须提供本人的有效证件，如身份证或户口簿。如果都没有，可在村民委员会或工作单位开具证明，方可提前支取，否则银行或农村信用社将不予办理。

（二）零存整取定期储蓄存款的办理

零存整取定期储蓄存款的开户、续存、到期支取和提前支取手续与活期储蓄和整存整取定期储蓄存款的办理基本相同，只不过存取款时要填写"零存整取定期储蓄存款凭条"，每月必须存一次，且每月存款金额必须一样。如果有一个月漏存了，下一个月可以补存。

（三）其他定期储蓄存款的办理

其他储蓄存款，如整存零取、存本取息、个人通知储蓄存款，均可参照上述活期、定期储蓄的手续办理。不同之处有：

（1）存本取息储蓄存款，如果在取息日没有取息，则此次利息可以随时支取，但不计复利。如果储户需要提前支取本金，就按定期存款提前支取的有关手续办理，银行或农村信用社要扣回多支付的利息。

（2）个人通知储蓄存款不得转让，也不得续存，如果想续存，必须重新开户。如果想取款时，按存款时选择的品种提前通知原存款银行或农村信用社。通知储蓄存款如遇以下情况，按活期储蓄存款利率计息：未提前通知而支取的，支取部分按活期存款利率计息；已办理通知手续而提前支取或逾期支取的，支取部分按活期存款利率计息；支取金额不足或超过约定金额的，不足或超过部分按活期存款利率计息；支取金额不足最低支取金额的，按活期存款利率计息。

（四）怎样办理教育储蓄

1.教育储蓄的特点

（1）利率优惠，教育储蓄存期为一年、三年和六年，以零存整取的存款方式存入资金。计息时以相应年限同档次的整存整取的利率计付利息。

（2）教育储蓄如果提前支取，存够一年且提供有效证明，可按一年定期储蓄利率办理,且不收利息税,如存满两年则按两年定期计息,这不仅优于普通定期存款,也优于国债。

2.教育储蓄的开户对象

为在校小学四年级(含四年级)以上学生。具体来说,六年期教育储蓄适合小学四年级以上的学生;三年期教育储蓄适合初中以上的学生;一年期教育储蓄则适合高二以上的学生。

3.教育储蓄的存款利率

一年期、三年期教育储蓄按开户日同期同档次整存整取定期储蓄存款利率计息;六年期按开户日五年期整存整取定期储蓄存款利率计息。在存期内遇利率调整,仍按开户日利率计息。

4.办理教育储蓄的手续

(1)开户:教育储蓄采用实名制,须凭本人户口簿或居民身份证。对于部分离开户口所在地、无居民身份证和户口簿的16周岁以下学生,可凭本人学生证连同就读学校开具的证明,为其开立教育储蓄账户。

(2)存款:开户时客户须与银行约定每次固定存入的金额,分次存入,中途如有漏存,应在下一个月补齐,没有进行补存的则按零存整取定期储蓄存款的有关规定办理。如某储户在分期存入一年教育储蓄存款过程中,第七个月没有存入固定存额的100元,到第九个月存入3笔各100元,这样就形成违约。那么前6个月按公告的1年定期储蓄存款计付利息,以后的存款都作为公告的活期存款利率计息。若第八个月存入2笔各100元,这不是违约,到期后全部按相应的定期储蓄存款计息。

(3)取款:到期支取时,储户凭存折、身份证和户口簿(户籍证明)和学校提供的正在接受非义务教育的学生身份证明,一次支取本金和利息。如果不能提供相关证明,其教育储蓄不享受利率优惠,也就是说一年期、三年期按开户当天的同期同档次零存整取定期储蓄存款利率计付利息;六年期按照开户当天五年期零存整取定期储蓄存款利率计付利息。

(4)提前取款:教育储蓄提前支取时必须全额支取。提前支取时,须在学校提供证明的前提下,凭存折和本人身份证或户口簿到开户储蓄所办理提前支取。提前支取时,除不满一年的按实际存期和活期利率计息外,三年期和六年期提前支取的,按实际存期达到的相应档次的整存整取利率计付利息,并免征储蓄存款利息所得税。如:某储户携带一张已存 3 年零 8 个月的六年期教育储蓄存折来办理提前支取,在计付利息时按实际存期和三年期整存整取利率计息。如果不能提供证明的,按实际存期和支取日活期储蓄存款利率计付利息,并按有关规定征收储蓄存款利息所得税。

(5)延期取款:教育储蓄超过原定存期部分,即延期部分,按取款当日活期储蓄存款利率计付利息,并按有关规定征收储蓄存款利息所得税。

小知识

定期储蓄到期却没有支取或办理转存会有什么影响

针对这种情况,各银行储蓄机构的具体处理情况不同。有的储蓄机构业务系统对定期存款账户默认为自动转存,在这些储蓄机构的本、外币整存整取定期存款到期不取, 它们的业务系统将按原存期和到期当日该年限档次利率自动转存(原到期税后利息滚入本金复利计息),无须再到营业网点办理转存手续。自动转存后,如果没有存满下一存期,支取时按自动转存时新本金和支取日挂牌公告的活期利率计算利息。有的储蓄机构的业务系统对定期存款账户默认为不自动转存, 如果在开户时没有要求自动转存,那么这个整存整取账户就会从到期日开始转为活期存款计息。因此,在定期账户开户前一定要向开户银行问清楚能否自动转存,可以自动转存多少次,自动转存是本息一并转存,还是只转存本金部分。

小知识

什么是转存业务

转存业务包括约定转存和自动转存。储户开立个人定期存款账户时,凡选择约定转存的,在原存期内或转存期内办理存款支取的,被当作是提前支取,营业网点受理时要审验本人有效身份证件,代理他人支取时还需出示代理人的有效身份证件。约定转存的整存整取定期存款在每个转存期内允许部分提前支取一次。

定期自动转存存款是指储户约定在整存整取定期储蓄到期日自动将利息和本金一并按原存期转入下一个存款周期，利率按照转存日中国人民银行挂牌公告的同档次定期储蓄利率执行的一种存款。在原存期内办理提前支取或部分提前支取的，营业网点要审验本人有效身份证件，代理他人支取时还需审验代理人的有效身份证件；但在转存期内办理支取，被当做到(逾)期支取，营业网点不需审验有效身份证件。自动转存的整存整取定期存款在转存期内不得办理部分提前支取。

办理转存的两点好处：一是可以维护存款安全。因为支取到期的定期储蓄存款不需要任何证明手续，如果存单丢失，任何人捡到都可以凭此取款，会给储户带来很大的损失；而定期储蓄到期后立即办理续存手续的，就不会带来这些麻烦。二是可以增加利息收入。因为定期存款利息采用分段计息方法，到期后如不及时转存，其超过原定存期的时间，只按支取当日挂牌公告的活期储蓄存款利率计付利息。而定期储蓄到期后立即办理续存手续的，所得利息还可作为本金再存入，从而增加利息收入。

小知识
定期存款没到期就急需用钱怎么办

如果您的定期存款没有到期，但您急需一笔钱，这时候，有两种方案，一是提前支取，损失一部分利息收入。定期存款在没到期的情况下可以提前支取，但要按活期利率计息。哪怕只差一天到期，也全部按活期计算利息。如果不是要全部提前支取，可以部分提前支取一次，剩余部分还按存期、原利率计算。不需要到开户行去取，只要在同城这家银行的任一网点都可以取款。定期存单的话需要到开户行办理提前支取手续，如果是定期一本通的话可以在市内的同行网点办理通兑，如果只需要使用部分资金可以办理部分提取手续，每一笔定期存款可以办理一次。提前支取时，需要存款人带上本人身份证才可以取。如果是别人代取，则需要同时带上存款人身份证和代取人身份证才行。

还有一种方案是存单质押贷款，应付临时资金需要。采取哪一种方案，有一个简单的方法，就是必须比较两种方案的得失。如果贷款所付的利息比定期储蓄到期所能得到的利息还少，当然是提前支取定期储蓄。如果贷款所付利息比定期储蓄到期所得利息多，就可以用存单质押贷款的方式来获得资金。

六、怎样办理定活两便储蓄存款

储户将所存现金交柜台人员办理时，说明自己的姓名和存款金额，储蓄所填写三联式定活两便储蓄存单。若储户凭印鉴支取，还要提交自己的印章，加盖在存款凭条和储蓄账上用以核对。储蓄所收妥现金后，将存单联交给储户。

在支取时，储户填写定活两便储蓄取款凭条，注明取款日期、账号、姓名和取款金额，其余手续与活期存单储蓄取款相同。

七、怎样办理个人通知储蓄存款

个人通知储蓄存款在存入款项时不约定存期，但是要预先确定品种（分一天通知储蓄存款、七天通知储蓄存款两个品种），支取时需提前通知银行，约定支取日期及金额的储蓄存款方式。支取时，储户可根据需要分成若干次支取，支取的部分根据实际存期按支取月挂牌公告的利率计息，未取部分的按原存入日起息。

八、办理储蓄存款时应注意的问题

（1）要在国家批准设立的金融机构办理储蓄存款，以确保钱财安全。

（2）填写存款凭条时要注意：

①用真实姓名。这样如果存折或存单丢失，或是定期储蓄存款要提前支取，都可以用身份证办理挂失、补领和提前支取手续，以免带来不便和损失。

②亲自填写凭条。既可以留自己的笔迹，也可避免听错、写错以及账号和金额的泄露，引起纠纷和留下隐患。

③认真核对。既要核对自己填写的凭条上大小写金额是否相符,也要当面核对存折或存单的存取金额,以免发生差错。

很多人到银行办存款时,往往都是视若无人,存款凭条上所填的户名、账号、密码、地址等都会让人一览无余,有的存款人还把作废或填错的存款凭条随意丢弃,这些"坏"习惯很容易会让他人知晓存单上的内容。一旦被犯罪分子盯上,他们很可能会根据丢弃凭条中的线索或填写凭条时所看到的情况,去办理假挂失,从而冒领存款。

(3)为自己的存折加密、上锁。有几种办法:

①预留地址。这样可以在存折或存单丢失时,顺利办理挂失手续。如存折、存单被盗,也可防止冒领。

②预留印鉴。可把个人的名章加盖在银行或农村信用社的底账页上,并声明"凭印鉴支取",这样即使存折、存单丢失,储户在银行或农村信用社的储蓄存款也不会丢失。同理,也可在银行或农村信用社的底账页上留下笔迹、指纹等。

③预留密码。可将自己确定的密码留在银行或农村信用社的底账页上,并请银行或农村信用社在存折、存单上加盖"凭密码支取"戳记或注明,可以有效地防止存折丢失后造成损失。

有很多人在存款时认为有了密码存款就完全保险了,其实不然。有的人在存款时喜欢选用自己记忆最深的生日作为密码,但却不知道生日通过身份证、户口簿、履历表等都可能被他人知晓。因此,在选择密码时就要选择既容易记且又与自己特殊爱好密切相关和联系的数字,要切记不可把自己家中的电话号码或身份证号码作为预留密码,这些号码都很容易被外人知晓。总之,在存款选择密码时一定要慎重。

(4)存单到手后要仔细看清楚。存单是存款人对存款机构唯一的债权凭证,所以存单的要素是否齐全,金额正确与否,对存款人取款时起着关键性的作用。因此,在接到存单后一定要仔细看清三处:

①金额是否正确;

②姓名是否相符;

③印章是否齐全。

(5)要妥善保管存单、存折。银行签发给储户的存单、存折是银行办理储蓄业务的一种信用凭证,它既是储户凭以续存或支取款项的依据,又是银行对储户负经济责任的书面证明,因此,储户必须妥善保管以免丢失和损坏。存单和存折应与身份证、工作证、户口簿及私章等分开放置,存放地点应选择不易潮湿、无鼠咬的地方。

九、储蓄存款的继承与过户手续

储蓄存款的所有权发生争议,涉及办理过户的金融机构依据人民法院发生法律效力的判决书、裁定书或者调解书办理过户手续。具体手续如下:

(1)存款人死亡后,合法继承人为证明自己的身份和有权继承该项存款,应向金融机构所在地的公证处(未设公证处的地方应向金融机构所在地的县、市人民法院)申请办理继承权证明书,金融机构凭继承权证明书办理过户或支付手续。在存款发生争执时,金融机构凭人民法院的判决书、裁定书或调解书办理过户手续。

也就是说,作为一笔存款的合法继承人,应该向金融机构所在地的公证机关提供身份证、户口本以及存款人的死亡证明等(具体请咨询公证机关),请求办理财产继承公证。公证机关审查继承人提供的相关手续,在确认其具有合法继承权之后,依照公证程序办理继承权公证,然后就可以凭公证书到银行办理存款过户手续了。

(2)存款人已死亡,但存单持有人没有向金融机构申明遗产继承过程,也没有存款所在地法院判决书,直接去金融机构支取或转存存款人生前的存款,金融机构则视同正常支取或转存。如果事后引起有关存款继承争执,金融机构不负责任。

(3)在国外的华侨和港澳台同胞等在国内金融机构的存款或委托银行代为保管的存款,原存款人死亡,这时,如果其合法继承人在国内,凭原存款人的死亡证明向金融机构所在地的公证处申请办理继承权证明,金融机构凭继承权书办理存款的过户或支付手续。如果继承人在国外,可凭原存款人的死亡证明和经我国驻该国使领馆认证的亲友证明,向我国公证机关申请办理继承权证明书,金融机构凭继承权书办理存款的过户或支付手续。继承人所在国如系禁汇国家,按上述规定办理有困难时,可由当地侨团、友好社团和爱国侨领、友好人士提供证明,并由我国驻所在国使领馆认证后,向我国公证机关申请办理继承权证明书,金融机构再凭此办理过户或支付手续。继承人所在国如未与我国建交,应根据特殊情况,特殊处理。居住国外的继承人继承在我国内储蓄机构的存款,能否汇出国外,按我国外汇管理条例的有关规定办理。

(4)存款人死亡后,无法确定继承人又无遗嘱的,经当地公证机关证明,按财政部门规定,全民所有制企事业单位、国家机关、群众团体的职工存款,上缴国库收归国有。集体所有制企事业单位的职工,可转归集体所有。此项上缴国库和转归集体所有的存款都不计利息。

十、储蓄存款的利息和利率

储蓄存款利率是凭以计算各种储蓄存款利息的标准,它是在一定时期内存款利息与存款本金的比率。《储蓄管理条例》中规定:"储蓄存款利率由中国人民银行拟定,经国务院批准后公布,或者由国务院授权中国人民银行制定、公布,储蓄机构必须挂牌公告储蓄存款利率,不得擅自变动。"在社会主义事业发展的新时期,国家可以根据党在各个阶段的任务、方针和政策,依据国民经济形势的发展与变化以及经济建设对资金的需求情况,在兼顾国家、集体和个人三方面利益的要求下,有计划地调整储蓄存款利率。储蓄存款利率一经国家规定,必须统一执行,任何个人和单位都无权任意变更。

金融机构人民币存款基准利率见表2-3。

我国的利率分三种:

(1)中国人民银行对商业银行及其他金融机构的存、贷款利率,即基准利率,又称法定利率。

(2)商业银行对企业和个人的存、贷款利率,称为商业银行利率。

(3)金融市场的利率,称为市场利率。其中,基准利率是核心,它在整个金融市场和利率体系中处于关键地位,起决定作用,它的变化决定了其他各种利率的变化。

表 2-3 中国人民银行对存款利率的调整

调整时间	活期存款	定 期 存 款					
		三个月	半年	一年	二年	三年	五年
1990.04.15	2.88	6.30	7.74	10.08	10.98	11.88	13.68
1990.08.21	2.16	4.32	6.48	8.64	9.36	10.08	11.52
1991.04.21	1.80	3.24	5.40	7.56	7.92	8.28	9.00
1993.05.15	2.16	4.86	7.20	9.18	9.90	10.80	12.06
1993.07.11	3.15	6.66	9.00	10.98	11.70	12.24	13.86
1996.05.01	2.97	4.86	7.20	9.18	9.90	10.80	12.06
1996.08.23	1.98	3.33	5.40	7.47	7.92	8.28	9.00
1997.10.23	1.71	2.88	4.14	5.67	5.94	6.21	6.66
1998.03.25	1.71	2.88	4.14	5.22	5.58	6.21	6.66
1998.07.01	1.44	2.79	3.96	4.77	4.86	4.95	5.22
1998.12.07	1.44	2.79	3.33	3.78	3.96	4.14	4.50
1999.06.10	0.99	1.98	2.16	2.25	2.43	2.70	2.88
2002.02.21	0.72	1.71	1.89	1.98	2.25	2.52	2.79
2004.10.29	0.72	1.71	2.07	2.25	2.70	3.24	3.60
2006.08.19	0.72	1.80	2.25	2.52	3.06	3.69	4.14
2007.03.18	0.72	1.98	2.43	2.79	3.33	3.96	4.41
2007.05.19	0.72	2.07	2.61	3.06	3.69	4.41	4.95
2007.07.21	0.81	2.34	2.88	3.33	3.96	4.68	5.22
2007.08.22	0.81	2.61	3.15	3.60	4.23	4.95	5.49
2007.09.15	0.81	2.88	3.42	3.87	4.50	5.22	5.76
2007.12.21	0.72	3.33	3.78	4.14	4.68	5.40	5.85
2008.10.09	0.72	3.15	3.51	3.87	4.41	5.13	5.58
2008.10.30	0.72	2.88	3.24	3.60	4.14	4.77	5.13
2008.11.27	0.36	1.98	2.25	2.52	3.06	3.60	3.87
2008.12.23	0.36	1.71	1.98	2.25	2.79	3.33	3.60

按存款或贷款的期限,利率一般分为三种:年利率、月利率和日利率,又叫做年息率、月息率和日息率。计算利息时,年利率以"年"为计息期、又叫年息,按本金的百分之几(%)表示,如年息 8%,可称为年息 8 厘,表示每百元本金每年应得利息 8 元。月息是以"月"为计息期,按本金的千分之几来表示,如月息 3.2 厘,可称为月息 3 厘 2 毫、表示每 1 000 元本金每月应得利息 3 元 2 角。日利率是以"日"为计息期,按本金的万分之几表示,如日息 7 毫,表示每 10 000 元本金每日应得利息 7 角。

利率的采用,一般由存款或贷款期限来确定。为了便于计算,年息、月息和日息之间可以换算。利率换算公式:

年利率÷12=月利率;

年利率÷360=日利率;

月利率÷30=日利率。

十一、银行对于储蓄存款计息的基本规定

(一)计息金额

活期存款的计息起点为元,元以下角、分不计利息。利息金额算到分位,分以下的尾数按照四舍五入法进行取舍。储蓄利息不计复息。

(二)计息时间

从 2005 年 9 月 21 日起,中国人民银行规定,各家银行的个人活期存款从一年结一次利息改为一季一结,每季最后一个月的 20 日为结息日。

(三)计息期

储蓄存款的存期是从存入日算起至支取日前一天止,存入的当天计息,支取的当天不计息,习惯上称为"算头不算尾"。部分银行储蓄存款的天数按"一个月 30 天,一年 360 天"计算,不论大月、小月、平月、闰月,每月均以 30 天计算,故一年按 360 天计算,30 日及 31 日视为同一天,30 日到期 31 日支取,不算过期 1 天;31 日到期 30 日支取,也不算提前 1 天。

(四)计息方式

按照中国人民银行的规定,在计算存款利息时,银行可以选择积数计息法或逐笔计息法两种形式计算利息。

积数计息法是按实际天数每日累计账户余额,以累计积数乘以日利率计算利息。计息公式为:利息=累计计息积数×日利率。逐笔计息法,是按预先确定的计息公式逐笔计算利息。计息公式为:利息=本金×实际天数×日利率。

采用两种方法计算出来的利息并不一样,差别的原因在于一年究竟是按照360天算,还是按照实际天数算。比如:假设存款50 000元存一年,如果采用积数计息法计算利息,日利率为2.25%/360,存款期实际天数为365天,那么可获利息为50 000×365×(2.25%/360)=1 140.6元。如果采用逐笔计息法计息,那么可获得利息为50 000×1×2.25%=1 125元,较前者少得15.6元。

银行通常会默认一种计息方式,目前,四大国有银行的存款业务一般采取逐笔计息法,而部分股份制商业银行则采取积数计息法。

(五)有关规定

如果定期存款恰逢法定节假日到期,造成储户不能按期取款,储户可在节假日前一天办理支取存款,对此手续上视同提前支取,而储户应提供本人身份证件,利息按到期支取计算。

各种定期储蓄存款,在原定存期内如遇利率调整,不论调高调低,均按存单开户日所定利率计付利息,不分段计算。活期储蓄存款,如遇利率调整,不分段计息,而以结息日挂牌公告的活期存款利率计付利息。

各种定期储蓄存款,如提前或逾期支取部分,均按支取日挂牌公告的活期存款利率计付利息(通知储蓄存款除外)。

十二、计息举例

(一)活期储蓄存款的计息(按照逐笔计息法计算)

活期储蓄存款的计息公式为:

应付利息=本金×实际天数×日利率。

【例】2007年3月18日存入的活期存单一张，金额为5 000元，于2007年4月23日支取，应实付多少利息？

解：因为2007年3月18日，中国人民银行规定的活期存款利率为0.72%。因此，日利率为0.72%÷360=0.002%，

又因为从3月18日到4月23日，实存天数为36天，因此

应付利息=5 000×36×0.002%=3.6(元)。

（二）整存整取储蓄存款利息的计算

【例】某储户2000年2月25日存入1 000元，存期6个月，月利率1.8‰，于当年9月6日支取。当年活期储蓄存款月利率为0.825‰。由于定期储蓄存款到期后如果没有取，银行将自动转存。在本例中，如果支取时间为2000年9月6日，那么从存款到期日至支取日期间将按照活期存款利率计息；如果支取时间正好在2001年2月24日，那么将按照1.8‰的月利率计算第二段的半年期利息。所以，本例需分两段计算利息。

解：第一段(2月25日—8月24日共6个月)

1 000(本金)×1.8‰(月利率)×6(个月)=10.8(元)；

第二段(8月25日—9月5日共11天)

1 000(本金)×0.825‰÷30(日利率)×11(天)=0.3(元)；

实付利息：10.8+0.3=11.1(元)。

（三）零存整取储蓄存款利息的计息

零存整取定期储蓄计息方法一般为"月积数计息"法。其公式为：

利息=月存金额×累计月积数×月利率；

其中累计月积数=(存入次数+1)÷2×存入次数。

以此推算1年期的累计月积数为 (12+1)÷2×12=78，3年期、5年期的累计月积数分别为666和1 830。因此，零存整取一年的到期实付利息=月存本金×78×月利率，三年的到期实付利息=月存本金×666×月利率，五年的到期实付利息=月存本金×1 830×月利率。

【例】2002 年 3 月 5 日存入 300 元零存整取的存款，问 1 年后支取时应实付多少利息？（假定一年期零存整取利率为 1.98%）

解：实付息=300×78×1.98%÷12=38.61（元）。

（四）整存零取储蓄存款利息的计算

整存零取和零存整取储蓄相反，储蓄余额由大到小反方向排列，利息的计算方法和零存整取相同，其计息公式为：

每次支取本金=本金÷约定支取次数；

到期应付利息=（全部本金+每次支取金额）÷2×支取本金次数×每次支取间隔期×月利率。

整存零取定期储蓄分期支取中如有延期或提前支取，其延期或期满后延期支取部分，均按取款当日挂牌公告的活期储蓄存款利率计算。

【例】某人 2003 年 11 月 5 日存入银行整存零取三年期 3 000 元，月利率 2.275‰，约定每半年支取本金 500 元，到期支取时实付利息是多少？

解：实付利息=（3 000+500）÷2×6（支取本金次数）×6（间隔 6 个月取一次）×2.275‰=143.33（元）。

（五）存本取息储蓄存款的计算

存本取息定期储蓄每次支取利息金额，按所存本金、存期和规定利率先算出应付利息总数后，再根据储户约定支取利息的次数，计算出平均每次支付利息的金额。逾期支取、提前支取利息计算与整存整取相同，若提前支取，应扣除已分次付给储户的利息，不足时应从本金中扣回。计息公式：每次支取利息数=本金×存期（月）×月利率÷支取利息次数。

【例】某储户于 2006 年 2 月 20 日存入银行三年期存本取息 3 000 元，并约定每月取息，于 2006 年 7 月 1 日办理提前支取，假如该储户每月均到网点办理取息，问应付储户本息合计为多少？（假设年利率为 2.25%，活期存款利率为 0.72%）

解：已付利息=3 000×36（月数）×2.25%÷12÷36（支取利息次数）×4（已经支取的月数）=22.5（元）；

提前支取应实付利息=本金×日利率×天数=3 000×0.72%÷360×(211−80)=7.86(元)。

可得本息合计=本金+提前支取应实付利息−已付利息=3 000 元+7.86元−22.5 元=2 985.36(元)。

(六)定活两便利息计算

定活两便储蓄存款存期在 3 个月以内的按活期计算。存款期限 3 个月(含)以上不满半年的,整个存期按取款当日挂牌公告的整存整取 3 个月定期储蓄存款利率打六折计息;存款期限半年(含半年)以上不满 1 年的,整个存期按取款当日挂牌公告的整存整取半年期的定期储蓄存款利率打六折计息;存款期限在 1 年(含 1 年)以上,无论存期多长,整个存期一律按取款当日挂牌公告的整存整取 1 年期定期储蓄存款利率打六折计息。其公式为:

利息=本金×存期×利率×60%。

【例】某储户于 2006 年 3 月 1 日存入银行 10 000 元定活两便存款,分别于 2006 年 8 月 4 日、2006 年 9 月 15 日、2007 年 6 月 16 日支取,问储户支取时分别能得到多少利息?(三个月利率为 1.71%,半年利率为 2.07%,一年利率为 2.25%,按 20%缴纳利息所得税)

解:2006 年 8 月 4 日取款时获得利息为:

(244−91+3)天×(1.71%÷360)×10 000 元×60%×80%=35.57(元)。

2006 年 9 月 15 日取款时获得利息为:

(285−91+4)天×(2.07%÷360)×10 000 元×60%×80%=54.65(元)。

2007 年 6 月 16 日取款时获得利息为

(196+360−91+7)天×(2.25%÷360)×10 000 元×60%×80%=141.60(元)。

十三、利息税

利息税全称为"储蓄存款利息所得个人所得税",主要指对个人在中国境内存储人民币、外币而取得的利息所得征收的个人所得税。世界上许多国家普遍征收利息税。中国的利息税始于 1950 年,当年颁布的《利息所得税条例》规定,对存款利息征收 10%(后降为 5%)的所得税,1959 年利息税停征,1999 年根据第九届全国人民代表大会常务委员会第十一次会议《关于修改〈中华人民共和国个人所得税法〉的决定》再次恢复征收,税率为 20%,2007 年 8 月税率由 20%降至 5%,2008 年 10 月 9 日起暂免征收利息税。

此次利息税政策调整后,税款仍然实行分段计算,只是对 2008 年 10 月 9 日后(含 10 月 9 日)孳生的利息所得暂免征收个人所得税。比如,某人在 2007 年 1 月 1 日存入银行 3 年期存款,应该在 2009 年 12 月 31 日到期。该项存款 2007 年 1 月 1 日至 2007 年 8 月 14 日孳生的利息,按照 20%的税率计征个人所得税;2007 年 8 月 15 日至 2008 年 10 月 8 日孳生的利息,按照 5%的税率计征个人所得税;2008 年 10 月 9 日以后孳生的利息,免征个人所得税。至于储户在 2008 年 10 月 9 日以后存入银行的储蓄存款孳生的利息,一律暂免征收个人所得税。

贷 款 篇

农村的发展需要大量的资金投入,仅靠政府财政和农民自己的资金是远远不够的。农民兴办企业、做生意,发家致富需要金融机构的贷款支持。农民和农村企业、事业单位在生活与生产经营中遇到资金不足或周转困难时,往往需要从农业银行或农村信用社(除非特别说明,下文中将农业银行、农村信用社、邮政储蓄银行等农村金融机构统称银行)借钱,这种在需要资金时借款,到约定期限归还本金并加上利息的经济行为,就叫贷款。

一、贷款的对象和条件

(一)贷款的对象

现阶段农村贷款的对象是一切从事商品生产和流通,有经济收入来源的各种经济成分的经济实体。主要包括农村企业、农村事业单位、个体工商户、农民个人。

(1)农村企业。就是以农村集体或农民个人投资为主,在农村和小城镇兴办的从事生产、经营、服务的各类企业,包括乡办企业、村办企业、联户和联办企业、私营个体企业以及中外合资企业,如工厂、商店、旅馆、饭店、交通、运输、建筑等企业。

(2)有法人资格的农村事业单位。

(3)个体工商户。包括个人经营的、家庭经营的和个人合伙经营的各种工业、商业。

(4)农户。

不是所有企、事业单位和农村个人都可以去银行或农村信用社贷款,如非独立核算的企、事业单位,未成年人、精神病患者,以及年迈体衰完全没有民事行为能力的农民个人都不能成为贷款对象。

(二)贷款的条件

1.个人贷款的条件

不同的银行对借款人申请不同种类的贷款会提出不同的条件，主要条件有：

(1)借款人必须是年满18周岁，具有完全民事行为能力的自然人；

(2)在中国境内具有常住户口或有效居留身份；

(3)具有稳定的职业和经济收入，信用良好，有偿还贷款本息的能力；

(4)能够提供完备的能证明贷款用途的购房合同、购车合同、入学证明、投资计划书等文件；

(5)具备一定的自有资金，能够按规定的比例交付首付款；

(6)提供经银行认可的有效担保；

(7)银行规定的其他条件。

2.企业贷款的条件

(1)合法经营。依法登记，持有县以上工商行政部门发给的营业执照或依法承包，取得承包合同。贷款对象只有实行独立经济核算、自负盈亏、才具备"法人"资格，对外有权进行业务联系、签订合同；对内具有生产经营、财务管理的自主权，才能落实各种债权债务关系，才有可能承担借用银行贷款的各种义务。也就是说，贷款单位要具有独立经营的权力和责任，既承担明确的责任，又有自己相应的权力。

(2)产品有市场。就是说无论是农村企业、个体工商户还是农民个人生产的产品，应当是市场所需要的，能够卖得出去。

(3)具有一定数量的自有资金。贷款对象作为经济实体，必须要有一定数量、可以自行支配的自有资金，不能做无本生意。这一方面表明是否具备顺利开展业务经营的经济实力；另一方面也反映着经济实体承担风险和处理意外损失的能力。比如，企业申请中、长期贷款，其拥有自有资本金的比例不得低于国家规定投资项目的比例，有一些项目的资本金比例一般不低于30%。

小知识

国家对固定资产投资项目资本金比例的调整

中国最早实施资本金比例规定始于 1996 年。按照当时的规定，交通运输、煤炭项目，资本金比例为 35% 以上；钢铁、邮电、化肥项目，资本金比例为 25% 以上；电力、机电、建材、化工、石油加工、有色、轻工、纺织、商贸及其他行业的项目，资本金比例为 20% 以上。在 2004 年的宏观调控中，钢铁项目资本金比例由 25% 及以上提高到 40% 及以上；对水泥、电解铝、房地产开发项目（不含经济适用房项目）资本金比例由 20% 及以上提高到 35% 及以上。

当前，为应对国际金融危机，扩大国内需求，保持国民经济平稳较快地增长，国务院决定自 2009 年 5 月 25 日起对固定资产投资项目资本金比例进行适当调整，规定了各行业固定资产投资项目的最低资本金比例要求，其中，钢铁、电解铝项目，最低资本金比例为 40%。水泥项目，最低资本金比例为 35%。煤炭、电石、铁合金、烧碱、焦炭、黄磷、玉米深加工、机场、港口、沿海及内河航运项目，最低资本金比例为 30%。铁路、公路、城市轨道交通、化肥(钾肥除外)项目，最低资本金比例为 25%。保障性住房和普通商品住房项目的最低资本金比例为 20%，其他房地产开发项目的最低资本金比例为 30%。其他项目的最低资本金比例为 20%。同时，要求金融机构在提供信贷支持和服务时，要坚持独立审贷，切实防范金融风险。要根据借款主体和项目实际情况，参照国家规定的资本金比例要求，对资本金的真实性、投资收益和贷款风险进行全面审查和评估，自主决定是否发放贷款以及具体的贷款数量和比例。

(4)生产经营有效益。也就是农村企业、个体工商户、农民的生产经营能够实现盈利，有钱可赚，不是在做赔本生意。

(5)不挤占、挪用信贷资金。就是贷款的企业和个人能够按照借贷双方商定的贷款用途使用信贷资金，不胡花乱用。

(6)恪守信用。就是贷款人要按贷款合同规定的期限，如期还本付息。

(7)愿意接受监督。贷款对象必须接受银行的监督,在银行开设账户、如实反映整个经营过程的资金活动情况,并提供生产、财务计划及有关的会计、统计报表,使银行及时检查考核其生产、经营和资金使用的效果,了解其信誉程度。

二、贷款的种类和程序

(一)贷款有哪些种类

根据不同的分类标准,银行对贷款的分类有很多种,与农民、农村企业关系密切的主要有:

1.按贷款使用期限划分

(1)短期贷款。贷款期限在1年以内(含1年)的贷款。一般适用于农村企业和农民个人在生产、经营中流动资金的需要。

(2)中期贷款。贷款期限在1年以上5年以下(含5年)的贷款。

(3)长期贷款。贷款期限在5年以上的贷款。中、长期贷款一般适用于农村企业在生产经营中固定资产项目投资的需要。

2.按贷款的方式划分

(1)信用贷款。银行根据借款企业或农民个人的信誉不需要担保而发放的贷款。银行一般只向信用一贯优良,能按期偿还贷款本息的借款企业和农民个人发放,并且贷款也只限于流动资金需要的短期贷款。

(2)担保贷款。企业或农民个人采取第三方担保作为还款保证的贷款。依据《中华人民共和国担保法》规定,贷款担保人要符合法定条件,借款企业或农民个人如果不还贷款,银行有权要求保证人代为履行或承担连带责任。

担保贷款又有三种形式:包括保证贷款、抵押贷款、质押贷款。

①保证贷款指按规定的保证方式以第三人承诺在借款人不能偿还贷款时,按约定承担一般保证责任或者连带责任而发放的贷款。保证贷款无法收回时,担保人有责任清偿本息。如果担保人也无法承担清偿责任,导致银行贷款无法清偿时,银行有权提起诉讼,担保的企业或个人就会成为

共同被告人。

②抵押贷款指按规定的抵押方式,用借款企业、个人或第三人的财产如房屋、机器、设备等作为抵押物,押给银行的一种贷款方式。抵押贷款是目前银行发放贷款的比较通行的做法,也是农村企业和农民个人取得贷款的主要形式之一。抵押贷款并不能取得抵押物变现值的100%,一般只能贷到抵押物变现值的70%。

③质押贷款指按规定的质押方式,用借款企业或农民个人的动产(如车辆)或权利(如汇票、债券、存款单、专利权等)作为质押物,或以其他企业或个人的动产或权利作为质押物,质押给银行的一种贷款方式。农业银行规定质押贷款额一般不能超过质押物现值的80%。

(3)票据贴现。农村企业持有未到期的商业汇票卖给银行等金融机构,用以取得资金,将票据权利转让给银行的票据行为。银行贴现时,要从票据价值中扣除一定的费用。

3.按照农村金融机构划分

(1)农业银行开办的贷款,主要包括:

①农业贷款。含种植业贷款、林业贷款、畜牧业贷款、渔业贷款;农田水利及农机贷款,含农田水利建设贷款、节水灌溉贷款、农业机械贷款;农业科技贷款,农村社会化服务体系贷款;农村水电贷款等。农业贷款适合于从事上述生产或经营的企业或农民个人承贷,既可用于解决生产费用不足,也可用于生产设备贷款。

②乡镇企业贷款。适合于乡办、村办企业,联产、联办企业,私营、个体企业承贷。

③农村商业贷款。适合于农村中个体、私营商业企业承贷。

④个体工商业贷款。适合于乡村中个体工商户承贷。

(2)农业发展银行开办的由财政贴息的专项贷款,主要包括:

①扶贫贷款。适合于列入国家级贫困县中列入扶贫开发计划的贫困户、贫困乡村中的合作经营组织、承担扶贫开发任务的各类经济实体和服务组织承贷。

②康复扶贫贷款。适合于非国家级贫困县中由县级残疾人联合会确

定的承担扶贫开发任务的残疾人服务机构或扶贫经济实体承贷承还。

③农业综合开发贷款。适合于国家确定的农业综合开发区和为农业综合开发区服务的非开发区中,从事各种经营项目的企业、个体工商户和农民承贷。

④林业、治沙贷款。林业贷款适合于集体、个体造林经营者承贷,治沙贷款适合于全国治沙工程规划区域内集体、个体治沙造林经营者承贷。

⑤粮、棉、油收购贷款等。

(3)农村信用社开办的为服务农民的农户小额贷款,主要包括:

①种植业与养殖业贷款,含种植业贷款、林业贷款、畜牧业贷款、渔业贷款。

②农田水利及农机贷款,含农田水利建设贷款、节水灌溉贷款、农业机械贷款。

③农业科技贷款,农村社会化服务体系贷款。

④农村水、电贷款等。

4.按照农户的资金用途划分

(1)农户生产贷款。用于解决农户在生产经营过程中的资金需要而发放的贷款。可分为农、林、牧、工、商及其他行业贷款等。

从资金周转性质划分,农户生产贷款又分为流动资金贷款和固定资金贷款两种。

流动资金贷款主要包括:经营种植业的农户用于购买种子、化肥、农药等,经营养殖业的农户用于购买幼苗、雏禽等,手工业和加工业用于购买材料等,商业、服务业购买商品和费用开支等。还款期限在1年之内。

固定资金贷款是农户用于购买耕畜和农、林、牧、副、渔业设备,加工业、运输的机械设备和运输工具,修建仓库,营造用材林、经济林和发展果园等多年生林木。还款期限为1~3年,最长5年。

(2)农户生活贷款,分为灾区口粮贷款和一般生活贷款。灾区口粮贷款是为解决经省、自治区、直辖市批准为重点灾区农民购买国家返销粮食时资金不足而发的贷款。一般生活贷款是为解决农户建房和购买耐用消费品的资金不足而发放的贷款。农户生活贷款还款期限在一年之内,建房和耐用消费品贷款期限可适当延长,建房贷款一般不超过 3 年。

5.其他个人贷款方式

(1)保单抵押贷款。人寿保险保单由于缴费期限较长,且一般都是均衡交纳保费,因此当保费交纳到一定时间后,就会积累一定数量的现金价值,投保人可以利用保单的现金价值,以保单做抵押向银行借款。该贷款无须提供其他资信证明或担保,可以现金或转账方式交付。贷款到期后,还可提供相应的续借服务。

(2)信用卡透支贷款。目前很多银行都推出了具有透支功能的贷记卡或准贷记卡,允许进行消费或支取现金。一般来说,根据消费者的资信程度,金卡最高透支额为 5 万元,月透支余额不得超过 10 万元或其综合授信额度的 3%;个人普通卡最高透支额为 2 万元,月透支余额不得超过 5 万元。

(3)凭证式国债质押贷款。居民可持 1999 年起财政部发行的尚未到期的凭证式国债,向认购银行提出贷款申请。该贷款起点为 5 000 元,每笔贷款不超过质押品面额的 90%,贷款利率按同期同档次法定贷款利率执行,并实行利随本清,贷款期不足 6 个月的按 6 个月的贷款利息确定。若贷款逾期不还,逾期一个月之内,自逾期之日起,银行将按法定罚息利率向借款人计收罚息;逾期一个月以上,银行有权处置质押的凭证式国债,抵偿贷款本息。

(4)典当贷款。以实物为抵押,以实物所有权转移的形式取得临时贷款的一种融资方式,它是金融机构贷款的延伸和补充。尽管其利率要高于银行同期贷款利率,但对于急需资金的人来说,这不失为一种方便快捷的融资方式。典当物品的范围包括:金银珠宝、古玩字画、有价证券、家用电器、汽车、服装等私人财物。典当行一般按照抵押商品现时市场零售价的50%~80%估价,到期不能办理赎回的可以办理续当手续。

(二)贷款的程序

从企业或者农户角度来看,贷款的程序主要包括以下几个步骤:

向银行提交贷款申请→等待贷款审批→审批通过后与银行签订贷款

合同→提款→接受银行贷后检查→到期归还贷款。

1.提出贷款申请

借款的企业或农民个人申请贷款，应向当地办理贷款的银行提出书面申请，说明借款的币种、金额、期限、用途、贷款方式、还款方式，以及企业或个人的基本经营情况和偿还能力等。填写《贷款申请书》，申请书的内容应当包括贷款金额、贷款用途、偿还能力及还款方式，同时还须向银行提交以下材料：

(1)借款人和担保人的基本情况和相关证件,包括借款人和担保人的身份证、户口本、结婚证,借款人的收入证明,连续半年的工资收入证明或纳税凭证,房产的产权证等;

(2)财务部门或会计师事务所核准的上年度财务报告,以及申请贷款前一期的财务报告;

(3)原有不合理占用贷款的纠正处理情况;

(4)抵押物、物品清单和有处分权人的同意抵押、质押的证明及保证人同意保证的有关证明文件;

(5)银行认为需要提供的其他有关材料。

2.银行审批

(1)贷款审批。银行接到贷款申请后,会对申请贷款的企业或个人的基本情况进行调查,并结合自身的贷款规模和资金的情况,决定是否同意受理。

如果银行同意受理,就通知贷款企业或农民个人正式填写《短期贷款申请书》,并要求借款企业提供以下资料(个人提供资料比较简单):

①借款企业的基本情况,主要包括企业生产经营的范围、品种、规模、资金周转周期、年度计划等;

②企业的营业执照正本以及有关部门批准的企业(公司)章程和有关合同;

③由有关部门出具的借款企业的验资报告,开户银行开具的企业已开立基本账户或一般存款账户的证明;

④财政部门或会计(审计)师事务所核准的上年度财务报告,以及申

请贷款前一期的财务报告；

⑤原有不合理占用贷款的纠正情况；

⑥购销合同、进出口批文及批准使用外汇的有效文件；

⑦借款企业的年度信用等级证明。

在实行贷款证管理的地区，贷款企业还须提供当地中国人民银行颁发的贷款证。同时，由于企业从事的生产经营行为和项目的不同，有的还要提供环境保护许可证、生产经营的许可证明等。

(2)立项。主要是确认审核目的、选定主要考察事项、制订并开始实施审核计划。

(3)信用评级。根据借款人的领导者素质、经济实力、资金结构、履约情况、经营效益和发展前景等因素来评定。评级可以由贷款人独立进行，内部掌握，也可以由有关部门批准的评估机构进行。

小知识

银行发放贷款为什么要进行个人信用记录等级评估

商业银行是经营风险的机构，通过评估个人信用记录，可以及时掌握借款申请人的信用状况，便于将未来发生风险的可能性降到最低。通过查询中国人民银行征信中心的个人信用报告，商业银行一方面能掌握贷款申请人已经发生的银行借款的情况，即申请人当前的负债状况，再根据其提供的收入、担保物等情况，分析判断借款人的还款能力，确定是否给予贷款及贷款多少；另一方面，个人信用报告中提供的申请人的历史信用记录，还能帮助商业银行分析判断借款人的还款意愿，帮助商业银行更好地防范和控制信贷风险。

(4)可行性分析。包括发现问题、探究原因、确定问题的性质及可能的影响程序等。其中，对企业的财务状况的分析最为重要，因为它是银行掌握和判断企业偿还贷款能力的依据。

(5)综合判断。银行对调查人员提供的材料进行核实，判断企业目前的状况、中期的盈亏和长期的发展,复测贷款的风险度,提出意见,按规定权限审批。

(6)进行贷前审查,确定能否贷款。银行贷前审查的方式多种多样,主要有直接调查、侧面调查等。

贷前审查结束后,由银行经办人员写出贷款审查报告报请本行审贷小组或者上级行进行审批,并明确能否给予贷款。

3.签订借款合同

如果银行对借款申请进行审查后,认为各项均符合规定,并同意贷款,便与借款人签订《借款合同》。在《借款合同》中约定贷款种类、贷款用途、贷款金额、利率、贷款期限、还款方式、借贷双方的权利和义务、违约责任、纠纷处理及双方认为需要约定的其他事项。《借款合同》自签订之日起即发挥效力。借款合同由借贷双方的法人代表共同签章、加盖单位公章,并到公证机关进行公证,以显示合同的法律效力。

4.签订借款契约

借款合同签订后,借款企业还要同银行签订借款契约,即通常所说的借据,它是企业贷款凭以支取的凭证。借款契约签订后,企业就可以在银行的会计部门办理提现或转账结算业务。至此,企业才算真正从银行取得了贷款。

5.提款

借款合同签订后,双方即可按合同规定核实贷款。借款人可以根据借款合同办理提款手续,按合同计划一次或多次提款。借款人提款时,由借款人填写银行统一制定的提款凭证,然后到银行办理提款手续。银行贷款从提取之日起开始计算利息。借款人取得借款后,必须严格遵守借款合同,按合同约定的用途、方式使用贷款。

6.贷款使用

企业从银行取得贷款后,按贷款合同规定的用途正确使用贷款,应遵守下列规定:

(1)不得挤占挪用贷款,不得用贷款发放工资、奖金;

(2)不得用贷款生产经营国家明文禁止的产品;

(3)不得用贷款在有价证券、期货等方面从事投机经营活动；

(4)不得用贷款在企业、个人间相互借贷，以牟取非法收入；

(5)未依法取得经营房地产资格的企业，不得用贷款从事房地产的业务经营；依法取得经营房地产资格的企业，不得用贷款进行房地产投机活动。

如果借款企业不按规定使用贷款，出现了违约责任，如用流动资金贷款搞基本建设或投资，银行可以采取责令限期改正、支付违约金、罚息、停止贷款、提前收回贷款、终止借贷关系等信贷制裁措施。

7.银行贷后检查

贷后检查是指银行在借款人提取贷款后，对其贷款提取情况和有关生产及经营情况、财务活动进行监督和跟踪调查。

8.贷款的归还与延期

贷款到期时，借款人应按借款合同按期足额归还贷款本息。通常，银行在短期贷款到期前1个星期、中长期贷款到期前1个月，向借款人发送还本付息通知单。借款人应及时筹备资金，贷款到期时，一般由借款人主动开出结算凭证，交银行办理还款手续。

如果企业和个人因故不能按借款合同约定的期限归还银行或信用社的贷款本息，应提前15天向借款的银行提出延期申请，填写"借款延期申请书"，经银行同意后，签订延期还款协议书，并重新确定利率，经过银行批准，贷款本息可以延期偿还。

对于贷款到期而借款人未主动还款的，银行可采取主动扣款的办法，从借款人的存款账户中收回贷款本息。

无论是贷款的农村企业，还是贷款的农民个人，都应牢固地树立信用观念，按期归还银行贷给的本金和利息。俗话说"有借有还，再借不难"。农村企业和农民个人按时归还银行的本息，既有利于银行按计划使用资金，加速资金周转，以支持更多的企业和个人，促进农村经济的发展，同时又有利于农村企业和农民个人在银行树立良好的信誉形象，为下一步取得银行的支持，促进企业和个人生产经营的大发展打下坚实的基础。

如果企业和个人的生产状况良好，有资金能力提前偿还，应与银行进行协商，经同意后归还，以避免双方的合法权益受到损害。

三、贷款的期限和利率

(一)贷款期限

就是贷款时间的长短，它是由银行与借款的企业或农民个人依据借款企业或农民个人经营的特点、生产建设的周期和还本付息的能力，同时也考虑到银行自身资金供给的可能性及其资产的流动性等因素，双方共同商议后确定，并在借款合同中标明。

一般情况下，流动资金贷款期限确定在1年及1年以下；用于技术改造的贷款一般期限为1年到3年，最长不超过5年；用于基本建设的贷款期限一般为5年，最长不超过10年。票据贴现的贴现期，从贴现月起到票据到期日止，最长不得超过6个月。

贷款到期，借款的企业和个人贷款不能按期归还的，借款的企业和个人在贷款到期15天前向银行说明理由，提出贷款延期。银行将根据有关规定和条件决定是否给予展期。

如果银行同意延期，短期贷款延期累计不得超过原贷款期限的一半；中期贷款延期期限累计不得超过原贷款期限的一半；长期贷款延期期限累计不得超过3年。

如果贷款企业或个人未提出贷款延期申请，或申请延期未得到银行批准的，其贷款从到期之日起转入逾期贷款。

小知识

什么是农村信用社贷款的五级分类

农村信用社按照风险程度将贷款分为正常、关注、次级、可疑和损失五个档次，其中后三类合称为不良贷款。

①正常贷款：借款人能够履行合同，没有足够理由怀疑贷款本息不能按时足额偿还。

②关注贷款：尽管借款人目前有能力偿还贷款本息，但存在一些可能

对偿还产生不利影响的因素。

③次级贷款:借款人的还款能力出现明显问题,完全依靠其正常经营收入无法足额偿还贷款本息,即使执行担保,也可能会造成一定损失。

④可疑贷款:借款人无法足额偿还贷款本息,即使执行担保,也肯定要造成较大损失。

⑤损失贷款:在采取所有可能的措施或一切必须的法律程序之后,本息仍然无法收回,或只能收回极少部分。

(二)贷款的利率

银行发放的贷款利率由银行根据中国人民银行规定的基准利率和利率浮动的幅度,与借款的企业和农民个人协商确定,并在借款合同中注明。贷款如果申请延期,贷款的利率要根据原借款期限加上延期期限,达到哪个利率档次,就按哪个利率档次重新确定的利率计收利息。贷款企业和农民个人应按期向银行交付利息。贷款到期仍未按规定交付利息的,银行将按中国人民银行的有关规定加收罚息。

目前,我国一年期人民币贷款基准率为5.31%,所有金融机构的人民币贷款利率下浮幅度都为基准利率的0.9倍,除城乡信用社外的金融机构人民币贷款利率上限均取消,即可以自行上浮。城乡信用社人民币贷款利率浮动上限扩大为基准利率的2.3倍。也就是说,金融机构发放的1年期人民币贷款利率最低可达4.779%,最高不限。而信用社发放的1年期人民币贷款利率最低为4.779%,最高只能是12.213%。

小知识
我国利率市场化进程

从1996年以来,中国人民银行就开始推进利率市场化改革。根据十六届三中全会精神,中国人民银行将按照先外币、后本币,先贷款、后存款,存款先大额长期、后小额短期的基本步骤,逐步建立由市场供求决定金融机构存、贷款利率水平的利率形成机制,中央银行调控和引导市场利率,使市场机制在金融资源配置中发挥主导作用。

1996年6月1日中国人民银行放开了银行间同业拆借利率,1997年6月放开银行间债券回购利率。1998年8月,国家开发银行在银行间债券市场首次进行了市场化发债,1999年10月,国债发行也开始采用市场招标形式,从而实现了银行间市场利率、国债和政策性金融债发行利率的市场化。

1998年,中国人民银行改革了贴现利率生成机制,贴现利率和转贴现利率在再贴现利率的基础上加点生成,在不超过同期贷款利率(含浮动)的前提下由商业银行自定。再贴现利率成为中央银行一项独立的货币政策工具,服务于货币政策需要。

1998年、1999年中国人民银行连续三次扩大金融机构贷款利率浮动幅度。

2003年以来,中国人民银行在推进贷款利率市场化方面迈出了重要的三步:

①2003年8月中国人民银行在推进农村信用社改革试点时,允许试点地区农村信用社的贷款利率上浮不超过贷款基准利率的2倍。

②在2004年1月1日,中国人民银行决定将商业银行、城市信用社的贷款利率浮动区间上限扩大到贷款基准利率的1.7倍,农村信用社贷款利率的浮动区间上限扩大到贷款基准利率的2倍,金融机构贷款利率的浮动区间下限保持为贷款基准利率的0.9倍不变。同时明确了贷款利率浮动区间不再根据企业所有制性质、规模大小分别制定。

③在2004年10月29日,中国人民银行报经国务院批准,决定不再设定金融机构(不含城乡信用社)人民币贷款利率上限。考虑到城乡信用社竞争机制尚不完善,经营管理能力有待提高,容易出现贷款利率"一浮到顶"的情况,因此仍对城乡信用社人民币贷款利率实行上限管理,但其贷款利率浮动上限扩大为基准利率的2.3倍。所有金融机构的人民币贷款利率下浮幅度保持不变,下限仍为基准利率的0.9倍。至此,我国金融机构人民币贷款利率已经基本过渡到上限放开,实行下限管理的阶段。

中国人民银行 1991 年以来对贷款利率的调整见表 3-1。

表 3-1　中国人民银行 1991 年以来对贷款利率的调整

调 整 时 间	六个月以内 （含六个月）	六个月至一年 （含一年）	一至三年 （含三年）	三至五年 （含五年）	五年以上
1991.04.21	8.10	8.64	9.00	9.54	9.72
1993.05.15	8.82	9.36	10.80	12.06	12.24
1993.07.11	9.00	10.98	12.24	13.86	14.04
1995.01.01	9.00	10.98	12.96	14.58	14.76
1995.07.01	10.08	12.06	13.50	15.12	15.30
1996.05.01	9.72	10.98	13.14	14.94	15.12
1996.08.23	9.18	10.08	10.98	11.70	12.42
1997.10.23	7.65	8.64	9.36	9.90	10.53
1998.03.25	7.02	7.92	9.00	9.72	10.35
1998.07.01	6.57	6.93	7.11	7.65	8.01
1998.12.07	6.12	6.39	6.66	7.20	7.56
1999.06.10	5.58	5.85	5.94	6.03	6.21
2002.02.21	5.04	5.31	5.49	5.58	5.76
2004.10.29	5.22	5.58	5.76	5.85	6.12
2006.04.28	5.40	5.85	6.03	6.12	6.39
2006.08.19	5.58	6.12	6.30	6.48	6.84
2007.03.18	5.67	6.39	6.57	6.75	7.11
2007.05.19	5.85	6.57	6.75	6.93	7.20
2007.07.21	6.03	6.84	7.02	7.20	7.38
2007.08.22	6.21	7.02	7.20	7.38	7.56
2007.09.15	6.48	7.29	7.47	7.65	7.83
2007.12.21	6.57	7.47	7.56	7.74	7.83
2008.09.16	6.21	7.20	7.29	7.56	7.74
2008.10.09	6.12	6.93	7.02	7.29	7.47
2008.10.30	6.03	6.66	6.75	7.02	7.20
2008.11.27	5.04	5.58	5.67	5.94	6.12
2008.12.23	4.86	5.31	5.40	5.76	5.94

数据来源：中国人民银行网站

四、怎样办理信用贷款

信用贷款是银行发放给信誉良好的企业和个人而无需提供担保的贷款。一般给企业发放信用贷款只限于流动资金贷款，农民个人只限于生活和生产费用贷款。只要企业或者农民保持和拥有良好的个人资信，经过银行审批后就可免担保获得一定额度的银行贷款。

(一)信用贷款申请条件

在中国境内有固定住所、有当地城镇常住户口、具有完全民事行为能力的中国公民；有正当且有稳定经济收入的良好职业，具有按期偿还贷款本息的能力；遵纪守法，没有违法行为及不良信用记录以及符合银行规定的其他条件的"法人"和农民个人都可以申请信用贷款。

(二)申请信用贷款应提交的资料

借款人向银行申请个人信用贷款，需要书面填写申请表，并提交如下资料：

(1)本人有效身份证件；

(2)居住地址证明(户口簿等)；

(3)个人职业证明；

(4)借款申请人本人及家庭成员的收入证明；

(5)银行规定的其他资料。

(三)贷款期限和还款方式

贷款期限一般为1年(含1年)，最长不超过3年。个人信用贷款一般不办理延期，确因不可抗力或意外事故而不能按期还贷的，经银行同意贷款期限在1年(含1年)以内的可予以延期一次，延期期限不得超过原贷款期限且累计贷款期限(含延期期限)不得超过1年。

贷款期限在1年(含1年)以内的采取按月付息，按月、按季或一次还本的还款方式；贷款期限超过1年的，采取按月还本付息的还款方式。

五、怎样办理保证贷款

(一)申请保证贷款

农村企业和农民个人申请保证贷款与申请信用贷款一样,应以书面形式向银行提出申请。银行接到贷款申请后,经过初步审查同意受理,就会通知借款人正式填写"短期借款申请书"或"中长期借款申请书",并在提供信用贷款全部资料的基础上,提供以下资料:

(1)保证人的基本情况、营业执照;

(2)保证人的验资报告、保证人的年度信用等级证明;

(3)保证人法定代表证明书或法人授权委托书;

(4)保证人的身份证明原件、复印件;

如果借款人申请的是中长期贷款,银行还会要求全部或部分提供以下资料:

(1)有权部门批准的项目建议书,可行性研究报告,项目扩建设计或实施方案、纳入年度固定资产投资计划等有关批文;

(2)项目开工前期准备工作的完成情况;

(3)在开户银行存入规定比例资本金的证明;

(4)资本金和其他建设资金筹措方案及来源落实的证明材料;

经银行对借款人和保证人的情况进行审查,如果同意贷款,并同意保证人进行保证,即可签订借款合同,内容、手续与信用借款合同相同。不同的是银行还要与保证人签订包括保证方式,保证担保的范围,保证的期限等内容的保证合同,然后才能签订贷款契约,这时企业才真正取得了银行的保证贷款。

(二)贷款保证人

并不是任何一个单位或企业都可以成为贷款的保证人,只有具有代替借款人清偿贷款本息的法人、其他组织,或者具有民事能力的农民个人才能成为借款人贷款的保证人,下列单位就不能充当贷款保证人:

国家机关不得作为保证人,但经国务院批准为使用外国政府或者国际经济组织贷款进行转贷的除外；学校、幼儿园、医院等以公益为目的的事业单位、社会团体不得作为保证人；企业法人的分支机构、职能部门不得作为保证人，但企业法人的分支机构有法人书面授权的，可以在授权范围内提供保证。

（三）保证担保贷款的归还

保证担保贷款的正常归还与信用贷款归还基本相同。当借款人提前30天接到银行的"贷款到期通知书"时就应立即筹备资金，到期主动将贷款归还银行。

如果由于种种原因，借款人不能按期归还银行贷款，这时担保人就要负起担保责任，即代替借款人归还贷款本金及利息，以及损害赔偿金和实现银行债权的相关费用。如果连保证人也无法清偿银行的债务，银行将提起诉讼，保证人将成为共同被告人。

六、怎样办理抵押贷款

抵押是借款人将自己的财产或第三人的财产作为取得银行贷款的担保。在借款人到期不能清偿银行债务时，银行有权依照《担保法》规定将所抵押的财产折价，或者以拍卖、变卖所抵押财产的价款优先受偿。

（一）哪些财产可以抵押

可以抵押的财产包括：抵押人所有的房屋和其他地上定着物；抵押人所有的机器、交通工具和其他财产；抵押人依法有权处分的国有的土地使用权、房屋和其他地上定着物；抵押人依法有权处分的国有的机器、交通工具和其他财产；抵押人依法承包并经发包方同意抵押的荒山、荒沟、荒丘、荒滩等荒地的土地使用权；依法可以抵押的其他财产。

不得抵押的财产包括：土地使用权；耕地、宅基地、自留地、自留山等集体所有的土地使用权；学校、幼儿园、医院等以公益事业为目的的事业单位、社会团体的教育设施、医疗卫生设施和其他社会公益设施；所有权、使用权不明或有争论的财产；依法被查封、扣押、监管的财产；依法不得抵押的其他财产。

以抵押财产担保的银行贷款,不得超出抵押物的价值,或者说抵押物的价值要大于所借的银行贷款,超出的价值部分可以再次抵押。

乡(镇)、村企业的土地使用权不得单独抵押。以乡(镇)、村企业的厂房等建筑物抵押的,其占用范围内的土地使用权也同时抵押。

以财产抵押贷款的,应当在有关部门办理抵押物登记,否则抵押合同不具备法律效力。

(二)抵押担保贷款的申请与取得

抵押贷款的申请基本与信用担保贷款相同,提供的资料除信用担保贷款、保证担保贷款所列的之外,还应提供抵押物清单以及有处分权人同意抵押的承诺书。

抵押贷款的取得与信用贷款基本相同,只是银行还要求抵押人依法向有权部门办理抵押物登记和财产保证,并向银行出具、移交合法的抵押物所有权或使用权证书,抵押物登记凭证、保险单、银行停止支付存单证明等凭据。然后签订借款合同、抵押合同、借款借据,从银行取得贷款。

(三)抵押担保贷款的归还

抵押贷款正常归还时,与信用贷款基本相同。当抵押贷款期满,抵押人无法清偿银行贷款时,银行可以与抵押人协商以抵押物折价或者以拍卖、变卖该抵押物的价款受偿;协商不成的,银行可以向人民法院提出诉讼。

抵押物折价或者拍卖、变卖后,其价款超过银行贷款的本息部分,归抵押人所有,不足部分由抵押人继续清偿。

七、怎样办理质押贷款

质押就是借款人将自己所有的动产或者第三人所有的动产移交给银行占有,并以该动产作为取得银行贷款的担保的经济行为。当借款人到期不能清偿银行贷款本息时,银行依照法律有权以该动产折价或者以拍卖、变卖该动产的价款优先受偿。

质押贷款的申请、借款合同、质押合同、质押物登记、保险、借款借据、借款取得、贷款使用、贷款的正常归还等,均可参照抵押贷款的手续办理。

所不同的有以下几点：

（1）质押物。借款人或第三人向银行移交的动产就是质押物。下列财产和权利可以质押：汇票、支票、本票、债券、存款单、仓单、提单；依法可转让的股份、股票；依法可以转让的商标专用权、专利权、著作权中的财产权。

（2）以汇票、支票、本票、债券、存款单、提单质押的，应在合同约定的期限内将权利凭证移交给银行，否则质押合同无效，借款人也无法得到贷款。

（3）以载明兑现或提货日期的汇票、支票、本票、债券、存款单、提单质押的，如果先于银行贷款到期，银行可以在贷款到期前兑现或提货，并与借款人或第三人协商将兑现的价款或提取的货物用于提前清偿银行的贷款，或者双方约定由其他人提存，贷款到期再进行清偿。

（4）质押贷款到期，借款人不按照合同规定清偿贷款本息的，银行有权依法留置该财产，并以该财产折价或者拍卖、变卖所得的价款优先受偿。留置财产担保的范围包括贷款本金、利息、违约金、损害赔偿金、留置物保管费用和实现留置权的费用。

（5）质押财产被银行留置后，如果借款人与银行在合同上原有约定的，借款人应在不少于两个月的期限内还清贷款本息；如果借款人与银行在合同上没有约定的，银行留置借款的财产后，应确定两个月以上的期限，并通知借款人在确定期限内还清贷款本息。

如借款人逾期仍没有还清贷款本息，银行可以与借款人协商或将留置财产折价，或以拍卖、变卖留置财产的价款清偿银行贷款本息，价款如有剩余应归借款人所有，价款不足部分，仍由借款人清偿。

八、怎样办理商业汇票贴现

农村企业收到或持有经背书转让的商业汇票，且没有到期，而企业又急需资金，可持票到企业开户的银行申请贴现。

一般而言，票据贴现可以分为三种，分别是贴现、转贴现和再贴现。

票据贴现是收款人或持票人将未到期的银行承兑汇票或商业承兑汇票向银行申请贴现，银行按票面金额扣除贴现利息后将余款支付给收款人的一项银行授信业务。票据贴现是银行向持票人融通资金的一种方式。票据一经贴现便归贴现银行所有，贴现银行到期可凭票直接向承兑人收取票款。

转贴现是指金融机构为了取得资金，将未到期的已贴现商业汇票再以贴现方式向另一金融机构转让的票据行为，是金融机构之间融通资金的一种方式。

再贴现是指金融机构为了取得资金，将未到期的已贴现商业汇票再以贴现方式向中国人民银行转让的票据行为，是中央银行的一种货币政策工具。

票据贴现是银行的一项资产业务，汇票的支付人对银行负债，银行实际上是与付款人有一种间接贷款关系。贴现的利率，在中国人民银行现行的再贴现利率的基础上进行上浮，贴现的利率是市场价格，由双方协商确定。贴现利息的计算：贴现利息是汇票的收款人在票据到期前为获取票款向贴现银行支付的利息，计算方式是：贴现利息＝贴现金额×贴现率×贴现期限。

申请商业汇票贴现时，持票人先要填写一式五联的贴现凭证，并在第一联加盖企业在银行预留的印鉴，连同商业汇票及有关资料一并交银行经办人员办理。银行经过审查同意受理、贴现后，要先计算出从贴现日起，到商业汇票到期日止的利息，并从商业汇票金额中扣除，余款转入企业账户，无误后凭证办理提现或转账。商业汇票到期，贴现银行向商业汇票承兑人收取票款。如果承兑人无足够的款项支付，贴现银行收到退回的商业汇票，将其退还给申请企业，并从其账户中收取票款。

小知识

什么是贴现率

贴现率是现代经济学中的一个极重要的基本概念，它解决了未来经济活动在今天如何评价的问题。贴现率为正值，说明未来一块钱不论是损失还是收益，没有现在的一块钱重要；而且时间隔得越长，未来的价值越低。举例说,今天投资 100 万元的项目,将来如能收回 200 万,也不能证明此项投资一定有效。因为如果这回收的 200 万要等 50 年之后,今天衡量的价值就远低于 100 万。这是由于如果年利率是 3%,100 万元存银行,50 年内得到的利息也将达 338 万元(按照存一年定期计算,每年到期后自动转存,这样本息合计=100 万×(1+3%)^{50}=438 万,利息=438 万-100 万=338 万元)(年利率为 2% 的话,仍按照存一年定期计算,每年到期后自动转存,这样本息合计=100 万×(1+2%)^{50}=269 万, 利息=269 万-100 万=169 万元,因此 50 年的利息为 169 万元)。所以 50 年后回收 200 万的投资与存银行得到的利息相比不值得去做。

贴现率可以大于、等于或小于利率。一般贴现率小于市场利率,目的是为了防止银行利用两者之差进行牟利。

九、怎样办理农户小额信用贷款

农户小额信用贷款是农村信用社等农村金融机构为了提高信贷服务水平,加大支农信贷投入,简化信用贷款手续,更好地发挥农村信用社在支持农民、农业和农村经济发展中的作用而开办的一项业务,是基于农户的信誉且在核定的额度和期限内向农户发放的不需要抵押和担保的贷款。它适用于从事农村土地耕作或者其他与农村经济发展有关的生产经营活动的农民、个体经营户等。

(一)申请农户小额信用贷款应具备的条件

(1)农户或个体种养专业户,具有完全民事行为能力;

(2)信用观念强,资信状况良好;

(3)从事土地耕作或其他符合国家产业政策的种、养业经营活动,并有可靠的收入;

(4)家庭中必须有懂生产或善经营管理的劳动力。

(二)农户小额信用贷款的有关规定

(1)农户不得冒用他人姓名办理贷款以及跨区域多头贷款。

(2)农户小额信用贷款是实行户主制,一户只能申请一个小额农户信用贷款证。

(3)贷款发放后,农户应自觉接受信贷员的咨询或检查,认真执行借款合同的规定,不得随意拖欠贷款本息或转移贷款用途,如有违反行为,信用社可停止发放新贷款,并强行收回已发放的贷款。

(4)农户小额信用贷款用途和安排次序是:

①种养业、养殖业等农业生产费用贷款,如肥料、农药、种苗、种子、饲料等贷款。

②为农业生产服务的个体私营经营贷款。

③农机具贷款,如耕牛、抽水机、脱粒机及其他小型农用机械等。

④小型农田水利基本建设贷款。

(5)农户小额信用贷款根据农户生产经营活动的周期而定,原则上不超过三年。

(6)农户小额信用贷款额度是根据农户信用等级而评定的。在评定信用等级和额度时,要根据当地信贷人员或有威信的社员代表、村民小组的意见及村委会提供的情况来评定等级,根据不同的等级核定不同的贷款额度。中国农业银行已将单一农户授信额度从起点3 000元到最高不超过3万元,调整为起点3 000元到最高不超过5万元。

(三)农村信用社农户小额信用贷款发放程序

(1)农户向农村信用社提出贷款申请。

(2)信贷人员调查农户生产资金需求和家庭经济收入情况,掌握借款人的信用条件,并提出初步意见。

(3)由资信评定小组根据信贷人员提供的情况,确定贷款额度,核发贷款证。

(4)农户凭贷款证在核定的额度内可一次或多次向信用社按规定手续办理贷款。

需要注意的是,按照现行规定只有种植业、养殖业等农业生产费用贷款,农机具贷款,围绕农业产前、产中、产后服务贷款及购置生活用品、建房、治病、子女上学等消费类贷款才可以使用农户小额信用贷款的方式。农户在申请贷款时应注意检查"贷款证"上所注明的额度,在规定的范围内进行申请。

小知识

农村信用社发给农民的贷款证

银行给客户贷款时,分两步走:先授信,后用信。授信就是银行根据客户的收入、信用情况等因素确定该客户的最高贷款额度,最高贷款额度也叫授信额度,当需要贷款时就可以在授信额度内取得相应的贷款,这个过程叫用信。"贷款证"就是信用社给村民的授信额度表,上面记录了农民的信用贷款额度、贷款发放和还款情况,"贷款证"就是农户的信用记录本。

要申请小额信用贷款,农户应首先向当地农村信用社申请办理"贷款证"。农村信用社接到申请后会对申请者的信用等级进行评定,根据评定的信用等级,核定相应等级的信用贷款限额并颁发"贷款证"。

农户需要小额信用贷款时,可以持"贷款证"及有效身份证件直接到农村信用社申请办理。农村信用社在接到贷款申请时,要对贷款用途及额度进行审核,审核合格即可发放贷款。

贷款证不得出租、出借或转让,如有发现,即取消小额贷款资格。

十、怎样办理农村消费信贷

消费信贷也称信用消费,就是指银行对消费者个人发放的用于购买耐用消费品或支持其他消费的贷款,以解决消费价高和消费者购买力不足的问题。比如,从银行贷一笔款用来购买汽车,就是一种消费信贷。

(一)个人消费信贷的种类

消费信贷的种类多种多样,目前各家银行已开办了多种形式的个人消费贷款:买房可以申请住房贷款,装修可以申请装修贷款,买汽车可以申请个人购车贷款,购买家用电器、家具等大件耐用消费品可以申请耐用消费品贷款,旅游可以申请旅游贷款,出国留学可以申请教育贷款等等。除了这些专款专用的贷款外,银行还开办了不指定用途的个人综合消费贷款。根据贷款方式的不同,可以把消费信贷分为以下几类:

1.住房抵押贷款

住房抵押贷款是指购房人在支付首期付款后,由银行代其支付余额,购房人分期向银行偿还贷款。购房人向银行提供的贷款担保是其新购房屋的房产权。举个简单的例子:张某看中了一套房子,价值10万元,房主要求一次性付清所有房款。但张某只有5万元。于是,他就可以向银行申请5万元的贷款,期限5年。买到房子后,房子的房产证由银行保存,作为张某贷款的担保。然后,张某每年偿还银行1万元贷款(不考虑利息因素)于5年之内还清。

住房抵押贷款偿还分两种形式:等额偿还和递增偿还。一般情况下,贷款人每年要向银行偿还相同数额的贷款,这叫等额偿还。递增偿还贷款的方式是专为年轻人设计的,银行为贷款人设计好利率,然后,随着时间的推移,贷款人需偿付越来越多的贷款。

2.分期付款

分期付款指贷款人分期偿还本金和利息,用于购买耐用消费品。一般这种信贷主要用来购买汽车。分期偿还借款也分为两类:

(1)直接借款,由消费者直接向银行申请贷款,然后逐年还清;

(2)间接贷款。具体操作程序通过一个例子来说明,张某想买一辆车,但他手头的资金不够,汽车销售商决定帮助张某向银行申请贷款,让其买自己的车。张某申请到贷款后,购得汽车,然后张某向银行偿还贷款。如果张某不偿还贷款,那么,汽车销售商将负偿还责任。间接贷款和直接借款的主要区别就是间接贷款的担保人是汽车销售商。

3.一次性偿还贷款

当个人的借款需要是暂时的,并且不久就能偿还贷款时,银行就提供一次性偿还贷款。举个例子,张某想卖掉旧房买新房,旧房可卖10万元,而购买新房需20万元,其中新房首期付款10万元。这样旧房没有出售之前,张某可向银行申请一次性贷款 10 万元,然后用这 10 万元作为首期付款来购买新房。过一段时间后,旧房出售,张某得款 10 万元用于偿还银行贷款。在这笔贷款业务中,张某以旧房的产权做担保。

4.反抵押贷款

这是针对老年人设计的一种信贷消费形式。老年人用一辈子的积蓄买到一套房子后,手中的储蓄也就所剩无几了。然而,老人却面临着高昂的消费支出,如医疗费、生活费等。在这种情况下,有可能会产生入不敷出的问题。于是,老人可用自己的房子为抵押向银行申请贷款。银行则一般每月发给老人固定的贷款,以维持其生活水平。待老人去世后,银行可拍卖他们的房产,用以偿还贷款。

我国自从开展消费信贷业务以来,不断推出新的消费信贷种类,如一些银行在已开办个人住房贷款、个人汽车消费贷款、个人大额耐用消费品贷款和个人小额存单质押贷款的基础上,又陆续推出了国家助学贷款、个人综合消费贷款、个人住房装修贷款、旅游贷款、个人小额短期信用贷款、个人商业用房贷款等。

(二)消费贷款的优点

也许您听过这样一个小故事,有一个美国老太太和中国老太太在天堂相遇,两人聊天时,美国老太太高兴的说,我年轻时贷款买了一套房子,在我死的前一天,终于把贷款还清了。中国老太太则说,我辛辛苦苦攒了一辈子钱,终于买了一套新房子,可刚住了一天,我就上天堂了。

消费信贷作为一种特殊的信贷方式,有着自身的优点,归纳起来主要有两点:

(1)使消费者获益很大,银行通过消费贷款的形式进行临时调节,就可以满足部分群众对某些消费品,特别是耐用消费品的需求。对个人来说,消费贷款十分合算。以个人耐用消费品贷款为例,假设一年期利率是5.325%,若以"按月等额"方式还款,本月偿还部分在下月就被扣除,实际上是一种整借零还方式,最终算下来,实际年利率在 3.7%左右,和存款利息大体相当。

(2)消费信贷给银行也带来了巨大的利润。消费信贷在西方国家很普遍,比如在美国,居民1/3的消费都是通过贷款来实现的。由此可见,贷款消费作为一种消费模式,在美国等西方发达国家非常盛行。

十一、怎样办理国家助学贷款

考上大学本是一件令人高兴的事,但面对几千甚至上万元的学费,家庭经济条件差的孩子和家长们却乐不起来, 有的地方甚至出现了贫困生弃学打工的事件。在部分贫困的农村,常常听到家长鼓励孩子努力学习时说:"你要是考上大学,爹妈就是砸锅卖铁、倾家荡产也要供你读书。"其实,很多家庭贫困的父母不需要砸锅卖铁、倾家荡产也能供孩子上学。申请国家助学贷款就可帮助贫寒学子圆了大学梦。让每个贫困生和家庭了解国家资助政策,不让一名大学生因贫困辍学是全社会共同的责任。

(一)助学贷款的种类和用途

助学贷款分为学费贷款和生活费贷款两类,前者用于借款学生向所在院校支付学杂费, 后者用于借款学生在校期间自身日常基本生活费用的支出。这两类贷款中,借款学生可以根据自己的实际需要,申请其中一种或两者同时申请。这两种贷款的利率都是按一年期短期贷款利率计算。助学贷款之所以划分为学费贷款和生活费贷款, 主要是为了保证助学贷款能专款专用。

为了达到专款专用的目的, 学费贷款和生活费贷款的发放方式是不同的。学费贷款每年一次通过银行以转账方式直接划入借款学生所在院校的银行账户, 而生活费贷款则是每月定期由银行主动划入借款学生的银行账户。生活费贷款采用这种分月发放的方式,可以减轻借款学生的利息负担,并且也有利于借款学生合理安排每月生活费用的支出。

按照助学贷款提供的主体不同,助学贷款可以分为国家助学贷款、商业性助学贷款以及生源地国家助学贷款和生源地国家信用助学贷款。

小知识

生源地国家助学贷款和生源地国家信用助学贷款比较

生源地国家助学贷款是经各省政府批准，从 2004 年起开办的助学贷款业务。生源地国家助学贷款采用信用担保方式。农村信用社按国家和各省有关政策法规发放生源地国家助学贷款，享受财政贴息、免征营业税等优惠政策。2007 年 8 月，国家新出台了"生源地信用助学贷款"政策。生源地信用助学贷款按年度申请、审批和发放。贷款期限原则上按全日制本、专科学制加 10 年确定，最长不超过 14 年。学制超过 4 年或继续攻读研究生学位、第二学士学位的，相应缩短学生毕业后的还贷期限。学生在校及毕业后两年期间为宽限期，宽限期后由学生和家长（或其他法定监护人）按借款合同约定，按年度分期偿还贷款本息。与高校国家助学贷款不同的是，风险补偿金按贷款发生额的 15% 确定，由中央和地方财政共同负担。

（二）国家助学贷款的发放对象

国家助学贷款的发放对象是在全日制普通高等院校就读的中国籍学生，也就是说，在高校就读的学生，不论本地学生还是外地学生，均可申请助学贷款，具体政策在各地稍有不同。助学贷款的借款人是学生自己而不是父母或其他人。借款学生还需满足下列条件：

（1）具有完全民事行为能力（未满 18 周岁，不具备完全民事行为能力的借款学生则须经监护人同意并在借款合同上签字认可）；

（2）具备诚实守信的品德；

（3）学习成绩优异或较好；

（4）身体健康；

（5）无违法乱纪行为；

（6）提供符合条件的担保。

以上条件中，（1）是《合同法》的要求，（2）、（3）、（4）、（5）则是银行对借款人资信及未来还款能力的几个惯例要求。（6）是决定贷款与否的重要因素。

（三）国家助学贷款政策的有关规定

1.学生在校期间免交贷款利息

借款学生在学校期间的贷款利息全部由财政补贴，毕业后利息全部自付。

2.还贷年限延长到六年

借款学生毕业后视就业情况，在1至2年后开始还贷，6年内还清。新政策规定，借款学生办理毕业或终止学业手续时，应当与经办银行确认还款计划，还款期限由借贷双方协商确定。若借款学生继续攻读学位，借款学生要及时向经办银行提供继续攻读学位的书面证明，财政部门可继续按照在校学生的相关条件来实施贴息。

3.曝光违约借款学生名单

国家助学贷款管理中心以已经建立的国家助学贷款学生个人信息查询系统为依托，进一步完善对借款学生的信息管理，对借款学生的基本信息、贷款和还款情况等及时进行记录，加强对借款学生的贷后跟踪管理，接受经办银行对借款学生有关信息的查询，并将经办银行提供的违约借款学生名单在新闻媒体及全国高等学校毕业生学历查询系统的网站上公布。

4.毕业一年内可改还款计划

借款学生毕业或终止学业后一年内，可以向银行提出一次调整还款计划的申请，经办银行应予受理并根据实际情况和有关规定进行合理调整。也就是说，毕业生有一次机会可跟银行协调，采取不同的方式还本付息。贷款还本付息可以采取多种方式，可以一次或分次提前还贷。提前还贷的，经办银行要按实际期限计算利息，不得加收除应付利息之外的其他任何费用。对毕业后自愿到国家需要的艰苦地区、艰苦行业工作，服务期达到一定年限的借款学生，经批准可以用奖学金方式代偿其贷款本息。具体办法银行一般结合学生就业政策另行制定。

（四）办理国家助学贷款的程序

国家助学贷款的办理流程：提出申请 → 学校初审 → 银行审批 → 签

订合同 → 发放贷款 → 偿还贷款。

1.提出申请

申请时需要提交的材料包括：国家助学贷款申请审批表,本人学生证和居民身份证复印件（未成年人须提供法定监护人的有效身份证明和书面同意申请贷款的证明）,本人对家庭经济困难情况的说明,乡、镇、街道民政部门和县级教育行政部门关于其家庭经济困难的证明，银行或学校要求提供的其他证明文件和资料。

2.学校初审

学校相关部门对学生提交的国家助学贷款申请材料进行资格审查,对其完整性、真实性、合法性负责,初审工作将在收到学生贷款申请后 20个工作日内完成。此项工作完成后,学校相关部门进行为期 5 天的公示,并对有问题的申请进行纠正。初审工作无误后,学校相关部门在 10 个工作日内,在审查合格的贷款申请书上加盖公章予以确认,将审查结果通知学生,并编制《国家助学借款学生审核信息表》。

3.银行审批

经办银行在收到学校统一提交的借款合同及借据后的 15 个工作日内完成签署工作,并在 5 个工作日内将签署完毕的借款合同送达学校。学校在收到借款合同及借据后,在 5 日内发给借款学生本人保管。

4.签订合同

学生贷款申请通过学校审查和银行审批后，学校将组织学生填写签订借款合同和借据等文本。学校会将学生申请或借款信息及时通知借款学生家长或其法定监护人。

5.发放贷款

经办银行一般在借款合同签字之日起 20 个工作日内将首年的学费、住宿费和生活费贷款划入学校指定的账户。

（五）办理助学贷款的技巧

1.选择适合的助学贷款产品

现有各家银行提供的助学贷款产品在一些细节上还是略有不同的,

首先要做的是分析自己的需求。如果有特别的要求,只有某一家银行提供的特色产品可以满足,那么你应该定向选择这家银行的助学贷款。比如说,家庭困难的学生想申请财政贴息贷款,那么应该申请中国工商银行等某些银行的国家助学贷款;如果学生工作后又选择了到国外大学深造,苦于学费太高,那么可以考虑招商银行等银行的助学贷款。由于助学贷款都是由学校直接与银行联系的,学生首先应在申请助学贷款时向学校表明对这家银行助学贷款产品的需求。如果没有特别的需求,则一般所在的学校都有定点做助学贷款的银行,就不需另做选择了。

2.确定合理的贷款金额

借款学生要确定的就是自己是否要借满最高限额,如果不借满最高限额,具体的借款金额是多少较为合适,一般说来,借款学生需要考虑如下的因素:

(1)个人和家庭目前的经济状况。如果个人和家庭经济情况较差,则借款学生大部分的学习、生活费用要依赖贷款来解决;如果个人和家庭的经济条件足以负担一部分开支,则最好是用自有资金支付学费,而生活费以贷款解决。因为学费贷款是在学年开始即支付,而生活费贷款是每月发放,从贷款计息的角度来讲,借生活费贷款更为合算些。

(2)个人生活开支的大致水平。借款学生需要预测自己每月大致的开支水平,以确定借生活费贷款的数额。

(3)对未来几年内家庭经济情况的预测。如果借款学生碰到的家庭经济困难是暂时的,那么借款的金额能渡过暂时困难的这段时期就可以了。但如果对这段时期的长短难以做出明确的估计,为保险起见,则最好是将借款学生上学期间的花费都借足。因为银行的贷款要在实际逐笔发放时才开始计息,签约时多签一点并不会马上有利息负担,以后如果经济好转了,还可以申请提前还款。

(4)对未来个人还款能力的预测。借款学生如对自己未来的还款能力较有信心,则借款金额可以高到上限。决定借款学生未来还款能力的主要是借款学生未来的就业方向、薪资水平,而这与借款学生在校的学习成绩、个人能力、专业方向都有着较为密切的关系。

3.制订可行的还款计划

(1)开始还款的时间。目前银行允许借款学生在毕业后1~2年内开始还贷,6年内还清。一般而言,选择在校期间即开始还款的,多为那些家庭发生暂时经济困难而申请贷款的学生,他们预定在家庭经济情况好转后即还清贷款;而大部分准备自行还款的学生,都选择了在工作以后开始还款。借款学生在工作后开始还款的方式体现了助学贷款培养青年自强自立精神的本意,也有利于借款学生在校期间集中精力学习。如果借款学生的家庭经济存在暂时性困难的,建议在签约时也定为毕业后开始还款,因为在校期间的贷款利息是财政全额贴息的,期限宽松一点对家庭和借款学生自身而言压力都会小一些,而过两年如经济情况好转也可以提前还款。

(2)还款方式。可分为分次偿还或一次性偿还。分次偿还和一次性偿还在利息上是有差别的,如果一次性偿还的时间与分次偿还首期支付的时间一致,则分次偿还方式要支付较多的利息;如果一次性偿还发生在分次偿还的末期支付时,则分次偿还较一次性偿还支付的利息要少。从对借款人的压力来看,一次性偿还压力集中,分次偿还压力分散且也有利于借款人有计划地安排还款。由于签约时贷款学生对自己未来的收入情况并不能完全确定,建议选择对自己约束较小的还款方式。以下这几种还款方式,对借款学生的约束程度递增,但利息负担递减及借款人的计划性递增,借款学生可以根据自身情况选择:一是毕业6年后一次性还款,二是毕业后6年内每年还款1/6,三是毕业后6年内每半年还款1/12,四是毕业后6年内每季度还款1/24。

(3)还款期限。目前银行一般给定还款期限最长不超过学生毕业后6年。建议借款学生在签约时将最后还款期限定在银行所给予的最长期限,这样周转余地就较宽松。

十二、怎样办理个人住房贷款

(一)申请个人住房贷款的程序

目前,我国各家银行、信用社都开办了个人住房贷款业务,各银行在

具体办理住房贷款手续时可能有所不同,但程序上基本是相同的。归纳起来,个人住房贷款的程序为:

进行咨询→提出申请→贷款调查与审批→签订合同→合同公证→抵押登记→办理保险→贷款发放→回收贷款→贷款结清。

(二)个人住房贷款品种

1.个人住房公积金贷款

个人住房公积金贷款是指缴存住房公积金的职工,在购买住房时,以其所购房为抵押物,作为偿还贷款的保证而向公积金管理中心申请的贷款。若需咨询个人住房公积金贷款的有关情况,可前往所在城市公积金管理中心或其委托的商业银行、受托承办个人住房公积金贷款的银行。符合个人住房公积金贷款条件,可直接向公积金管理中心或其委托的审核机构提出受理请求。如果是通过单位集体购买的商品房或集资房符合条件,可由单位集中组织办理。公积金管理中心根据借款人提供的有关资料,进行查询、登记、受理编号、出具准贷通知书。

一般而言,申请住房公积金贷款的条件包括:

(1)履行缴存住房公积金义务的时间,即累计足额缴纳满1年,连续12个月;

(2)借款申请人无住房公积金债务和无影响住房公积金还贷的其他债务;

(3)借款人的配偶、同户成员可以作为共同借款人。共同借款人也必须符合上述(1)、(2)项条件。夫妇双方一方获得了个人住房公积金贷款,另一方不能再申请个人住房公积金贷款。同户成员必须是与借款人在同一户籍1年以上的直系亲属或旁系亲属。

借款人可申请的住房公积金数额为借款人和共同借款住房公积金储存余额的15倍,即存一贷十五,补充住房公积金为存一贷二。比如,某人的住房公积金的账户上有5 000元,补充公积金账户上有1 000元,那么,他可申请的住房公积金数额为:公积金7.5万元,补充公积金2 000元,共计7.7万元。

还贷比例以借款人和共同借款人缴存住房公积金的工资基数的 40% 为计算依据。商品房、经济适用房首期付款不低于总房款的 30%,二手房首期付款不低于总房款的 40%,最长贷款期限为 20 年,但不能超过借款人退休前的工作年限。

2.个人住房商业性贷款

个人住房商业性贷款是指具有安全民事行为能力的自然人,购买城镇住房时,以其所购产权住房为抵押物,作为偿还贷款的保证而向银行申请的贷款。目前,我国各大商业银行都开办了个人住房商业性贷款业务。申请个人住房商业贷款必须遵守下列规定:借款人有相当于所购房价 30% 或 30% 以上的自筹资金,并用此作为购房首期付款;贷款额度最高不超过总房款的 70%;借款人具有稳定的可以用于按期偿还贷款本息的收入,家庭其他成员也可共同参与偿还贷款本息的,每月还款数额一般不得超过家庭月平均收入的 60%~70%。

3.个人住房组合贷款

个人住房组合贷款是住房公积金贷款和住房商业性贷款这两项贷款的合称,也就是指个人申请住房公积金贷款不足以支付购房所需费用时,其不足部分向银行申请住房商业性贷款来解决。申请个人住房组合贷款必须同时符合以下条件:借款申请人必须符合个人住房公积金贷款条件;组合贷款总额不得超过所购房产总价款的 70%,也不得超过住房公积金贷款和住房商业性贷款的最高限额。

4.农民个人住房贷款

农村户口的市民购买住房时,可向银行申请农民个人住房贷款。提供这项业务的银行有中国建设银行、中国工商银行、中国农业银行等。农民个人住房贷款必须遵守下列条件:单笔贷款的最高额度不超过 30 万元,贷款额度不超过所购买住房总房款的 50%,贷款期限最长不超过 10 年。

5.个人商铺贷款

凡具有常住户口的城镇居民,购买有产权的商铺,并用商铺作为抵押物,可向银行申请个人商铺贷款。开办这项业务的银行有中国建设银行、中国工商银行、中国农业银行等。申请个人商铺贷款必须遵守下列规定:

单笔贷款的最高额度为 100 万元，贷款额度不超过所购买商铺总价款的 60%,贷款期限最长不超过 10 年。

6.个人住房装修组合贷款

申请个人家居装修贷款的个人必须符合以下条件：具有完全民事行为能力的自然人;有当地常住户口或有效居民身份证,有固定和详细的住址;有正当职业和稳定可靠的收入来源,信用良好,具备按期偿还贷款本息的能力；原则上须持有与经贷款人认可的装修企业签订的家居装修协议或合同及装修工程预算表。申请个人住房装修组合贷款必须遵守下列规定:装修贷款的最高额度为 10 万元;贷款额度不超过装修费用的 70%;装修贷款与住房贷款两者之和不超过总房款的 80%；贷款期限一般为 1 至 3 年,最长不超过 5 年(含 5 年),具体期限根据借款人性质分别确定。

7.二手房个人住房贷款

个人购买二手产权房时，也可申请个人住房公积金贷款和个人住房商业性贷款。按现行政策规定:购买二手房,可申请的个人住房公积金贷款的最高限额为 10 万元,且不超过购买二手房总房款的 50%,最长期限不超过 10 年;申请个人住房商业性贷款的最高限额为 30 万元,且不超过购买二手房总房款的 60%,最长期限不超过 10 年。

小知识

什么是还款"宽限期"

"宽限期"是指个人贷款发放后,在合同约定的一定时期内,借款人只需按月支付利息,暂不归还贷款本金。待这个约定的限期结束后,对贷款发放金额按合同约定的等额本金还款方式或等额本息还款方式还本付息。这个约定的时期就是"宽限期"。宽限期有 1 年(12 期)、2 年(24 期)、3 年(36 期)等不同。例如,购房者申请 50 万元、10 年期贷款,如果申请宽限期 1 年,则贷款期限为 11 年(10 年+1 年),贷款发放日为 2006 年 11 月 15 日,则宽限期自当日起算,12 月 20 日首次付息,2007 年 12 月 20 日最后一次付息。期间,借款人只付息,不还本。一年 12 期满后,借款人开始还本付息,每月还款额大幅增加。这种还款法因能大大减轻前期还款压力,特别适合购房时用完积蓄,又要装修、举办婚礼等资金实力不足、而后期收入前景看好的购房者。

(三)个人住房贷款利率

个人住房贷款利率上限放开,实行下限管理。客户可以在贷款合同中与银行约定贷款利率按照固定方式或者浮动方式执行, 如果选择浮动方式,则可根据最近调整的贷款利率进行调整,并商定具体调整方式。

(四)还款方式

贷款期限在一年以下(含一年)的,采用利随本清的还款方式。贷款期限在一年以上的,采用按月还款方式偿还贷款本息。

有两种按月还款方式可供选择:

(1)等额本息还款法,即借款人每月以相等的金额偿还贷款本息,又称为等额法。

$$每月还款额 = \frac{贷款本金 \times 月利率 \times (1+月利率)^{贷款期月数}}{(1+月利率)^{贷款期月数}-1};$$

(2)等额本金还款法,即借款人每月等额偿还本金,贷款利息随本金余额的逐月递减而递减,还款额逐月递减,因此,又称为递减法。

$$每月还款额 = \frac{贷款本金}{贷款期月数} + (贷款本金-已归还本金累计额) \times 月利率。$$

十三、怎样办理农村汽车消费信贷

(一)汽车消费贷款的对象及条件

汽车消费贷款是指贷款人向申请购买汽车的借款人发放的人民币担保贷款, 它是商业银行为解决购车者一次性支付车款的困难而推出的一项业务,是商业银行向在与其签订了《汽车消费贷款合作协议书》的特约经销商之外的,购买汽车的借款人发放的用于购车的贷款。它是目前国际上通行的耐用品消费贷款业务之一。目前,中国工商银行、中国农业银行、中国银行、中国建设银行、中国民生银行、广东发展银行、交通银行等各大银行均相继开办了汽车消费贷款业务。

在我国境内有固定住所的中国公民均可申请汽车消费贷款,另外,申请者还必须具备以下条件:

(1)具备完全民事行为能力;

(2)具有稳定的职业和偿还贷款本息的能力,信用良好;

(3)能够提供有效的抵押物或质物,或有足够代偿能力的个人或单位作为保证人;

(4)能够支付规定限额的首期付款;

(5)各银行规定的其他条件。

在以上条件中,(1)是《合同法》的要求;(2)、(4)、(5)是银行对借款人信用及未来还款能力的惯例要求;(3)则是银行是否批准汽车贷款申请的重要因素。

(二)汽车消费贷款的金额及期限

申请汽车消费贷款金额的多少是根据借款人所提供担保的种类和购车款的金额来确定的。不同的担保方式,可申请获得的贷款金额是不一样的。一般来说,有以下几种情况:

(1)如果有银行或保险公司为购车贷款提供连带责任保证,或提供银行存单及国库券等有价证券作为质押的,借款最高可以达到购车款的60%。

(2)如果以所购车辆或住房等不动产作为抵押申请贷款,借款最高可以达到购车款的70%。

(3)如果贷款是由他人或公司(除银行与保险公司)提供担保,则借款最高可以达到购车款的60%。汽车消费贷款的期限,根据中国人民银行的有关规定,最长不超过5年(含5年)。

(三)汽车消费贷款的利率及计算方法

汽车消费贷款的利率是根据中国人民银行所公布的贷款利率水平,

按照借款人所申请的贷款期限来确定的。贷款的利率实行一年一定,即根据中国人民银行公布的每年 12 月 31 日的贷款利率来确定下一年度的利率,利率的执行期为 1 月 1 日至 12 月 31 日。如果借款人申请的贷款期限是在 1 年以内(含 1 年)的,则实行合同利率,如遇贷款利率调整,不分段计息;贷款期限在 1 年以上的,如遇贷款利率调整,则于下年初开始,按相应利率档次执行新的利率。也就是说,当个人获得购车贷款后,如遇中国人民银行调整贷款利率,当年的汽车消费贷款利率不做调整,下一年度将按新公布的贷款利率计算。

汽车消费贷款的利息实行利随本清的原则,每月利息的计算公式为:

月利息=(本金-已归还本金累计额)×月利率=剩余本金额×月利率。

例如:客户因购买汽车向银行借款 10 万元,期限 3 年,按月计算利息,月利率为 4.95‰,那么他每月向银行归还本金 2 777 元,第一个月借款人向贷款银行支付贷款利息为 100 000×4.95‰=495 元,第二个月借款人向银行支付利息为(100 000-2 777)×4.95‰=481.25 元,以此类推。

(四)中国农业银行汽车消费贷款的有关规定

贷款金额以国债和存单质押的,贷款本息不超过国债或存单的面值;以所购车辆或房产抵押的,贷款金额不超过购车款的 70%;以保证人担保的,贷款金额不超过购车款的 60%。贷款期限一般为 3 年,最长不超过 5 年,如果所购车辆用于经营,则贷款期限最长为 2 年,工程车贷款期限最长为 2 年。贷款利率执行人民银行的规定。如遇法定利率调整,期限为 1 年以内的,执行合同利率,不分段计息;期限为 1 年以上的,则于次年初执行新的利率。借款人应按合同约定的还款方式、还款计划归还贷款本息。贷款期限在 1 年以内(含 1 年)的,实行按季付息,到期全部结清;贷款期限在 1 年以上的,实行按月等额分期偿还贷款本息。

(五)中国农业银行汽车消费贷款流程

(1)购车人到贷款行或已与贷款行签订合作协议的汽车销售商处咨询汽车消费贷款有关事宜。

(2)购车人到汽车销售商处挑选车辆,与销售商谈妥有关条件后签订购车合同(意向)。

(3)购车人携带有关资料到贷款行申请汽车消费贷款。

(4)购车人在农业银行开立存款账户或银行卡,并存入不少于车价30%的首期付款。

(5)农业银行对购车人进行资信调查后,最迟在受理借款申请之日起5日内对购车人是否贷款给予答复,若有意向贷款,汽车经销商要提供购车人的购车发票原件及复印件,然后农业银行与购车人签订《消费担保借款合同》,并委托农行办理车辆保险。

(6)购车人委托汽车销售商代为办理汽车上牌、税费缴纳、抵押登记,贷款合同将在以上工作完毕后生效。

(7)合同生效后,农行将根据购车人的委托将贷款和首期款划转到汽车经销商的账户,购车人就可以提车了。

(8)购车人以后只要每月(每季)20日前在存款账户或银行卡上留足每期应还款额,农行会从购车人账户中自动扣收,到期结清全部本息。贷款归还后,贷款行注销抵押物,并退还给购车人。

十四、怎样办理大额耐用消费品贷款

借款人向银行申请大额耐用消费品贷款,必须提供有效的担保。担保方式有保证、抵押和质押三种。以保证方式申请贷款的,在获得贷款前,必须由保证人与贷款人签订《保证合同》,该项保证必须明确是连带责任保证,即在借款人无法按时还债时,由保证人承担还债责任。以抵押方式申请贷款的,由抵押人与贷款人签订《抵押合同》,办理抵押物登记手续,并应在获得贷款之前办妥。以质押方式申请贷款的,由质押人与贷款人签订《质押合同》,办理质押物登记手续,并应在获得贷款之前办妥。

在贷款未还清之前,该商品的所有权归银行所有,该商品的发票由银行保存,借款人仅拥有该商品的使用权。这意味着借款人可能在支付了大部分款项后,由于自身现金流出现问题(例如您下岗了或者因家人患病而需要大量的钱)而无法偿还贷款,这样,您仍然无法拥有你购买的耐用消费品。

凡设定抵押权的财产,若银行认为有必要办理财产保险手续的,借款人应根据银行的要求,专项办理第一受益人为银行的全额财产保险,且保险期限应长于贷款期限。此外,在贷款发放前,借贷双方可以共同到公证机关办理借款合同及担保合同的公证手续。

十五、怎样办理个人创业贷款

个人创业贷款是指具有一定生产经营能力或已经从事生产经营活动的个人,因创业或再创业提出资金需求申请,经银行认可有效担保后而发放的一种专项贷款。符合条件的借款人,根据个人的资信状况和偿还能力,最高可获得单笔 50 万元的贷款支持;对创业达一定规模或成为再就业明星的人员,还可提出更高额度的贷款申请。

创业贷款的期限一般为 1 年,最长不超过 5 年。为了支持下岗职工创业,创业贷款的利率还可以按人民银行规定的同档次利率下浮 20%,许多地区推出的下岗失业人员创业贷款还可享受政府贴息。

如果创业需要购置沿街商业房,可以用拟购房子作抵押,向银行申请商用房贷款,贷款金额一般不超过拟购商业用房评估价值的 60%,贷款期限最长不超过 10 年。因创业需要购置轿车、卡车、客车、微型车以及进行出租车营运的借款人,还可以办理汽车消费贷款,此贷款一般不超过购车款的 80%,贷款期限最长不超过 5 年。

十六、怎样计算贷款利息

目前银行贷款实行的利率有差别贷款利率、波动贷款利率和优惠贷款利率三种。

(1)差别贷款利率。固定资产贷款的利率高于流动资金贷款利率,期限长的贷款利率高于期限短的贷款利率,风险大的贷款利率高于风险较小的贷款利率。

(2)浮动贷款利率。在国家规定的浮动幅度内,对不同产业、对象、用途、期限的贷款在法定利率上浮动。

(3)优惠贷款利率。是对某些贷款以低于同类贷款利率计收利息的利率。对贷款中的贴息贷款,坚持谁决定、谁贴息的原则。

银行贷款利息的计算方法是:贷款利息=贷款金额×贷款利率×贷款期限。期限要和利率配套,企业或农民个人的信用等级不同,利率也有可能不同。

十七、办理贷款应注意的问题

1.借款企业和个人贷款时应履行的义务

(1)应当如实地向银行提供所需要的资料,并向银行如实提供所有开户银行账号、存款余额情况,配合银行的调查、审查和检查。

(2)借款人应当接受银行对自己使用信贷资金情况和有关生产经营、财务活动的监督。

(3)借款人应当按贷款规定的用途使用贷款。

(4)借款人要按借款合同约定及时清偿贷款本息。

(5)借款人如果将全部或部分债务转让给第三人时,应先征得银行的同意。

(6)当有危及银行贷款安全的情况时,借款人应及时通知银行,同时采取保全措施。这既有利于银行贷款资金的安全,也有利于自身业务经营的正常开展。

2.借款企业和个人的权利

农村企业和农民个人履行义务是为了取得贷款和使用好贷款,取得贷款后,企业和个人也有相应的权利:

(1)借款人可以自主向主办银行申请贷款并依贷款条件取得贷款,贷多贷少、贷或不贷由自己决定。

(2)有权按合同约定提取和使用全部贷款。

(3)有权拒绝借款合同以外的附加条件。

(4)有权向贷款银行的上级和中国银行业监督管理机构反映、举报有关情况。

(5)在征得贷款银行同意后,有权向第三人转让债务。

3.借款人应注意的其他问题

(1)借款人不能在一个银行的同一辖区的两个或两个以上的同级机构取得贷款。

(2)不能向银行提供虚假的或者隐瞒重要事实的资产负债表、损益表等,以免误导银行做出错误判断。

(3)借款人不能用欺诈手段骗取贷款。

(4)不要盲目贷款,借款企业或个人贷款要有周密的计划和安排,否则一旦资金受到损失则害人害己。

(5)不要少用多贷,否则贷款资金闲置,会加重企业或个人的利息负担。

(6)不要为他人贷款。一是违背了银行贷款的规定,二是如果他人信用出了问题,还得自己"吃不了兜着走",遭受不应有的损失。

(7)千万不要借高利贷。有资金困难就找银行或农村信用社等正规的金融机构,千万别高息借贷,否则高利贷会使借款人债台高筑。

小知识

为什么张三在甲银行贷不到款但在乙银行却可以贷到

有的朋友可能遇到过这样的情况,在甲银行申请贷款未获批准,但在乙银行却可以,不同的银行对是否向同一个人贷款可能会作出截然相反的决定。为什么会这样呢?

首先,不同的银行评价客户风险的方法及依赖的数据不同,对风险的评估结果也不尽相同,因此,甲、乙两家银行对张三的信用评价结果可能不同。其次,不同的商业银行,贷款政策不同,风险偏好不同,风险控制手段、营销重点等方面均存在一定差异,即使对张三的信用评分相同,但甲银行可能认为张三的信用风险太高而拒绝给张三贷款,而乙银行则认为张三的信用风险仍然可控,所以贷款给他。

风险指的是一种不确定性,风险偏好就是对这种不确定性的态度,如果认为不确定性会带来机会的话,那么属于喜好风险型的;如果认为不确定性会带来不安或灾难,那么就属于厌恶风险型的。所以风险偏好指的是投资者对于风险的态度,也就是指是喜好风险还是厌恶风险。商业银行的"风险偏好"是商业银行愿意为所取得的收益而承担的风险和最大损失;不同的银行,风险偏好也各有不同。

商业银行的"贷款政策"是指商业银行指导和规范贷款业务、管理和控制风险的各项方针、措施和程序的总和。商业银行的贷款政策由于其经营品种、方式、规模、所处的市场环境的不同而各有差别。

十八、非法集资和高利贷

(一)什么是非法集资

【案例】河北省任县煤炭工业有限公司非法集资案

1999年7月13日,河北省任县煤炭工业有限公司在没有经过任何部门批准的情况下,以解决资金困难为理由,在任县县城设置了固定场所,发放宣传品,挂横幅标语,公开向社会不特定公众集资,在社会上引起了轰动。集资是以"入股"的形式,期限3年,年利率10%,并允诺到期后由县财政兑付。截至查处时共集资14万元,其中,内部职工入股8万元,社会公众入股6万元。

从煤炭工业有限公司所实施的集资情况看,该公司是以"入股"解决企业困难为幌子,实施非法集资行为,是一起典型的非法集资案件。该非法集资活动已被取缔。

1.什么是非法集资

非法集资是指单位或者个人未依照法定的程序经有关部门批准,以发行股票、债券、彩票、投资基金证券或者其他债权凭证的方式向社会公众筹集资金,并承诺在一定期限内以货币、实物及其他利益等方式向出资人还本付息给予回报的行为。非法集资的一个重要特征就是承诺高息还本。

2.怎样判断是否是非法集资

非法集资往往表现出下列特点:

(1)未经有关部门依法批准,包括没有批准权限的部门批准的集资,有审批权限的部门超越权限批准集资。

(2)承诺在一定期限内给出资人还本付息。还本付息的形式除以货币形式为主外,也有实物形式和其他形式。

(3)向社会不特定的对象筹集资金。这里"不特定的对象"是指社会公众,而不是指特定的少数人。

(4)以合法形式掩盖其非法集资的实质。

一般来说,具有以上四个特征的集资行为可以认定为非法集资,但判断非法集资的根本特征是集资者不具备集资的主体资格以及有承诺给出资人还本付息的行为。

3.非法集资的社会危害性

(1)非法集资扰乱了社会主义市场经济秩序。它以高回报为诱饵,以骗取资金为目的,破坏了金融秩序,影响金融市场的健康发展。涉案公司和企业,或公然违反国家法律、法规,或打"擦边球"从事吸收公众存款业务,损害了国家、社会和他人的利益。

(2)严重损害群众利益,影响社会稳定。非法集资有很强的欺骗性,容易蔓延。犯罪分子骗取群众资金后,往往大肆挥霍或迅速转移、隐匿,而受害者又大多是拿出家庭大部分积蓄或借朋友的钱款进行投资,上当受骗后,直接影响受害群众今后的生活,引起上访和社会的不稳定。

(3)损害了政府的声誉和形象。非法集资活动往往以"响应国家林业政策"、"支持生态环境保护"等为名,进行违法犯罪活动,既影响了国家政策的贯彻执行,又严重损害了政府的声誉和形象。

(4)非法吸收公众存款还易诱发其他经济犯罪活动的发生。一些企业本来只是为了迅速融资,但采取这种高风险的非法手段,迟早会出现巨大的资金漏洞。为填补漏洞,极易导致行贿、贪污、诈骗甚至更严重的刑事犯罪活动。

4.非法集资怎样量刑

刑法第一百九十二条规定,以非法占有为目的,使用诈骗方法非法集资,数额较大的,处五年以下有期徒刑或者拘役,并处 2 万元以上 20 万元以下罚金;数额巨大或者有其他严重情节的,处五年以上十年以下有期徒刑,并处 5 万元以上 50 万元以下罚金;数额特别巨大或者有其他特别严重情节的,处十年以上有期徒刑或者无期徒刑,并处 5 万元以上 50 万元以下罚金或者没收财产。

第一百九十九条规定,触犯本节第一百九十二条、第一百九十四条、第一百九十五条规定之罪,数额特别巨大并且给国家和人民利益造成特别重大损失的,处无期徒刑或者死刑,并处没收财产。

第二百条规定,单位犯本节第一百九十二条、第一百九十四条、第一百九十五条规定之罪的,对单位判处罚金,并对其直接负责的主管人员和其他直接责任人员,处五年以下有期徒刑或者拘役;数额巨大或者有其他严重情节的,处五年以上十年以下有期徒刑;数额特别巨大或者有其他特别严重情节的,处十年以上有期徒刑或者无期徒刑。

个人进行集资诈骗数额在 20 万元以上的,属于"数额巨大";个人进行集资诈骗数额在 100 万元以上的,属于"数额特别巨大"。

(二)高利贷

高利贷是指索取特别高额利息的贷款。它产生于原始社会末期,在奴隶社会和封建社会,它是信用的基本形式,也就是说,在资本主义社会出现之前,在现代银行制度建立之前,民间借贷都是利息很高的。

我国学者对于什么是高利贷有几种不同的看法:

(1)有的人认为,借贷的利率只要超过或者变相超过国家规定的利率,即构成高利贷。有的学者认为借贷利率可以适当高于国家银行贷款利率,但不能超过法律规定的最高限度,否则即构成高利贷。

(2)有的人认为,高利贷应有一个法定界限,但这个界限不能简单地以银行的贷款利率为参照,而应根据各地的实际情况,专门制定民间借贷指导利率,超过指导利率上限的,即构成高利贷。他们还认为,凡约定利息超过法定指导利率的,其超过部分无效,债权人对此部分无请求给付的权利。

(3)有的人认为,高利贷就是一种超过正常利率的借贷。至于利息超过多少才构成高利贷,由于在立法和司法中都没有统一的规定和解释,在实践中只能按照民法通则和有关法律规定的精神，本着保护合法借贷关系，有利于生产和稳定经济秩序的原则，对具体的借贷关系进行具体分析，然后再认定其是否构成高利贷。他们还认为在确定高利贷时，应注意区别生活性借贷与生产经营性借贷，后者的利率一般可以高于前者。因为生活性借贷只是用于消费，不会增值；而生产经营性借贷的目的，在于获取超过本金的利润，因此，它的利率应高于生活性借贷的利率。

2.高利贷的界定

《民法通则》规定，利息高于银行同期贷款利息 4 倍就属于高利贷。假设银行个人贷款利率 6 个月至一年期为 6.12%。那么凡 6 个月至一年期的年利率高于 24.48%的均界定为高利贷。

3.高利贷是否违法

(1)根据《中国人民银行关于取缔地下钱庄及打击高利贷行为的通知》规定，民间个人借贷中，出借人的资金必须是属于其合法收入的自有货币资金，禁止吸收他人资金转手放款。民间个人借贷利率由借贷双方协商确定，但双方协商的利率不得超过中国人民银行公布的金融机构同期、同档次贷款利率(不含浮动)的 4 倍。超过上述标准的，应界定为高利借贷行为。只要查一下中国人民银行公布的金融机构同期、同档次贷款利率，就可以知道到底多少利息属于高利贷了。由央行的这个规定来看，高利贷明显是属于违法行为的。

(2)从刑法来看，民间的高利贷行为还够不上刑事罪。只有一个关于高利贷的罪名："高利转贷罪"，但触犯这个罪名的基础是必须从银行贷款。高利转贷罪是指违反国家规定，以转贷牟利为目的，套取金融机构信贷资金高利转贷他人，违法所得数额较大的行为。 在新刑法实施之前，放高利贷是可以以投机倒把罪定罪处罚的。新刑法实施以后，单纯的放高利贷就不触犯刑律了。

(3)从民事来看，法律只保护中国人民银行公布的金融机构同期、同档次贷款利率 4 倍以下的利率。所以，合法放贷者最高只能拿到中国人民银行公布的金融机构同期、同档次贷款利率 4 倍的利息。

(4)放高利贷有延伸问题，因为放高利贷的机构常常涉及其他性质的行为,比如因为借钱的人不还钱,所以对其实施了其他行为,如故意伤害甚至故意杀人等等行为,这就触犯了刑律了。这也是为什么专家学者认为要对高利贷定罪的重要原因。

4.高利贷的社会影响

由于高利贷有主体分散、个人价值取向、风险控制无力等特点,不可避免地会引发一定的经济和社会问题。一些利率很高的非法高利贷,经常出现借款人的收入增长不足以支付贷款利息的情况。当贷款延期或者还不上时,出借方经常会采用不合法的收债渠道,如雇佣讨债公司进行暴力催讨等。于是,因高利贷导致家破人散、远离他乡、无家可归的现象数不胜数。同时,由于民间高利贷利率普遍高于银行基准利率,受利益驱动,一部分人便将自有资金用于民间借贷,对地方金融机构(尤其是农村信用社)吸收存款造成很大压力,又由于其贷款机制灵活、便利,也在一定程度上造成对银行信贷的冲击。另外,由于民间高利贷多为私人之间的协议,大多没有信贷担保和抵押,而且对借款人的资信仅凭个人的主观判断,主观性和随意性很强,对风险的产生也无从控制,因此隐藏了极大的风险。如果借款人不能归还贷款,对贷款人来说打击有可能是非常大的,因而极易冲击正常的金融秩序。

十九、信用村(镇)的作用

信用村(镇)是指在广泛采集农户信用信息、建立农户信用评价体系的基础上建立的农村信用社、乡(镇)、村和农户"四位一体"的社会信用服务体系。对被评定为信用村(镇)的村(镇),农村信用社将充分体现信用村(镇)"贷款优先,利率优惠"的原则,对信用村(镇)实行信贷政策倾斜,优先保证"三农"信贷资金的合理需要。

(一)信用村(镇)能享受到哪些优惠政策

农村信用社一般对于获得"信用乡村"称号的乡(镇)和村在各种涉农资金分配上给予优先考虑。对于获得 AAA 信用等级的农户,农村信用社给予优惠政策。

(1)贷款优先。放宽贷款条件,减少审批环节,给予优先办理。

(2)利率和期限优惠。贷款利率分别低于同类贷款的10%,农业项目贷款期限可以放宽到2至3年。

(3)简化办贷手续,做到"一次核定,随用随贷,余额控制,周转使用"。农户持有AAA级贷款证及本人身份证明,在核定的贷款额度内,可以随时到当地信用社一次或分次取得贷款。

(4)实行办贷时间承诺制,一般办贷时间不超过5天。

(5)在规定的贷款期限内,可由农户自定贷款期限。

(二)如何对农户进行信用信息采集和等级评定

(1)对乡村干部、农户及农村信用社员工开展信用评级的宣传,提高其对农户信用评级意识,同时各农村信用社会同乡(镇)政府共同研究,由乡(镇)政府组织村干部,协同信用社信贷员赴村召开村干部以及村民小组长宣传大会。再由各村民小组长负责利用广播或入户宣传等多种形式,大力宣传小额信用贷款及创建信用户活动。通过宣传,使其主动、自愿、真实地提供信用信息。

(2)开展现场摸底调查。由信用社、乡镇政府、村委会及村民小组组长及代表组成工作小组,对所有农户逐户开展现场摸底调查工作。尽可能客观、详尽地收集所有农户的基本信息,并逐户填写"农户信用等级采集表"。

(3)确定信用等级和授信额度。调查工作小组人员在收集整理好农户所有信息情况后,对填写"农户信用等级评定申请表"的农户,对照"农户信用等级评定表"的评定内容、计分标准给每户农户进行综合评分,根据农户的最后分值给每户农户确定信用等级和授信额度。

(4)颁发"信用农户"牌证和信用贷款证书。按照"一户一牌、一户一证"管理,颁发"信用农户"牌证和信用贷款证书;对农户的信用牌证、信用等级和信用贷款额度实行动态管理。

(5)建立"信用农户"档案。要对收集到的所有农户的基本信息情况,指定专人进行整理归档录入信息系统,按照"一户一牌、一户一证"模式为所有"信用农户"建立信用档案。

小知识

农户信用等级评定

农户信用等级分为五个档次:AAA级、AA级、A级、BB级、B级。AAA级信用农户标准是具有很高、很可靠的收入来源,具有很强的偿债能力,信誉状况良好,农户信用信息综合得分在90分(含)以上。AA级信用农户的标准是具有较高、较可靠的收入来源,偿债能力强,信誉状况良好,农户信用信息综合得分在80分(含)至90分。A级信用农户的标准是具有一定的收入来源,偿债能力和信誉状况一般,农户信用信息综合得分在70分(含)至80分。BB级信用农户的标准是具有一定的收入来源,但资金较为紧张,偿债能力弱,信誉状况一般,有一定风险,农户信用信息综合得分在60分(含)至70分。B级信用农户的标准是收入状况存在严重问题,偿债能力很弱,信誉状况很差,风险很大,农户信用信息综合得分在60分(不含)以下。

对认定为BB级以上信用等级的农户,分别由县、乡两级信用社发给相应信用等级和授信额度的"农户贷款证"。对评定为B级的农户不发"农户贷款证"。

农户如有下列行为,农村信用社将立即降低其信用等级直至收回"农户贷款证":冒用他人姓名贷款以及跨区域多头贷款的;擅自出租、出借或转让"农户贷款证"的;贷款发放后,拒绝接受信贷员的咨询或检查,未能执行借据合同的规定,随意拖欠贷款本息或转移贷款用途的;违反其他信贷管理有关规定的。

银行卡和其他金融服务篇

一、银行卡的种类和作用

(一)什么是银行卡

银行卡是指由商业银行或农村信用社发行的,具有消费信贷、转账结算、存取现金等全部或者部分功能的电子支付卡片。银行卡以其方便、安全、时尚等特点日益成为消费者的首选支付工具。

银行卡通常用塑料磁性卡片制成。银行卡上印有持卡人的姓名、号码、有效期等信息,这些信息凸印在卡片上,可以通过压卡机将信息复制到能复写的签购单上。为了加强保密性及利用电子技术,银行卡的磁条上面通常也记录有持卡人的账号等有关资料,这些资料人的肉眼是看不见的,可供自动取款机、销售点终端机等专门的电脑终端鉴别银行卡真伪时使用。持卡人在约定的商店或服务部门购买商品或享受服务时,不必支付现金,只需将银行卡交商店或服务部门在签购单上压印卡号,填写金额,然后经持卡人签字,商店或服务部门即可送发卡机构办理收款,持卡人与商店或服务部门的资金结算由发卡机构完成。

(二)银行卡的种类

按是否允许透支分类,银行卡可分为信用卡和借记卡。

信用卡是银行向持卡人签发的,给予持卡人一定信用额度,持卡人可以在信用额度内先消费、后还款的银行卡。信用卡是银行卡的主要形式,其最显著的特征是允许持卡人在一定额度内进行透支。一般的信用卡都是贷记卡,也就是不需要向发卡银行交存备用金,持卡人在信用额度内先消费、后还款。还有一部分信用卡是准贷记卡,就是持卡人须先按发卡银行要求交存一定金额的备用金,当备用金账户余额不足支付时,可在发卡银行规定的信用额度内透支的信用卡。

借记卡是发卡银行向持卡人签发的,没有信用额度,持卡人先存款、后使用的银行卡。借记卡则不具备透支功能,如果借记卡里没有钱,就不能先消费再还款。

也就是说,用信用卡刷卡消费相当于贷款消费,而借记卡则相当于活期存折,用借记卡刷卡消费类似于用现金消费,只不过消费时不需要从银行取出现金。

按照结算币种,银行卡可分为人民币卡、外币卡(境内外币卡、境外银行卡)、双(多)币卡。

按照发行对象,银行卡可分为单位卡(商务卡)、个人卡。

按照信息载体,银行卡可分为磁性卡、智能卡(IC 卡)。

按照信誉等级,银行卡可分为金卡、普通卡等不同等级。

按照流通范围,银行卡可分为国际卡、地区卡。

按照持卡人地位和责任,银行卡可分为主卡、附属卡。

(三)借记卡、准贷记卡和贷记卡的区别

借记卡、准贷记卡和贷记卡的区别见表4-1。

表 4-1　借记卡、准贷记卡和贷记卡的主要区别

借 记 卡	准 贷 记 卡	贷 记 卡
先存后用	先存后用,可适当透支	先用后还
存款计息	存款计息	存款不计息
同城取现无手续费	同城取现无手续费	取现收取高手续费
年费很低	年费介于借记卡和贷记卡之间	年费最高
不提供对账单,可索取	不提供对账单,可索取	每月免费提供账单
无使用年限限制	使用年限最长为两年	使用年限一般为三年
不可透支	可透支(额度小)	可透支(额度大)
	无免息期	最长 56 天的免息期
	透支之日起每天按万分之五计单利	免息期后每天按万分之五计复利
	最长透支天数 60 天	无透支天数约束

二、银行卡的计息、收费与使用

(一)银行卡的计息

银行卡的计息包括计收利息和计付利息。

对借记卡和准贷记卡账户内的存款,按照中国人民银行规定的同期同档次存款利率及计息办法计付利息。

对贷记卡账户的存款不计付利息,因此,在使用贷记卡消费时不需要事先存钱到卡里。如果使用贷记卡刷卡消费,在下列情况下,持卡人还需要向银行支付利息。

(1)用贷记卡刷卡消费后,可享受到最长 60 天的免息还款期,如果在免息还款期内持卡人还清银行资金,则无须支付非现金交易的透支利息。但如果持卡人透支超过银行规定的信用额度或选择最低还款额待遇(贷记卡持卡人在免息期内无法全额还款,而选择按照发卡银行规定的最低还款额度还款),不再享受免息待遇,也就是说必须按照银行的有关规定支付利息。

(2)从贷记卡里取现金、用准贷记卡透支消费,都不享受免息还款期和最低还款额待遇,应当支付透支利息。

(3)如果贷记卡透支超过银行的信用额度和无法归还最低还款额,银行会对超过的透支额度和最低还款额未归还部分收取 5% 的超限费和滞纳金。

(4)贷记卡透支按月计收复利,准贷记卡透支按月计收单利,透支利率为日利率 0.05%,并根据中国人民银行对此项利率的调整而调整。

(二)银行卡的使用

目前银行卡用户可以跨行提取现金和消费。到外地只要当地银行 ATM 上张贴"银联"标志,持卡人就可以跨地区取现和消费。也就是说,联网银行卡持卡人可以在任何一家联网银行的 ATM 机上跨行取款,可以在任何一台联网的 POS 机上消费,还可以跨地区取款、消费。

三、怎样办理借记卡

(一)借记卡的功能和特点

借记卡是指先存款后消费(或取现),没有透支功能的银行卡。是一种具有转账结算、存取现金、购物消费等功能的信用工具,它还附加了转账、买基金、炒股等众多理财等功能,还提供了大量增值服务。

借记卡最大的优势就是电子管家功能,持卡人可以用它去缴水、电、煤、电话等公用事业费,甚至还可以办理银证转账和银券通炒股业务。在自由刷卡的同时享受活期存款利率,办理各项代收代付业务轻松自如。

借记卡不具备透支功能,消费特点是"先付款,后消费"。为获得借记卡,持卡人必须在发卡机构开有账户,并保持一定量的存款。持卡人用借记卡刷卡付账时, 所付款项直接从他们在发卡银行的账户上转到售货或提供服务的商家的银行账户上。因此借记卡的卡内资金实际上来源于持卡人的活期存款账户,借记卡的支付款额不能超过存款的数额。

(二)怎样申请借记卡

与活期储蓄开户类似,可在农业银行或者农村信用社、邮政储蓄银行等金融机构任一营业网点办理,起存金额 1 元,多存不限,办理当时就可以领到借记卡。

(三)借记卡密码保管及更改

可以凭银行卡在银行或农村信用社营业网点, 或者 ATM (自动取款机)上进行卡片密码的设置和更改。

如果遗忘卡片密码,须持本人有效身份证件,到原开户网点办理账户密码(即存折密码)挂失,次日重新设置账户密码,同时设置新的借记卡密码。

(四)银行卡的挂失及换卡

如果借记卡丢失,可以通过电话银行(打银行服务电话)或到就近银行网点先办理临时挂失手续，并尽快持有效身份证件到发卡行办理正式挂失手续。挂失期满后,要及时办理换发新卡手续。

卡片损坏、磁条损坏或有效期满,需要换卡时,须携带有效身份证件和旧卡到原发卡营业网点办理换卡手续。接到领卡通知后,须携带有效身份证件在指定时间内和地点领取新卡。

办理卡挂失及更换新卡,银行将按当日公布收费标准收取相应挂失手续费及制卡工本费。

四、怎样办理信用卡

(一)信用卡的主要功能

1.消费

持卡人可在指定的信用卡特约单位,凭信用卡支付所需的消费而不需要花现金。各商业银行的信用卡在全国都有上万家特约商户,包括零售、批发、住宿、娱乐、旅游、医疗等行业,能为持卡人提供服务。

2.信用借款

持卡人购物消费,若所需支付的费用超过其信用卡账户存款金额时,在规定的限额范围的,发卡银行允许持卡人少量、短期透支。

3.转账结算

凭信用卡可在全国各地的各银行信用卡受理点办理转账结算。

4.存款与取现

凭信用卡可在全国各地的银行信用卡受理点办理存款和取现,不受地域限制,可通存通兑,并可用信用卡在银行的自动柜员机上取现金。

(二)刷卡消费享受生活

1.刷卡消费的好处

(1)方便、安全。无须携带大量现金购物;可以设定每日消费限额,控制风险;交易成功后,银行电脑系统直接从客户的相关银行卡账户中扣款,特约商户只能获得交易成功与否的信息,不能获得账户信息。

(2)免手续费。持卡人持卡消费结账,无论同城、异地均无须支付任何額外費用。

(3)使用领域广。商户包括购物类、饮食类、住宿类、服务类、娱乐类、交通类、综合类、其他类等八类,用卡领域广。

2.刷卡消费的步骤

(1)了解该商户是否可以使用信用卡;

(2)向收银员提供信用卡;

(3)收银员刷卡并输入相关金额后,持卡人输入正确的取款密码;

(4)核对签购单上金额、消费账号等项目,如有疑问应及时提出,及时查询账务,发现问题应及时向银行反馈;

(5)在签购单上签名;

(6)取回卡片及签购单。

3.怎样安全使用银行卡消费

银行卡消费方便省事,但有时也会带来烦恼,最主要的就是使用不当所引起的一些问题,如何正确的使用呢?

(1)申请到银行卡后,要在卡的背面签名。刷卡消费时不要让银行卡离开视线范围,留意收银员的刷卡次数,避免误刷、多刷带来损失。

(2)在商店内消费时,商家都会让持卡人在交易单据上签字。在签字前应注意核对交易单据上的金额,正确无误方可签名。在交易单据上的签名要与留给银行的名字及笔迹相同,以免银行拒绝交易或出现纠纷时无法保护持卡人的权益。

(3)若发生交易错误或取消交易的情况,持卡人一定要把错误的交易单当场撕毁;如果商家使用的是储蓄电脑连线刷卡终端,要请销售员开一张签账单以抵消原交易,再重新进行交易或取得商家的退款说明。此外,交易单据一定要妥善保存,除了以备日后核查外,也可避免被仿冒使用。

(4)妥善保管交易单据,如发生重复扣款等异常情况,可凭交易单据和对账单及时与银行联系。如已取消刷卡交易改用现金付款,应要求商户撕毁刷卡签购单并保管好现金付款凭据。

(5)注意确认交易单据是否有两份重叠等情况出现。拿到收银员交回的签购单及卡片时,认真核对是否为本人卡片。在收到银行卡对账单后要及时核对用卡情况,如有疑问,要及时拨打银行咨询电话查询。

(6)刷卡消费输入密码时,应尽可能遮挡操作,以防不法分子窥视。

五、信用卡透支

(一)什么是透支

透支就是银行允许其存款户在事先约定的限额内,超过存款余额支用款项的一种放款形式。存款户对透支放款应支付利息,并有随时偿还的义务。

透支有三种情况:

(1)透支时提供抵押品的,称抵押透支;

(2)不提供抵押品的,称信用透支;

(3)银行同业间相互融通资金的透支,称同业透支。

银行信用卡有此功能,而一般储蓄卡没有。所以,如果您的信用额度是5 000元,那您的透支额度就是5 000元,用信用卡支取现金时,只能取信用额度的一半,也就是2 500元。

(二)信用卡透支额度多少比较合适

1.透支额度越高风险越大

信用卡的透支上限太高是有风险的,在管理上,不少信用卡只要签名就可以随意使用,存在被冒用或盗用的风险。不少人为了降低风险,还会在使用信用卡一段时间后把透支上限调低。

原则上,信用卡的额度越高,持卡人所承担的潜在风险也就越大。银行会根据客户的需求及其信用状况、风险控制等多方面的情况作相应调整。而且一般上限越高,有可能成本如年费等就越高,比如金卡的年费就比普通卡要高。

2.申请额度要量体裁衣

申请额度要具体看自己的消费能力和保障能力,普通人一到两万元就够了。信用卡只是为了方便日常消费,够用即可,如果临时有需要可以适当调高额度。

小知识

信用卡里需要存钱吗

信用卡的使用方式是先消费后还款，很多人喜欢在消费之前就往信用卡里存钱，其实在信用卡里面存钱是没有任何收益的。而有些银行不论是透支消费，还是使用自有存款，在提取现金时可能都要收取一定的手续费。因此，如果您再往信用卡里存钱就很不划算了。

小知识

尽量不要用信用卡透支取现

消费者尽量不要用信用卡透支取现，因为提现和消费不同，提现等于持卡人向银行贷款，需要支付较高的利息，但此信息银行一般是不会在短信中"附带"提醒的。一般来说，不建议用户使用信用卡透支取款。对于信用卡透支取现，多数银行不分本地异地，一般要收取3%左右的手续费，最低为30元。也就是说，消费者用信用卡取5 000元现金，需支付手续150元。按规定，从提现当日开始，银行每天按提现金额的万分之五收取利息，直到持卡人还清欠款为止。每天万分之五的利息，折算下来年利率为18%，是现行一年期贷款利率7.47%的2.4倍多。

3.信用卡透支的免息期是多长时间

与普通储蓄卡不同，信用卡最大的特点就是可以先消费后还钱。目前，各家银行的信用卡都设有20~50天不等的免息期，也就是说，只要您在免息还款期内足额偿还透支消费款项，银行就不会收取任何费用。要想充分享受免息期，就必须在透支消费前弄清楚银行的账单日和还款日，计算好还款时间。

以工行的牡丹国际信用卡为例，其银行账单日为每个月的最后一天，还款日为下一个月的25日。如持卡人在5月30日刷卡消费，5月31日是银行的账单日，那么持卡人最迟可以在6月25日还款，享受25天的免息期。而如果持卡人是在 8 月 1 日刷卡消费,账单日就是 8 月 30 日,还款日就是 9 月 25 日,这样就可以享受到 56 天的免息期。

有些银行不止一个账单日,如建设银行有每个月的 7 日、17 日或 27 日三个账单日,其对应的最后还款日为账单日后第 20 天。这个账单日是持卡人在申请信用卡时随机产生的,每次银行在给持卡人邮寄对账单时,上面就会写明相应的账单日是哪一天。

4.怎样计算信用卡的透支利息

信用卡的还款方式分为一次全额还款、最低还款额还款和到了还款期所归还的金额低于最低还款额三种。如果按期足额还款,银行不会收取任何费用。但是,如果归还的金额大于或等于最低还款额且低于应还金额时,只需支付利息;如果低于最低还款额,除利息外,还要按最低还款额未还部分向银行支付滞纳金。下面将分别说明:

(1)一次全额还款。如果是在免息还款内一次全部还清的非现金消费款项,银行免收利息。如果是现金交易,或者已经错过了免息还款期的透支款,则要从消费日起,按日息万分之五的利率计算利息。计算公式:

应付利息=透支的金额×透支日至还款日的天数×万分之五。

(2)最低还款额还款。持卡人可以选择"最低还款额",最低还款额就是信用额度内消费款的 10%。假如你透支了 10 000 元,那么最低还款额就是 1 000 元。

下面以李先生的账单为例来说明,账单日为每月 5 日,到期还款日为每月 23 日。1 月 5 日银行为李先生打印的到期账单包括了他从 12 月 5 日到 1 月 5 日之间的所有交易账务。本月账单周期李先生只有在 12 月 30 日有一笔消费,消费金额为人民币 1 000 元,李先生的本期账单中会列出"本期应还金额"为人民币 1 000 元,"最低还款额"为 100 元。若李先生于 1 月 23 日前,全额还款 1 000 元,则在 2 月 5 日的对账单中还款利息为 0 元;若李先生在 1 月 23 日前只偿还最低还款额 100 元,2 月 5 日李先生对账单的还款利息注明:信用卡最低还款利息为 17.4(元)。

具体计算如下:

$1\ 000×0.05\%×24(天)+(1\ 000-100)×0.05\%×12(天)=17.4(元)$。

5.使用信用卡透支应注意的问题

(1)未激活信用卡也收费,不使用的卡要及时注销。有些消费者认为办理的信用卡如果不激活就可免交年费,但是大部分银行未激活的信用卡也要收年费,对于不使用的银行卡,持卡人要及时注销,以避免不必要的损失。比如,曾有一位消费者收到了银行寄来的一张对账单,提醒她缴纳信用卡的140元年费,让她有些不解的是,这张卡是银行工作人员上门推销办理的,她从来没有激活过,更没有刷过一次。

对未激活的信用卡是否应该收取年费,各个银行有不同的收费标准和管理规定,但大部分信用卡要按一定期限收取费用。有的银行规定,不管有没有激活都要按规定的标准收取年费,有的银行则规定使用信用卡消费达一定次数可以免年费。信用卡未激活仍产生的费用,将以欠费形式记录在用户账户上。如果持卡人长期欠费,就有可能被列入银行的"黑名单",信用记录将受影响,严重的将会影响到以后购房、买车等贷款的审批。因此,对于不使用的信用卡,持卡人可以在激活后到相应的银行注销。

(2)信用卡透支不当还要负刑事责任,透支消费因方便、快捷、安全成为当下流行的消费方式,不少年轻人甚至已适应了刷信用卡、过负债消费的生活。但持卡人在享受透支消费带来的便捷时,如果违反了规则,那么不仅会引来银行的高利息追偿,还可能触犯法律。

【案例】信用卡透支逾期不还款的后果

杭州人陈林(化名),在2006年办理了一张建设银行龙卡信用卡,两年多来,一直使用该卡消费、取现等,陈林从事的是建材生意,由于经济不景气,流动资金周转不灵,而银行的催缴单却如期而至。"当时手头紧,我想先拖一拖吧,等资金多点的时候连滞纳金一起付掉。"陈林没有太在意银行的电话、发函以及上门催收。

直到2008年8月底,公安人员找上门来,陈林顿时后悔不已。"我怎么也想不到透支信用卡竟然会构成犯罪。"陈林还掉了欠着的9 000多元本金、利息以及滞纳金,但由于透支5 000元以上,经银行催缴三个月以上仍未还款,根据相关法律规定,陈林触犯了信用卡诈骗罪。杭州市人民法院经审理,当庭判其拘役四个月,并处罚金20 000元。

六、怎样使用银行自动存取款机(CDM、ATM)

自动存取款机(CDM)以及自动柜员机(ATM)是一种安装在银行营业厅外,通过电信线路与银行的电子计算机主机相连接,由储户自行操作自动办理存款、取款、查询余额、更改密码等专用的现代化电子终端设备。它的使用安全可靠、简便快捷、可大大提高工作效率,为储户自我服务提供比较先进的手段。

(一)使用步骤

(1)将储蓄卡按照沿着卡上的箭头方向插入磁卡入口,输入后选择中文语言类型,然后输入六位数密码,如果输入密码有错,ATM 会提示"输入密码错误",此时,应该按更正键(或英文 CLEAR 键),重新输入密码。输入密码时,只允许连续两次错误,如果第三次再出错,ATM 便会"吞卡"。如果输入密码无误,即可按照屏幕显示选择操作,进行其他操作。

(2)查询余额时直接按查询余额键即可查询。

(3)取款前要看清每次提取的最高限额,一天内累计提取的最高限额。取款人取款的数额是以 10 元为起点,少于 10 元或不是 10 的整数倍数不能取出来,取款时可按照"交易操作选择"的提示,按取款键,然后输入取款的金额,再按确认键或 ENTER 键,操作完成后,取出通知单,收回磁卡及现金。

(4)如果要存钱的话,在第一步完成的时候,可按"交易操作选择"的提示,按存款键,输入存款金额,再按确认键或 ENTER 键,如果输入数字有错,可按 CLEAR 键更改,再输入正确数字,然后取出存款封钞袋,装入现金(角币和硬币不能装入),经银行人员清点后,加以密封放入"存款槽"内,如不需要其他服务的话,取回磁卡。需要注意的是,ATM 一次存入钞票数不能超过 30 张,如超过 30 张时,要按继续键,分若干次存入。

(5)更改密码。先按更改密码键,输入新设的六位数密码,按确认键或 ENTER 键,重新输入新密码,再按确认键或 ENTER 键,这样就完成了更改。

(二)使用自动存取款机应注意的问题

1.进入自助银行时,要留意门禁是否有密码键盘或改装痕迹,自助银行的门禁是不需要输入密码的。这时,建议用户使用一张作废或没有现金的磁卡去刷门禁。

2.取款前请留意取款机吐钞口及密码键盘有无异样或被改装,输入密码时须注意遮挡,防止被不法分子直接或利用摄像装置窥取。

3.在自助设备取现时,不要随便接受"热心人"的帮助。不要轻信现场粘贴的"提示",如提示用户如遇到故障或者不吐钞等异常情况,请拨打XXXXX电话,银行的客服电话绝对不是手机号之类的号码,不要轻易相信粘贴的"温馨提示",尤其不可在电话中或向任何来人吐露您的私人密码。银行办理任何业务时,均不会要求客户告知密码。

4.取款后及时取走或销毁交易流水单,不要随意丢弃,防止原始资料被不法分子获取,造成资金损失。任何时候都不要将自己的账户资金转入不知名账户,银行从不会向客户作此要求。

5.如用户在操作中出现异常,不要轻易离开,及时拨打银行客服,耐心等待银行工作人员的到来。

6.了解ATM取款金额和次数的限制。一般情况下,发卡银行确定了各自银行卡在ATM上当日取现累计限额、单笔取现最高额或每日取款次数。如果您急需较大额度的现金,请提早准备,以免出现"有钱吐不出"的尴尬场面。

(三)吞卡处理

吞卡原因:三次输错密码的误操作,完毕后忘记取回卡片或者机器故障。

吞卡后,于次日持本人有效身份证件及ATM打印凭条到该ATM所属营业网点或指定地点办理领卡手续。

如果借记卡需要销卡时,须本人携带借记卡、存折及有效身份证件到发卡网点办理销卡手续。这里需要注意的一点是,借记卡销卡后,如果与借记卡关联的存折若未进行销户,该存折仍然可以继续使用。

(四)在使用借记卡过程中需要注意的安全事项

1.领卡后及时设定或更改密码

在申领借记卡后,要及时自行设定借记卡密码。设定与借记卡关联的存折密码应避免与借记卡使用相同的密码。尽量将借记卡、存折和身份证等证件分开存放,切不可卡、折、证件、密码存放在一起,一旦丢失将给持卡人办理挂失等手续带来不便,更有可能由此造成资金损失。另外,还要避免在借记卡上或任何与卡一起存放的物件上写上密码。

2.安全使用银行卡消费

如果在使用借记卡过程中有疑问,不要向陌生人咨询,可向开户银行任一网点柜台咨询或拨打开户行客户服务热线,他们会有专业人员解答各项相关问题。

小知识

有银联标志的ATM都可以互联通用

①银联标准卡就是按照中国银联的业务、技术标准发行,卡面带有唯一的"银联"标识,发卡行识别码(BIN)经中国银联分配和确认的银行卡。目前,由中国银联各成员机构发行的银联标准卡BIN是"62"字头的。

银联标准卡卡样,如图4-1所示。

图4-1 银行标准卡卡样

②"银联"标识卡,是经中国人民银行批准,由国内各发卡金融机构发行,采用统一业务规范和技术标准,可以跨行跨地区使用的带有"银联"标识的银行卡。简单来说,就是如果您的银行卡的右下角有一个银联的标志,那么您的这张卡就是银联卡。一般国内各大银行目前办理的银行卡绝大多数储蓄卡都是银联卡,这种卡可以在国内任何有银联标志的 ATM 上取出现金(当然前提是你的卡账户里有现金,ATM 里面有供你取的现金)。

③银行卡之间的区别。银联标识卡不等于银联标准卡。也就是说,您手中的银行卡上尽管都带有"银联"标识,但其实它们中有很多是国外银行卡组织 VISA、万事达通过国内各家银行发的卡。而国外卡组织 VISA、万事达的卡与我国的"银联标准卡"在刷卡消费、汇率转换、查询收费、提现收费等各个方面有着很大的不同。要分清"银联标识卡"与"银联标准卡"的区别,就是看清卡上有没有 VISA 或者 Master 的标志,如果有就说明不是"银联标准卡",如果没有这些卡组织标志且只有银联三色标志,那么就是"银联标准卡"。

银行卡之间的区别首先在于首位卡号不同。卡号"4"打头的是 VISA 的卡,"5"打头的多是万事达的卡,而"62"打头的才是真正的"银联标准卡"。随着中国银联具有国际领先水平的新一代跨行信息交换系统的全面启用和运营,"银联标准卡"已经完全实现并确保在全国范围内的通用,无论在哪里,只要是贴有"银联"标志的 ATM 和 POS 机,都可以进行刷卡消费或查询、取现等。

小知识
出远门时银行卡使用技巧

①不要把手机、掌上电脑等带磁物品和信用卡摆放在一起,以免银行卡的磁条磁化;也不要跟其他银行卡紧挨着存放,防止磁条间互相干扰。

②有些银行卡因为长期未使用,可能会有异常情形发生,卡在无意中受损,或者磁条信息已消磁,导致无法使用。所以出门前,最好提前用一用,如有问题趁早解决。另外,有些银行设置"卡启用"功能,在初次使用时,

应到银行的网点或通过电话银行办理开卡手续，避免出远门遇到有卡不能刷的尴尬场面。

③不论在本地用卡或在异地用卡，均应妥善保管好交易凭条。

④出远门回来后，在收到银行卡对账单后，应及时核对外出用卡情况，如需查账应于收到后的 15 天内通过银行的客户服务中心进行查询，因为一旦超过时限，发卡银行对账单就没有调查和追索权。

七、常见的银行卡欺诈手法和防范方法

(一)几种常见的银行卡欺诈手法

银行卡欺诈是指不法之徒在持卡人不知情的情况下，以不法手段盗用持卡人的信用卡。如今,欺诈的手法层出不穷,下面是几个比较常见的例子。

(1)信用卡遗失或被窃。当信用卡遗失或被偷走后又没来得及挂失,在储户不知道的情况下被其他人使用。

(2)收不到信用卡。开卡人一直没有收到由发卡银行补发或寄给客户的新卡,但是有一天收到月结单,发现一些并非由自己签出的账单,这时才知道信用卡被盗用了。

(3)假卡。持卡人使用由银行签发的信用卡,却发现一些并非由自己签出的账单已经列入了自己的账户。这很可能是在用户使用真卡购物时,有不法之徒使用另一张印有与您相同账户号码的假卡在市面上行骗。

(4)冒名申请信用卡。不法之徒盗用消费者的个人资料,用盗来的信息申请信用卡,该账户在发卡后不久便高额刷卡消费,拖欠还款,直到受害者被上门追收欠款;或发卡银行接获消费者的投诉;或直到持卡人向其他机构申请信贷时,却因为坏账以及较差的信贷评级被拒才发现有关欺诈行为。

(5)无形被盗用。持卡人仍然持有自己的信用卡,但他人利用真正持卡人的信用卡号码进行交易,例如邮购、电话订购或网上购物,而自己完全不知情。

(6)账户被占据。真正的持卡人仍然持有自己的信用卡,但有人假冒持

卡人报失,要求发卡机构补发新卡,并寄往另一个地址,借机"占据"账户。

(二)新出现的信用卡诈骗的手段

1.移动电话呼叫转移骗取客户信息

不法分子或是在移动电话呼叫转移至银行客服电话后,将手机号码张贴到各银行自助服务区,制造自助取款机故障的假象,误导持卡人拨打电话;或是通过已办理呼转的手机号码向信用卡用户发送诈骗短信,误导持卡人回拨。在取得持卡人信任后,嫌疑人回拨持卡人电话套取持卡人个人信息。

2.冒用他人身份挂失信用卡进行冒领

不法分子通过非法手段购买或盗取大量个人身份信息后,随机拨打银行客服电话,进行信用卡挂失,一旦出现个人信息相符的情况,不法分子便要求银行重新邮寄一张新的信用卡到其提供的地址,而后持卡进行恶意透支。

3.冒充信用卡中心等银行部门寄发《催缴通知函》进行诈骗

不法分子首先通过非法渠道购买、盗取持卡人住址、姓名等个人信息,然后冒用银行卡中心等部门寄发《催缴通知函》《紧急通知函》和《公安报案警告函》,称客户信用卡已透支消费,要求速到银行网点或邮局划拨缴款,如有疑问请拨打函件上联系电话。随后,不法分子再通过电话诱导持卡人泄露个人信用卡信息进行诈骗。

所以,在办理电话银行相关业务和进行业务咨询时,应牢记银行对外发布的专门客服电话号码,不要轻易回复陌生电话。

(三)如何防范银行卡欺诈

1.持卡人如何保护自己银行卡的信息安全

(1)要通过正当途径办卡,勿随意委托他人代办银行卡;需更改账单寄送地址时,最好本人亲自去发卡银行办理变更手续。

(2)巧设银行卡密码。持卡人拿到新的银行卡后,要立即修改密码,并应定期修改密码。设置一些相对复杂的密码,不要设置123456、888888等简单密码,并应定期修改密码;不要用自己的生日、家庭电话号码、门牌号、身份证号码、邮编号等别人很容易知道的号码作为密码,以防被不法分子破译。同时在任何情形下都不要轻易向他人透露银行卡密码等账户信息。需要注意的是,任何人(包括银行工作人员)都无权询问您的个人密码。

(3)使用 ATM 或 POS 机输入密码时,应用另一只手或身体挡住操作手势,防止密码被他人偷窥。

(4)不要将密码写在或保存在任何可能让他人看到或得到的地方。不要将密码存放在手机里,更不要写在银行卡背面。要谨防不法分子冒充银行和公安机关工作人员骗取密码。

(5)不要在网吧或公司电脑上用银行卡在网上消费。不要在人工看守的公用电话上使用电话银行,确实需要使用时建议使用无人值守的 IC 卡电话。

2.如何识别虚假短信或电话诈骗

短信、电话诈骗是不法分子通过电话等通信工具,编造一些貌似合理的事由,利用持卡人贪图便宜或紧张害怕的心理,骗取持卡人账户资金、卡号、密码等账户信息或诱骗持卡人到自助取款机上操作转账等的一种诈骗手法。常见的有如:手机短信假冒银行通知或中奖通知的短信诈骗,冒充中国移动通信员工"退手机话费"或打电话谎称持卡人亲人朋友遇到紧急事件需要资金的诈骗等等。要谨慎对待要求提供个人资料的可疑电话,要问清情况,不要盲目随意提供资料。

小知识

防范银行卡短信欺诈小技巧

①收到可疑信函、手机短信、电话等时应谨慎确认,不要贪小便宜,也不要紧张害怕。

②如有疑问应直接到发卡银行柜台去询问,或拨打发卡行统一的客户服务热线(通常都以"95"开头)或银联的 95516 服务热线。

③不要轻易相信"幸运中奖"等信息,有人别有用心利用手机短信息、

互联网和电话推销便宜的进口汽车、电脑等商品骗取持卡人卡号和密码。一旦您将卡号和密码告诉对方,会给不法份子造成可乘之机,如制作"克隆卡",从而使您承受不白损失。

3.碰到可疑短信或电话怎么办

比如,持卡人可能会收到一条这样的手机短信:"××行通知:您于11月20号在××商场购物××元,将从11月结账日扣除。如有疑问请打咨询电话××××-×××××××。"

对于一般的消费者来说,收到自己大宗消费信息,粗看来自"××银行",情急之下容易慌乱,诈骗者可以利用个别用户的疏漏获得客户的姓名和密码,以盗取用户银行卡上的资金。

使用信用卡的用户确实会在刷卡消费几十秒左右之后,收到开卡银行的一则短信,但是一般只出现客户刷卡消费的金额,不会提供什么咨询电话。

如果收到上述类似短信息,一定要谨慎对待,千万不要慌乱,按照如下步骤来操作:

(1)识别虚假短信的样式,欺诈短信中可能会出现的"银行卡管理处""联合管理局"、"国家财政中心"等机构根本就不存在,收到这样的短信后请务必小心。

(2)识别虚假短信中的银行卡交易信息内容,如果持卡人开通了银行卡账户变动短信通知服务的话,正规的短消息当中会明确显示用户银行卡的消费时间、地点、消费金额以及卡号的尾数几位,信息很明确;而如果是虚假短信的话,由于发送虚假短信的不法分子并不知道持卡人的真正卡号,因此虚假短信中绝对不会包含发生交易的银行卡卡号等信息。

(3)辨认诈骗短信的"通用方法":如果是银行的短信,一般都是规定的指定号码,如工商银行一般是95588,农行是95599,银行的工作人员绝对不会在电话中询问客户的密码,一般如果是真实消费,银行都有账户信息的登记,以及客户刷卡网点的登记,客户在收到短信后不必马上回复,应该先些简单的"侦察"手段,比如用114查号,了解银行的正规业务接待号码再作决定。

(4)处处留心,多询问。万一拨打了虚假短信中所留电话,可以反问对方是否知道自己的手机号或卡号,一般来说,由于虚假短信的发送是随机的,所以诈骗分子是无法知道的。

(5)虚假短信中无论以何种名义编造理由,最重要的一点就是不法分子会留下各种电话,一旦你打电话过去后,对方就会最终指导或要求你到 ATM 上进行操作。因此,切记不要按照电话中对方的话去 ATM 进行任何操作,如有疑问或不放心的话,应及时到银行柜台、客服中心或权威部门去咨询。

4.若持卡人不幸落入欺诈分子设下的骗局,该如何减少自身的损失

(1)及时致电发卡银行客服热线或直接向银行柜面报告欺诈交易,监控银行卡交易或冻结、止付银行卡账户;

(2)对已发生损失或情况严重的,应及时向当地公安机关报案;

(3)配合公安机关或发卡银行做好调查、举证工作。

小知识

主要发卡银行和中国银联客服热线

工商银行 95588、农业银行 95599、中国银行 95566、建设银行 95533、交通银行 95559、兴业银行 95561、招商银行 95555、邮政储汇局 11185、光大银行 95595、民生银行 95568、深圳发展银行 95501、华夏银行 95577、上海浦东发展银行 95528、中信银行 95558、广东发展银行 95508、上海银行 962888、中国银联 95516。

八、个人信用报告

(一)什么是个人信用报告

个人信用报告是由中国人民银行征信中心通过个人信用信息基础数据库采集的,来自某一渠道或社会各方,能够判断个人信用状况的真实记

录,能够全面、客观记录个人信用活动的文件。比如,买房、买车、按揭的钱是否按期还款,信用卡是否透支没还等等此类个人的信用信息。

(二)个人信用报告的用途

目前我国正在倡导建设诚信社会,中国人民银行已建立起了覆盖全国范围的个人信用基础数据库,中国银联也在各银行间对不良用卡行为进行了信息共享,因此如果个人有良好的信用记录,发卡银行不仅将适时调整信用卡的额度,同时将给个人在日常生活中与银行等部门的其他业务往来带来很大方便。

如果个人信用状况良好,在银行办理贷款时,可以带来很多实惠。首先,可以节省银行的审贷时间,个人能更快地获得贷款。其次,在贷款利率、期限、金额等方面也可能会得到优惠,比如,可以享受银行的优惠利率贷款,贷款期限可能更长、金额可能更大。如果个人的信用状况非常好且其他条件也符合要求,银行甚至有可能给个人发放不需要抵押或担保的个人信用贷款。

个人信用报告对每个人都是非常重要的。就象现在很多中小企业想向银行贷款,但可能因为一张不知几时办的信用卡未缴年费而被银行拒之门外。哪天您要贷款买房、买车,贷款发展企业,也很可能因为个人信用报告里记了一笔曾经的一张信用卡透支逾期未还,或者按揭没按时还上而无法获贷。随着经济社会的进一步发展,个人信用报告的应用范围将越来越广。在不久的将来,找工作、租房、买保险,还有其他许多方面都可能会用到个人信用报告。

对于绝大多数诚实守信的公民,个人信用报告能够为他们积累"信用财富",为生活和工作提供很多便利;对于少部分不讲诚信的,个人信用报告能够起到督促和警示他们按时还款、依照法律或合同约定履行各项缴费义务的作用。

个人信用报告在欧美国家已经非常普及了,几乎每一个有经济活动的人都有个人信用报告,而且其应用范围更加普遍,几乎渗透到个人每一项重大的经济活动中,包括贷款买房、申请信用卡、买保险、租房子、找工作等等。

（三）个人信用报告包括哪些内容

1.个人基本信息

包括姓名、证件号码等个人身份信息，家庭住址等居住信息，工作单位等职业信息，这些信息告诉商业银行"您是谁"。

2.个人的贷款明细信息和信用卡明细信息

在银行贷了多少款，还了多少，还有多少没有还，每月还款的情况，您办理了哪些银行的信用卡，刷卡消费时最高可透支多少钱，本月需要还多少钱，最近24个月是否按时还款，为他人贷款担保的信息(担保金额、被担保人实际贷款余额等)等。

3.个人开立的银行结算账户信息

个人姓名、证件号码、开户银行代码、开户日期等，不包括结算账户的交易和余额信息。

4.个人的信用报告被查询的记录

计算机会自动记载"何时、何人、基于何种原因"查看了您的信用报告。

随着征信系统的建设和完善，将来个人信用报告还将记载个人住房公积金缴存信息、社保信息、是否按时缴纳电话、水、电、燃气等公共事业费用的信息，以及法院民事判决、欠税等公共信息。

（四）农民有个人信用报告吗

我国建立全国集中统一的信用数据库，其目的就是让农民能够带着自己在本乡本土积累的信用记录进城打工，进城发展。个人信用数据库已经覆盖到了广大农村地区，只要在商业银行、农村信用社等金融机构贷过款或者开立了个人结算账户的农民都有个人信用报告，而且这个报告到哪里都可以使用。

（五）如何查询本人的信用报告

需要提供本人的有效身份证件原件及复印件，前往当地的中国人民银行分支行的征信管理部门，或直接向中国人民银行征信中心提出书面查询申请。在提出申请的同时，必须提供有效身份证件供查验，还要如实填写个人信用报告本人查询申请表。

目前只接受现场查询，电话不可以查询，而且您只能查询您本人的信用报告，在没有得到他人授权的情况下，无权查询他人的信用报告。

查询个人信息报告是中国人民银行征信中心为您提供的一种服务，原则上需要收取一定的成本费用，但目前暂不收费，可免费查询自己的信用记录。

（六）如何拥有良好的个人信用记录

努力保持良好的信用记录，关键是要树立诚实守信的观念，及时归还贷款和信用卡的透支款项，按时缴纳各种费用，以免对个人的信用活动造成不利的影响。

1.尽早建立个人信用记录

简单的方法就是和银行发生借贷关系，例如向银行申请信用卡或贷款。这里要澄清的是：不借钱不等于信用就好。因为没有借贷关系，银行就失去了一个判断您信用风险的便捷途径。

2.爱护自己身份，维护信用记录

银行在评价个人的信用时，依据的是个人过去的信用行为记录，所以，个人的信用状况最终由个人过去的信用行为决定。要维护好自己的良好信用记录，必须爱护自己的身份，如不能将自己的个人身份证借给他人使用，防止个人身份被盗用；要注意养成良好的信用交易习惯，按时履约还款。

3.随时留意还款日期，避免产生负面记录

在日常生活中，个人发生信用交易后，应随时留意还款日期，加强与金融机构信贷员等业务人员的联系，按时归还贷款本息或者信用卡透支额，同时在信用卡、手机号等停用时，及时到相关部门办理停用或者注销手续，避免有关费用出现逾期记录。

【案例】

两年前小张在家乡办理过一张信用卡,后来因为到外地工作,地址和电话都更换了,但他并没有及时通知信用卡中心更新其新的资料,所以导致对账单以及电话信息都没收到。直到今年,他想重新办一张信用卡时才知道,因为之前自己逾期还款时间太长,已经被原来的银行强制停卡,以致现在这家银行因为其不良信用记录而没有批准他的申请。更为严重的是,准备结婚的小张想贷款买房子,也因为其不良信用记录而被多家银行拒之门外。对此,小张懊恼不已。其实小张逾期要还的钱并不多,没想到当初的小疏忽对以后的影响这么大。

小知识

贷款利率调整后要及时调整信用卡还款资金

如果贷款利率上调了,那么就会增加借款人每月的应还款额,但借款人要是不知道这些变化或者是其他原因等,未能及时增加每月的还款金额,这样的话借款人的信用记录就会受到影响,因为所有未能足额、按时还款的信息都会被记录在个人信用报告中。

所以,在这里提醒大家的是,要留意中央银行利率调整的消息。当利率上调后,对于个人浮动利率贷款,将从利率调整的第二年开始按新的利率执行还款,建议您到时在代扣存折上保留稍多些的剩余资金,以免由于储蓄账户资金不足而影响到您的个人信用记录。

九、农民工特色银行卡服务

【案例】

来自湘西大山深处的小刘已经在深圳做了 8 年的家政服务员,每年过年回家怎么带钱,总是让她和在龙华务工的表妹头痛至极。由于家离镇里的邮局有几十里山路,来回取钱极不方便,随身携带钱款回家,无论是乘火车还是长途客车,两个人因为担心钱财的安全而紧张万分,不敢熟睡,甚至不敢上厕所,十几个小时不敢有丝毫的松懈,家里的亲人也为路途上的她们牵肠挂肚。"每次回到家,我们就像打了一场大仗一样,浑身都没劲儿了,因为带回家的钱差不多就是我们一年下来的辛苦钱啊!"

(一)什么是农民工银行卡特色服务

农民工银行卡特色服务是指农民工在打工地将工资收入利用银行卡存入参与农民工银行卡特色服务的银行后,可以在家乡就近的农村信用社网点柜台提取现金。

由于使用银行卡取款不仅携带方便,还能防范假钞、诈骗、盗窃等事件,万一丢失银行卡,可及时办理挂失手续,保证了农民工的切身利益,所以说农民工银行卡特色服务为农民工提供了一条直接延伸到家门口的方便、快捷的取款通道。目前,大部分省内的各县(市)及县(市)以下的农村信用社营业网点,都可受理农民工银行卡特色服务业务。具体营业网点,可以咨询当地的农村信用社或者拨打中国银联95516服务热线咨询。

(二)农民工银行卡与普通银行卡的不同

农民工银行卡外观和基本功能与普通银行卡没有差别,要收取年费、跨行查询费、小额账户费等。不过,该卡有一个特殊功能:持卡者可以跨银行柜台取款。也就是说,农民工不管是在务工地还是在家乡任何一家银行办理"银联"卡并存入资金后,除了同普通银行卡一样,可在农村信用社自动取款机上取款,也可以直接在各农村信用社营业网点柜台提取现金,从而解决农民工汇款难的问题,这是其他银行卡目前不具备的功能,但每日累计取款最高金额不超过5 000元。

(三)开展农民工银行卡特色服务的意义

随着我国城市化的发展和农村劳动力资源流动性的增强,跨区劳务输出日趋频繁。目前,国内农民工已经超过一亿人,农民工向家乡的年汇款额达数千亿元,并以每年数百亿元的速度快速增长,但是,目前由于农村汇款方式单一、周期长,难以满足农民工对方便、安全、快捷的资金转移服务的需求,许多农民工不得不携带大量现金回家。组织实施农民工银行卡特色服务,其目的主要是为了给农民工提供方便快捷的汇款渠道,避免农民工携带现金返乡的各种风险。

农民工银行卡特色服务作为人民银行会同有关方面为农民工做的一件实事,是按照"三个代表"重要思想的要求,贯彻实施科学发展观,落实党中央、国务院关于统筹城乡发展,切实解决三农问题,建设社会主义新农村号召的一项实实在在的举措;是改善农村支付结算环境的重要制度安排;是丰富农民工异地存取款的手段,进一步便利农民工汇款的有效方式;是在农村和欠发达地区推广使用银行卡、巩固联网通用成果并促进商业银行和农村信用社中间业务发展、实现多方共赢的有效途径。

(四)农民工银行卡特色服务的安全控制

农民工银行卡特色服务以满足农民工快速、安全的取款需要为基本功能。由于农民工找工作挣钱十分不易,中国人民银行要求各方在业务开办过程中,格外注意安全控制问题。

(1)规范业务操作,严格遵守国家有关账户管理、现金管理、银行卡管理及反洗钱管理的规定,防范欺诈、洗钱等违法犯罪活动的发生。

(2)加强金额控制,每卡每日的累计取现金额不得超过 5 000 元人民币。

(3)加强内控管理,将防范风险和打击违法犯罪纳入日常管理工作,切实维护农民工持卡人的权益。

(4)提高防范农民工银行卡风险的技术手段,确保系统的不间断性和业务的连续性,以及银行卡交易信息传输的保密性、真实性、完整性。

(5)中国银联要维护跨行交易网络的安全稳定运行,防范跨行支付清算风险。

(五)农民工银行卡的取款与收费标准

持卡人持银联借记卡在县及县以下的农信社柜台取款,与在一般的银行柜台持卡取款相比操作方法完全一致,在持卡取款时,持卡人需输入卡片密码,直接按确认。

农民工银行卡特色服务的收费标准:2007 年 2 月 1 日起,施行新的农民工银行卡特色服务手续费标准，即对持卡人的每笔取款手续费由原来的按取款金额的 1% 收取降至 0.8%，每笔最高收费限额由 50 元降至 20元，收费分配比例不变。对于农民工银行卡，查询业务不收费，手续费将直接由发卡银行从银行卡中扣除。

(六)哪些银行可以办理农民工银行卡

为最大限度为农民工提供取款便利，按照农民工银行卡特色服务的功能设计，加入中国银联网络的所有成员银行发行的带有"银联"标识的人民币借记卡都可以在开通特色服务区域的县(市)及县(市)以下的农村信用社柜台办理提取现金。

开通农民工银行卡特色服务需要进行相应的系统改造，业务推广将逐步到位。人民银行已要求网点较多的国有商业银行和全国性股份制商业银行率先开通农民工银行卡特色服务业务，到目前为止，所有的银联卡发卡行都开通了此项业务。

(七)使用农民工银行卡的注意事宜

开通农民工银行卡特色服务的农村信用社仅限于县(市)及县(市)以下地区的营业网点。部分早期发行的不带"银联"标识的银行卡可能不支持该业务，因此如果持有的是这种银行卡，建议尽快去发卡银行换发新卡或重新办理银行卡。

农民工自己要加强风险防范意识，保管好卡片和密码，遗失卡片要及时与发卡行联系进行挂失。持卡人可通过以下三条途径得到详细的用卡信息：发卡行柜台或客户服务热线，中国银联 95516 服务热线，农信社柜台或公布的服务电话。

(八)如何更划算地使用农民工银行卡

尽量减少取款次数,增加单次取款金额。农民工银行卡每笔手续费由原来按取款金额的 1% 收取降至 0.8%,每笔最低手续费 1 元。如果一次取款金额在 125 元以下,其实际手续费用要高于 0.8%,这样取款就不合算。新的收费方法同时将每笔最高收取限额由 50 元降至 20 元,一次取款在

2 500元以上,其实际手续费率就要低于0.8%。

十、银行结算服务

(一)结算的种类、原则和纪律

1.结算种类

结算是指一切用钱结清债权债务关系的行为,通常称作货币结算。货币结算分为两类:用现金来进行债权、债务结算,称为现金结算;用票据来进行债权、债务结算,称为转账结算。由于转账结算是借助于银行特有的转账功能,通过各账户之间资金的划转完成经济往来中的货币收付及债权、债务的清算,因此,转账结算也常称作银行结算。在当代社会,由于转账结算具有现金结算无法比拟的优点,经济生活中的绝大多数货币收付及债权、债务的清算,都是通过银行的转账功能进行的。因此,转账结算已成为结算的主要方式和银行的一项主要业务。

2.结算原则

农村企业和农民个人要在银行办理结算业务,都必须遵守以下结算原则:

(1)恪守信用,履约付款的原则。办理结算的双方在办理结算时,应按照交易往来的不同情况,选择采用适合交易特点的结算方式,并根据双方各自的条件自行协商订约,严格按约办事。

(2)谁的钱进谁的账且由谁支配的原则,银行必须正确处理收付双方的经济关系,迅速、准确、及时地办理款项收付,凭证上写的是谁的钱,就记入谁的账户,并确保其对存款的自主支配权。

(3)银行不垫款的原则,银行办理转账结算时,只负责把资金从付款单位的账户转入收款单位账户,因此,在未从付款单位账户划出款项之前,银行不承担垫付资金的责任。收款单位只能在账款收妥之后方能使用。付款单位在委托银行代付款项时,只能在自己存款金额之内签发支票或其他支付凭证。

3、结算纪律

结算纪律是国家财经纪律的组成部分,是维护经济秩序,保证结算业务正常进行的前提。农村企业和农民个人在办理结算业务时,必须遵守以下结算纪律:

单位和个人办理结算,必须严格执行结算办法的规定,不准出租、出借账户,不准签发空头支票和远期支票,不准套取银行信用。

银行办理结算,必须严格执行结算办法的规定,需要向外寄发的结算凭证,必须于当天及时发出,最迟不得超过次日;汇入银行收到结算凭证,必须及时将款项支付给确定的收款人;不得延误、积压结算凭证;不准挪用、截留客户和其他银行的结算资金;未收妥款项,不准签发银行汇票、本票;不准向外签发未办汇款的汇款回单;不准拒绝受理客户和其他银行的正常结算业务。

对单位、个人及银行违反结算纪律的行为,《支付结算办法》作出了视情节轻重实行处罚的具体规定,这既是银行结算纪律的重要内容,也是保证银行结算纪律得到执行的必要措施。

(二)结算方式

现行的结算方式主要包括银行汇票、商业汇票、银行本票、支票、汇兑结算、委托收款、托收承付、信用卡结算等。这些结算方式有些适用于同城结算(即同一城市范围内的转账结算),有些适用于异地结算(即跨地区的转账结算)。农村企业和农民个人可根据结算需要加以选用。

结算业务是银行的中间业务,主要收入来源是手续费收入。传统的结算方式就是指"三票一汇",即汇票、本票、支票和汇款。

1.银行汇票

银行汇票是由企业或个人将款项交存开户银行,由银行签发给其往异地采购商品时办理结算或支取现金的票据。银行汇票是一种传统的使用最广泛的票据结算工具。

银行汇票结算具有以下五个特点:

(1)适用范围广泛。企业、个体户和个人向异地支付各种款项都可以使用。特别是在不能确定异地销售单位,或者不了解异地销售单位产品的情况下,可持银行汇票实地确定销售单位和到销货单位了解产品情况后,实行钱(票)货两清。

(2)信用可靠。银行汇票由银行签发并付款,见票即付,不会出现无款支付的情况。

(3)票随人到,付款迅速。有利于单位和个人的急需用款和及时采购。

(4)灵活方便。持票人既可以将银行汇票转让给销货单位,也可以通过银行办理分次支付,还可以经背书将银行汇票转让给被背书人。

(5)兑现性强。填明"现金"字样的银行汇票可以到银行兑付现金。没有填明"现金"字样的则不能。

使用银行汇票,必须注意以下几点:

(1)银行汇票一律记名。

(2)银行汇票正联和"解讫通知联"必须同时提交汇入银行,两者缺一无效。

(3)银行汇票的有效付款期为一个月(不分月大、月小,统一按次月对日计算,到期日遇节假日顺延),逾期汇入银行将不予受理,汇款人可向签发银行说明情况后,请求其付款。

(4)汇款人接受汇票时,应认真审查汇票上记载项目、没有涂改、没有错误、印章清晰方能受理。

(5)如需支取现金必须是现金汇票,并由汇款人在汇票背面签字盖章,向兑付银行交验本人身份证件。

(6)汇票必须妥善保管,以防丢失。

2.商业汇票

商业汇票是由出票人签发,委托付款人在指定日期无条件向收款人或持票人支付款项的票据。

商业汇票在同城和异地均可使用。它适用于企业先发货后收款或双方约定延期付款的商品交易。购货单位在资金暂时不足的情况下,可以凭承兑的汇票购买商品。销货单位急需资金,可持承兑的汇票以及增值税发票和发运单据复印件向银行申请贴现,也可以在汇票背后签字后转让给第三者,以及时补充所需资金。这种汇票经过购货单位或银行承诺付款,承兑人负有到期无条件支付票款的责任,故有较强的信用。商业汇票承兑期限由交易双方商定,最长不超过 6 个月。如属分期付款,可一次签发若干张不同期限的汇票。

按照付款人身份的不同可分为商业承兑汇票和银行承兑汇票。银行承兑汇票由付款企业作为承兑申请人向其开户银行申请,经银行审查同意后,承诺到期无条件支付票面金额。银行承兑汇票是以银行信用为基础的结算票据,它一经银行承兑,银行就负有到期无条件付款的责任,因此这种票据有很高的信誉度,一般的银行和客户都愿意使用。企业申请签发银行承兑汇票,需具备以下条件:

(1)在经办行开立有存款账户;

(2)有真实、合法、有效的商业交易;

(3)经济效益好,信誉高,汇票到期有支付货款的能力,签发的银行承兑汇票能按期兑付,必要时可依法要求承兑申请人提供担保;

(4)必须是企业法人和其他经济组织。

3.银行本票

银行本票是申请人将款项交存银行,由银行签发凭以办理转账或支取现金的票据。

银行本票分为不定额本票和定额本票两种。不定额本票的金额起点为 100 元,提示付款期限最长不超过 2 个月(不论月大、月小,均按次月对日计算,到期日遇节假日顺延),逾期银行不予受理。定额本票的面额有 1 000 元、5 000 元、10 000 元和 50 000 元四种。银行本票见票即付款,单位和个人在同一城市内的商品交易、劳务供应以及其他各种款项的结算,均可使用。银行本票一律记名,不予挂失。银行本票具有信誉高的特点。用银行本票购买商品,销货方可以见票发货,购货方可以凭票提货,债权债务关系也可以凭票清偿,收款人将本票交存银行,银行即可为其入账。需支取现金,可凭具有"现金"字样的本票随时到银行兑付现金。

4.支票

支票是由出票人签发,委托其开户银行在见票时无条件支付确定金额给收款人或持票人的票据。

支票分为现金支票和转账支票。支票上印有"现金"字样的为现金支票。支票上印有"转账"字样的为转账支票,转账支票只能用于转账,不得支取现金。单位和个人在同一城市范围内的商品交易、劳务供应、清偿债务等款项结算均可以使用支票。支票一律记名,起点金额为100元,付款期为10天(从签发次日算起至到期日,遇节假日顺延)。使用支票结算,单位和个人要遵守信用,必须在银行存款余额内签发支票,严禁签发空头支票以及签章与预留银行签章不符的支票,否则,银行予以退票,并按规定给予处罚。签发现金支票和用于支取现金的支票,必须符合国家现金管理的规定。

5.汇兑结算

汇兑结算是汇款人委托银行将款项汇给外地收款人的一种结算方式。它适用于异地各单位、个体经济户之间的商品交易、劳务供应、资金调拨、清理欠款、往来款项结算以及个人之间的各种汇款的结算。

汇兑分信汇和电汇两种。信汇是银行通过邮寄凭证划转款项,电汇是使用电报划转款项,汇款人可根据支付款项的缓急程度选择使用。汇兑结算具有以下特点:不受金额起点限制;适用范围广泛,单位、个体经济户和个人都可使用;手续简便;汇划款项迅速、方便、灵活。汇兑结算是付款单位主动付款的一种结算方式,一般可用于先款后货的交易,如销货方对购货方信用状况不了解,可要求其先汇款,后发货。

为了加速资金周转,更好地为生产和流通服务,各商业银行或部分发达地区的农村信用社已在全国建成电子汇兑网络系统,推出异地电子汇兑业务。该系统以银行计算机网络系统为依托,以各商业银行总行为中心,一级分行和直属分行为分中心,地、市支行为支中心,联结商业银行各基层网点,现已覆盖全国各省(市、自治区)的几十万个营业机构。系统以批量传输的方式传递电子汇兑信息,在办理异地信汇、电汇时,其资金收付可在24小时内到账,大大缩短了资金在途时间,而且资金收付万无一失。商业银行的电子汇兑系统除法定节假日外,在各工作日均开通运行,而且收费低廉,开户单位的异地结算可享受到电子汇兑服务。

6.委托收款

委托收款是收款人委托银行向付款人收取款项的结算方式。委托收款根据资金划回方式的不同,分为邮划、电划两种,由收款人自行选用。

对于委托收款,银行只办理代收,不对付款方的拒付或退回收款凭证进行监督,也不为收款单位代扣款项。收款人办理委托收款,应向开户银行填写委托收款凭证,提供有关的债务证明。银行将收款凭证寄往付款人开户银行,经付款人开户银行审查无误后办理付款。以银行为付款人的,银行应在当日将款项主动支付给收款人。以单位为付款人的,银行应及时通知付款人,付款人在接到通知的当日书面通知银行付款,付款人在接到通知的次日起三日内未通知银行付款的,视同付款人同意付款,银行应于付款人接到通知日的次日起第4日上午开始营业时将款项划给收款人。

7.托收承付

托收承付是根据购销合同,由销货单位发货后委托其开户银行向异地购货单位收取款项,由付款单位验单或验货后向银行承认付款的一种结算方式。它主要适用于购销双方签订了合同的商品交易及与之有关的劳务供应而引起的货币收付结算。

其结算过程分为托收和承付两个环节。销货单位发出商品之后,委托开户银行收取货款,托收时必须提交商品交易单证及运单(货物由购货单位自提的,则应附自提证明)。购货单位收到托收结算凭证与所附单证后,经审查核对无误,在规定的承付期内向开户银行表示同意付款。使用异地托收承付结算方式的单位必须是国有企业、供销合作社以及经营管理好并经开户银行审查同意的城乡集体所有制工业企业。代销、寄销、赊销商品的款项,不得办理托收承付结算。办理托收承付结算的双方必须重合同、守信用、自觉遵守结算纪律;不准无理拒付,任意占用对方资金。异地托收承付结算每笔起点金额为10 000元。新华书店系统每笔的起点金额为1 000元。

十一、填写票据和结算凭证的注意事项

填写票据和结算凭证必须做到标准化、规范化,要素齐全、数字正确、字迹清晰、不错漏、不潦草,防止涂改。

中文大写金额数字应用正楷或行书规范填写,如壹、贰、叁、肆、伍、陆、柒、捌、玖、拾、佰、仟、万、亿、元(圆)、角、分、零、整(正)等字样。

中文大写金额数字到"元"为止的,在"元"之后,应写"整"或"正"字,在"角"之后可以不写"整"或"正"字。大写金额数字有"分"的,"分"后面不写"整"(或"正")字。

中文大写金额数字前面应标明"人民币"字样。大写金额数字应紧接"人民币"字样填写,不得留有空白。大写金额数字前未印"人民币"字样的,应加填"人民币"三个字。在票据和结算凭证大写金额栏内不得预印固定的"万、仟、佰、拾、元、角、分"等字样。

票据的出票日期必须使用中文大写。为防止编造票据的出票日期,在填写月、日时,月为壹、贰和壹拾的,日为壹至玖和壹拾、贰拾和叁拾的,应在其前加"零";日为拾壹至拾玖的,应在其前加"壹"。如 1 月 15 日,应写成零壹月壹拾伍日。再如 10 月 20 日,应写成零拾月零贰拾日。

十二、几种新型的银行服务产品

(一)电子银行业务的分类

1.什么是电子银行业务

电子银行是一种新型的银行服务方式或渠道,它以计算机及网络通信技术等现代科技手段为依托,通过电子渠道向客户提供金融产品及金融服务的虚拟化银行。有了电子银行,就不需要到银行网点,只要通过电脑、电话、手机等电子终端,就可以方便地获得账户查询、转账汇款、缴费、网上购物等多方位的金融服务。

2.与传统银行相比,电子银行的优点

有利于减小银行柜台压力,省去了客户的排队时间。传统的业务办理要在银行的服务网点和柜面窗口办理,由于银行资源的有限性,所以基本上办理一个业务要排队等候一段时间。

而电子银行不受时间和场地的限制,电子银行由客户自助办理业务,可提供全天 24 小时、全年 365 天的全天候服务。也不必为缴费、工资查询、汇款等奔波于银行之间。

有利于降低经营成本。网上银行、电话银行规模发展后,电子银行业务无需填写各类存款单、取款单等纸质凭证,只要通过点击鼠标或拨打电话等方式就可以享受到快捷的金融服务。同一笔业务,电子银行是柜台办理交易成本的 1/15~1/10。

电子银行还能够提供许多传统网点无法提供的服务如网上购物、自动转账、家庭理财等等,使银行的存、贷、汇业务变成理财业务、代理业务和信息服务。

3.分类

根据用户的使用方式和接入途径,将电子银行业务分成:网上银行、电话银行和手机银行。

(二)网上银行业务介绍

1.网上银行业务

指银行通过互联网向客户提供的自助式银行服务,具有转账结算、网上支付、信息查询、投资理财等功能。

2.网上银行的功能

(1)查询服务:"余额查询"、"明细查询"、"交易查询"、"交易积分查询"等多种信息查询为您提供全面的账户信息。无论您持有的是存折还是银行卡,是定期账户还是活期账户,都可立即获得您所需要的信息。

(2)账户设置:客户可自助管理账户,进行账户追加、账户注销、账户挂失等。

(3)转账汇款:可实现多种账户之间的转账汇款。

(4)缴费支付:为客户提供在线缴纳手机费、固话费、水电煤气费、学费等多种费用,并可在缴费完成后,通过短信通知您缴费结果。

(5)信用卡:可以通过网上银行办理信用卡开卡、余额查询、消费积分查询、账单查询、信用卡还款、购汇还款、账户挂失、补发密码函等。

(6)公积金:可以对公积金账户进行账户查询、明细查询、支取和支取查询,直观掌握公积金账户信息,及时保障客户的合法权益。

(7)网上支付:只要拥有银行卡并开通网上支付功能,就可以在各大电子商务网站上购买商品或享受服务。

(8)支票通:可以查询支票通账户每张支票的详细信息,同时可以对签发支票进行承诺付款设置,校验相关信息后还可以查询他人支票的承诺付款情况,及时确认所收到的支票的真实性,无须携带大量现金,随时随地满足支付结算需求。

(9)债券业务:提供对银行代销债券的买卖交易。

(10)基金业务:银行代销的基金涵盖了国内主要基金品种,可满足不同需要。

(11)银证业务:在股市中,无论是使用银证转账或是银证通的模式,网上银行都准备了全方位的服务。

(12)黄金业务:与国际市场价格走势挂钩的黄金牌价,有实时交易、委托挂单等多种交易方式。

3.网上银行适合具有互联网上网条件的所有银行个人客户

在申请网上银行时,可选择网上申请或网点申请,网上申请时,登录银行首页凭银行卡号和密码进入"个人网上银行"的"客户号申请",填写并提交信息,随后到银行网点办理注册手续。网点申请时,直接前往网点办理注册。

(三)电话银行

1.电话银行业务

电话银行是利用计算机电话集成技术,采用电话自动语音和人工座席等服务方式为客户提供金融服务的一种业务系统。

2.电话银行的特点

(1)使用简单,操作便利:电话银行将自动语音服务与人工接听服务有机地结合在一起,客户通过电话键操作,既能享受自动语音服务,又能享受人工服务。

(2)覆盖广泛、灵活方便:电话银行不受时间、空间限制,向客户提供全年365天每天24小时不间断的金融服务。

(3)手续简便、功能强大：开通电话银行服务，客户只需到当地银行网点办理申请手续即可使用。客户可通过电话银行方便地查询本人多个账户的情况，进行注册账户之间的资金划转，可以向已注册的他人账户转账，还可以实现自助缴费、银证转账、外汇买卖、股票买卖等多种理财功能。

(4)成本低廉、安全可靠：客户办理银行业务，不需到银行储蓄网点，直接通过电话处理，节省时间，成本低廉，同时电话银行都是采用先进的计算机电话集成技术，安全可靠。

(四)手机银行

(1)手机银行(短信)是指客户通过编辑发送特定格式短信到银行的特服号码，银行按照客户指令，为客户办理查询、转账、汇款、捐款、消费、缴费、余额变动提醒通知等相关业务，并将交易结果以短信方式通知客户的新型金融服务方式。

(2)注册成为手机银行客户后，可以使用手机通过发短信的方式告诉银行需要哪些服务。申请使用手机银行时，首先要有银行发行的银行卡(包括借记卡和准贷记卡)；其次，提供有效身份证件，如身份证、护照、军官证等；再次要有一部开通网络服务的手机。

十三、银行代理业务

代理业务是商业银行接受客户的委托、代为办理客户指定的经济事务、提供金融服务并收取一定费用的业务。银行代理业务包括代收代付、代理保险、代理国债买卖等业务。

(一)代收代付业务

代理业务中应用范围最广的就是代收代付业务，这个业务几乎涉及社会生活的每一家每一户。代收代付业务是指银行利用自身结算的便利，接受客户的委托代为办理指定款项收付的业务，如代发工资业务、代扣住房按揭消费贷款还款业务、代收交通违章罚款等。

代收代付业务的种类繁多，涉及范围广泛，归纳起来有以下几类：

1.代缴费业务

银行代理收费单位向其用户收取费用的一种转账结算业务。储户可在银行的网点凭现金或通存通兑活期存折、信用卡、缴交公共事业费和其他应交费用,如代收电话费、保险费、交通违章罚款等等。

2.委托转账代缴费

储户只要与收费部门签订协议,委托通过银行自动转账,在其通存通兑活期账户或信用卡代转账缴费。这种转账代缴费方式高效、安全、快捷,储户不用定期到缴费部门或银行交费,只需于缴费日前在其活期账户存足缴费的金额便可自动缴费,若想知道是否已缴费,可到附近的银行网点登折,也可通过银行电话查询。

3.代发工资业务

银行受国家机关、行政事业单位及企业的委托,通过其在银行开立的活期储蓄账户,直接向职工发放工资的业务。

(二)代理保险业务

代理保险业务是指商业银行接受保险人的委托,向保险人收取代理手续费,并在保险人授权范围内代其销售保险产品和提供保险服务的业务。代理保险业务是目前我国银行保险发展的最为广泛的种类。

商业银行代理保险业务可以受托代个人或法人投保各险种的保险事宜,也可以作为保险公司的代表,与保险公司签订代理协议,代保险公司承接有关的保险业务。

代理保险产品包括财产保险和人身保险等。财产保险包括企业财产保险、责任保险、保证保险及家庭财产保险等产品;人身保险包括个人或团体的人寿保险、意外伤害保险及其他保险公司委托代理的其他人身保险。代理收取保费及支付保险金包括银行代理保险公司收取其业务员缴纳保险费和投保人缴纳续期保费,向被保险人或受益人支付保险金、向投保人支付退保金或保单红利等业务。

(三)代理国债买卖业务

银行客户可以通过银行营业网点购买、兑付、查询凭证式国债、储蓄国债(电子式)以及柜台记账式国债。除金融机构外,凡是持有有效身份证件的个人以及企业或事业社团法人,均可在商业银行柜台开立国债托管账户并进行国债买卖。柜台交易实行债券和资金的实时交割结算。承办银行收取与债券托管业务相关的服务费用。

(四)代保管业务

代保管业务一般是代客户临时有偿保管存单(折)、债券等有价单证,办理代保管业务可凭单证持有人的身份证件和有关凭证到银行的营业网点申请委托代保管。保管凭证的范围为本行签发的记名式存款和各类有价单证。

【案例】

张妈妈习惯把家里的财产分成三份,分别藏在被子里、大橱顶和旧鞋盒三个地方。去年,她不小心把藏着 6 万元存单、5 000 元企业债券的"金被子"给捐了出去,存单倒也挂失给补了回来,可这 5 000 元企业债券不记名不挂失,着实让张妈妈心痛了好一阵。打这以后,张妈妈一家花了 150 元在建行租了个保管箱,一年 365 天,平均每天只花 0.41 元,就不用在家里东掖西藏的和小偷捉迷藏了。

保管箱业务是代保管的一种,指银行将自己设有的专用保管箱出租给客户使用,客户在此保管贵重物品与单证的租赁业务。一般来说,保管箱是替客户代保管一些贵重物品的。

保管箱业务是一种金融保障服务,既维护个人财物不受损失、又严格遵守个人隐私不受侵犯的原则,因而已成为普通居民的精明之选。现在有些银行的保管箱采用电脑识别身份同时电控开启银行端锁,当客户在指纹仪上录入指纹后,经系统识别确认,保管箱箱体上的银行端锁自动打开,客户进入库区后持个人专用的保管箱钥匙即可自行打开保管箱存取物品,无需银行工作人员跟随开锁。更加有效地维护了客户的个人隐私权。银行保管箱库一般都戒备森严,全天有警卫持枪守卫;大门防爆、防磁、防水,锁具异常坚固;保管箱库内采用恒温恒湿控制,一旦环境发生变化,除湿设备等就会自动运行,一般只有客户和银行工作人员同时在场方能开启。

十四、银行反洗钱

【案例】

广州市海珠区人民法院于 2004 年 3 月审理终结了我国首宗洗钱罪司法判例,被告汪某主动为毒贩区某出谋划策,协助运送毒资,用购买企业产权等方式处理毒资,先后为区某掩饰隐瞒违法所得 520 万元,构成洗钱罪,被判处有期徒刑一年六个月,成为我国以洗钱罪名被定罪的第一人。

【案例】

2002 年,两名骗子在青岛诈骗 30 万元银行汇票,为套现掐断侦破线索,他们通过湖北某县一银行的电工请信贷员帮忙,信贷员用汇票从企业销售款中套出 30 万元现金,案发后该电工和信贷员被青岛警方抓走,直到骗子被抓获后才被解除羁押,他们无意中成为协助洗钱的受骗者和帮凶。

(一)什么是洗钱

洗钱是指犯罪分子通过一系列金融账户转移非法资金,以便掩盖资金的来源、拥有者的身份或是使用资金的最终目的。需要"清洗"的非法钱财一般都可能与恐怖主义、毒品交易或是集团犯罪有关。

"洗钱"一词的原意就是把脏污的硬币清洗干净。反洗钱法草案所讲的"洗钱"是指采用转换、转让、转移、获取、占有、使用等方式隐瞒和掩饰犯罪所得及其收益的来源和性质,以使犯罪所得表面合法化的行为。

洗钱由英文"money laundering(money-washing)"一词直译而来,其形象的语言表述记载着洗钱一词的发端:20 世纪初, 美国芝加哥以阿里·卡彭等为首的有组织犯罪团伙的一名财务总监购置了一台自动洗衣机,为顾客洗衣物,而后采取鱼目混珠的办法,将洗衣物所得与犯罪所得混杂在一起向税务机关申报,使非法收入和资产披上合法的外衣。

(二)洗钱的严重危害是什么

洗钱是一种严重的经济犯罪行为,与贩毒、走私、恐怖活动、贪污腐败和偷税漏税等犯罪活动有着密切的联系。洗钱犯罪活动不仅帮助犯罪分子逃避法律制裁,助长新犯罪的产生,而且危害国家的社会治安,扰乱正常的经济秩序,影响金融体系的安全和稳定运行,损害社会公平,造成社会财富被犯罪分子非法占有和挥霍,破坏良好的社会风气,腐蚀社会公德,甚至对一个国家的政治稳定以及国际政治经济体系的安全构成严重威胁。洗钱活动让犯罪分子逃避法律制裁,助长和滋生新的犯罪,扭曲正常的经济、金融秩序,损害金融机构的诚信,腐蚀公众道德。因此,加强反洗钱工作具有十分重要的意义。

(三)"黑钱"是怎样洗"白"的

洗钱行为一般分为三个阶段:

1.处置阶段

把非法资金投入经济体系,主要是金融机构。其方法有把非法财产存入银行或转换为银行票据、国债、信用证等,将黑钱存在不同账户后再转入第三者银行账户内,以黑钱购买股票、保险以及汇票等。

2.离析阶段

主要是通过多层的金融交易,将非法收益及其来源分开,分散其不法所得,从而掩盖查账线索和隐藏罪犯身份,即通过对不同金融工具错综复杂的运用,模糊犯罪收益的真实来源、性质以及犯罪收益与犯罪者的联系,使得犯罪收益与合法资金难以分辨。

3.融合阶段

将被清洗的资金以所谓合法的形式加以使用,其目的在于使不法变成合法,为犯罪得来的资金或财产提供表面的合法性。

(四)洗钱犯罪具有的特征

1.洗钱方式和手段多样化

犯罪收益来源的多样性,使得洗钱者会通过不同的方式进行处理。长期的洗钱活动更是发展出了多种多样的洗钱工具,例如,借用金融机构的金融服务,利用空壳公司,伪造商业票据等。

2.洗钱行为专业化

洗钱活动逐渐演变成为一个行业并趋向于网络化，形成固定的洗钱通道。

3.洗钱过程复杂化

为了实现洗钱的目的,洗钱者采取复杂的手法,经过种种中间形态,在放置、离析和融合三个阶段中采取多种资金运作方式,从而实现犯罪收益合法化。

4.洗钱对象特定化

洗钱活动的对象主要为与刑事犯罪有关的货币资金和财产。

(五)常见的洗钱活动形式

(1)利用金融机构,如伪造商业票据,虚构商业贸易;在股市短期投资;购买高额保险后折扣赎回;用支票开立账户进行洗钱;利用银行存款的国际转移进行洗钱;利用期货期权洗钱。

(2)通过市场的商品交易活动,如斥巨资买楼、买名车、名表、贵金属、古玩以及珍贵艺术品等。

(3)投资办产业方式,如以黑钱成立空壳公司,再进行投资;向资金密集型行业(娱乐场所、餐饮业、超市等)投资;利用假财务公司、律师事务所等机构进行洗钱。

(4)通过"地下钱庄"或民间借贷转移非法所得。据有关部门的初步统计,中国内地每年通过地下钱庄洗出去的黑钱至少高达2 000亿元人民币。

小知识
目前我国反洗钱的法规有哪些

①《刑法》有关规定。《刑法》第一百九十一条将洗钱行为明确为刑事犯罪,规定:"明知是毒品犯罪、黑社会性质的组织犯罪、恐怖活动犯罪、走私犯罪、贪污贿赂犯罪、破坏金融管理秩序犯罪、金融诈骗犯罪的所得及其产生的收益,为掩饰、隐瞒其来源和性质,有下列行为之一的,没收实施以上犯罪的所得及其产生的收益,处五年以下有期徒刑或者拘役,并处或

者单处洗钱数额百分之五以上百分之二十以下罚金;情节严重的,处五年以上十年以下有期徒刑,并处洗钱数额百分之五以上百分之二十以下罚金;提供资金账户的;协助将财产转换为现金、金融票据、有价证券的;通过转账或者其他结算方式协助资金转移的;协助将资金汇往境外的;以其他方法掩饰、隐瞒犯罪所得及其收益的来源和性质的。"

②《中国人民银行法》对违反反洗钱规定的行为规定了较为严厉的处罚:对违反反洗钱规定的行为,有关法律、行政法规有明确规定的,依照其规定给予处罚;有关法律、行政法规未作处罚规定的,由中国人民银行区别不同情形给予警告,没收违法所得,违法所得五十万元以上的,处五十万元以上二百万元以下罚款;对负有直接责任的董事、高级管理人员和其他直接责任人员给予警告,处五万元以上五十万元以下罚款;构成犯罪的,依法追究刑事责任。

③《中华人民共和国反洗钱法》对金融机构不依法履行反洗钱义务的行为,规定了明确的处罚措施:金融机构有违法行为之一的,由国务院反洗钱行政主管部门或者其授权的设区的市一级以上派出机构责令限期改正;情节严重的,处二十万元以上五十万元以下罚款,并对直接负责的董事、高级管理人员和其他直接责任人员,处一万元以上五万元以下罚款。金融机构的违法行为,致使洗钱后果发生的,处五十万元以上五百万元以下罚款,并对直接负责的董事、高级管理人员和其他直接责任人员处五万元以上五十万元以下罚款;情节特别严重的,反洗钱行政主管部门可以建议有关金融监督管理机构责令停业整顿或者吊销其经营许可证;构成犯罪的,依法追究刑事责任。

④"一个规定,一个办法",即《金融机构反洗钱规定》、《金融机构大额交易和可疑交易报告管理办法》。

⑤其他法规。国务院颁布的行政法规:《个人存款实名制规定》、《现金管理暂行条例》。人民银行发布的规章:《人民币银行结算账户管理办法》、《大额现金支付登记备案规定》、《境内外汇账户管理规定》、《境外外汇账户管理规定》等金融业务规章中都有相关反洗钱的规定。

投资理财篇

一、穷人也需要理财

理财,通俗来讲就是赚钱、省钱、花钱之道。它是通过对个人和家庭财务资源进行管理,以实现更高生活目标的过程。

(一)对理财的认识

也许有人会认为,理财市场上一般都是有钱人。这虽然是事实,但是理财并不是仅仅只为有钱人服务的。从根本上说,理财是为了更好地平衡现在和未来的收支,解决家庭财务问题,保障生活水平的稳定,提高生活水准。富人庞大的资产需要保值增值,需要做出安排,需要理财。穷人也有生活目标,如积攒孩子上大学的学费,为老年生活做准备等等,为了保障基本生活并生活得更好,让有限的资源释放更大的能量,也需要理财。

其实,理财的方式方法多种多样,大钱有大钱的理财道,小钱也有小钱的获利法。钱少可以用细水长流的投资方式,投入门槛低、进出方便的产品。基金1 000元起卖,以后100元也可以做一笔。低价股票甚至五六百元就可以买进卖出。选择适合自己的投资方式,把闲钱运用起来,就可以做到积少成多。

(二)理财之前的准备工作

1.搞清楚自己的家庭财产收入和支出情况

要想理好财,首先就要了解自己家庭的基本经济情况,到底有多少家产?哪些是固定财产?流动资本有多少?所需还的债务又有多少?有多少可以用来再投资?家庭平时的总收入是多少?平时的总支出是多少?家庭处在什么样的社会经济地位？是否掌握了一定的投资方式和投资技能？自己能承受多大的投资亏损？如果对上面的问题思考清楚了，才能认清自己家庭的经济情况，从而不至于过于盲目。

2.做好三大准备

在开始理财之前，还要做好充分的准备，简单的说，就是要做好资金、知识和心理三方面的准备。资金准备指的是要准备好用于投资的钱，一般来说主要是除日常开支、应急准备金以外的个人流动性资金。然后是知识上的准备，应该熟悉和掌握理财投资基本知识和基本操作技能。心理上的准备也很重要，就是说个人要对投资风险有一定的认识，能够承受投资失败的心理压力，有良好的心理准备。

3.开源节流

科学理财最根本的方法就是开源节流，处理好个人的收入与支出。一方面要增加新的收入来源，另一方面要减少不必要的开支。增加收入来源不仅仅包括努力工作，还要扩大个人资产的对外投资，增加个人投资收益和资本积累。节流也不仅仅是压缩开支，也包括合理消费，合理利用借贷消费、信用消费，建立一种现代的个人消费观念。

（三）农村家庭该怎样做好理财准备

坚持每天记账是农家初步学习理财的好方法。这样，每天的消费都有详细记录，花费的去向也就一目了然，月底对本月的花销进行分析总结时，就可以参照上月的花销，再根据本月收入，进行合理调配，避免乱开支。

对于没有结婚的青年农民来说，单身消费的日子不会很长。因此，既要学会老一辈勤俭节约的品德，也要为自己日后的发展早做准备。平常积攒下来的钱除去日常开支外，可以参加一些实用的培训班，如养殖、种植等技能的学习，也可以根据自身的爱好选择驾驶、电脑等方面的培训。

（四）农村家庭理财的误区

1.钱放家里

随着农村家庭收入的增加，把钱放在家里的情况比比皆是。这不仅是家庭投资之大忌，而且不安全。新闻上经常能见到农民工把辛苦赚来的钱放在家里,或者被小孩子玩火时给烧掉,或者被老鼠咬烂掉,或者藏起来,时间久了却找不到了。

2.钱全部存银行活期储蓄或者定期储蓄

许多农村家庭为图取钱方便,就把钱存成活期。活期利率很低,如果存几个月甚至几年,就有可能造成不必要的利息损失。也有的人把钱存入利率较高的存期,而遇有急事就无法提前支取。因此,确定存款的种类和期限,要根据实际情况认真选择。

3.理财没有计划

有许多人收入很多,但用钱没有计划,导致每月收支失衡。

4.不要盲目追求风险大的投资

家庭投资一般是在维持家庭生活平衡的基础上进行的,投资时要根据自身的风险承受能力选择投资方式,不能盲目追求高风险项目。如果不具备风险承受能力和一定专业知识,往往会吃亏。

5.参加不受法律保护的集资和存款活动

投资理财应当安全和效益兼顾,凡是不受法律保护的集资和存款,不论其收益率有多高,都不宜盲目参与,一旦上当受骗,将血本无归。

小知识
农村家庭理财计划

一般来说,农村家庭的收入来源渠道比较单一,收入水平总体不高。因此,大多数农村家庭理财可以选择适合低收入者的投资"五分法":一部分依惯例存入银行;一部分应付柴米油盐之类的日常开支;一部分用于购买农资、农具等生产资料所需要的费用;一部分根据需要和轻重缓急购买衣物和大件商品等消费品;最后一部分可用来买保险,以防不测。

二、理财的渠道

(一)存银行

这是普通家庭采取的传统做法,所占比重最高。存在银行首先安全可靠,能够赚取利息,但其回报率低,而且,有时候存款利息收入有可能无法弥补通货膨胀所带来的资金贬值。

(二)买债券

国内债券种类有国债、企业债和金融债。个人投资者不能购买金融债。国债由于有国家财政担保,被视为"金边债券",而且国债的安全性、流通性在债券中是最好的,基本没有什么风险,并且收益比较稳定,比同档次银行存款要高。最近几年人们购买国债的热情很高。企业债利息较高,但存在一定的信用风险。

(三)买保险

保险作为一种纯消费型风险保障工具,只要通过科学的保险计划,就能充分发挥资金的投资价值,又能为家人提供一份充足的保障。

(四)投资基金

与个人单独理财相比,基金、信托理财属于专家理财,省时省心,而且收益较高。集中起来的个人资金交由专业人员进行操作,他们可以凭借专业知识和经验技能进行组合投资,从而避免个人投资的盲目性,以达到降低投资风险,提高投资收益的目的;但其收益比较不固定,也有一定风险性。基金适合长期投资。

(五)买股票

这种投资工具是获利性最强、最快、最大的,但也是风险最高的。就目前我国的股市而言,一般至少可以获得25%甚至几倍、几十倍、上百倍的效益,但也具有风险性、不稳定性和不安全性,稍不留心就可能血本无归。

(六)搞收藏

比如收藏古钱币、名画、古玩、古董、纪念币、邮票等。这种投资不仅具有安全性、可靠性,而且它陶冶情操,增强生活情趣,提高生活品位。同时,极具增值潜力,其收益性有时至少是几倍,甚至几十倍、几百倍、乃至上千倍、上万倍。不过首先您要有这方面的知识,因为不是任何藏品都有升值潜力的。

三、银行储蓄理财的技巧

(一)储蓄理财"5W"原则

"5W"原本是一句新闻专业术语,代表新闻的 5 个要素,就是回答"为什么做、做什么、什么时候做、什么地点做、由谁来做"的 5 个问题。其实,理财也可以按照"5W"原则,对自己的银行储蓄存款进行合理安排。

(1)为什么要存款?也就是存款的用途,一般情况下,居民存款的目的无非是攒钱应付日常生活、购房、购物、子女上学、生老病死等预期开支,存款之前应首先确定存款的用途,以便"对症下药",准确地选择存款期限和种类。

(2)存入方式是什么?日常生活的费用,需随存随取,可选择活期储蓄。对长期不动的存款,根据用途合理确定存期是理财的关键,因为存期如果选择过长,万一有急需,办理提前支取会造成利息损失;如果存期过短,则利率低,难以达到保值、增值目的。对于一时难以确定用款日期的存款,可以选择通知存款,存入时不需约定存期,支取时提前一天或七天通知银行,称为一天和七天通知存款,其利率远高于活期存款。

(3)什么时候存?利率相对较高的时候是存款的好时机,利率低的时候,则应多选择凭证式国债或中、短期存款的投资方式。对于记性不好,或去银行不方便的客户,还可以选择银行的自动转存业务,这样就不用记着什么时候该去银行,存款会按照约定自动转存。

(4)在何处存?如今银行网点到处都是,选择到哪家银行存款非常重要。一是从安全可靠的角度去选择,具备信誉高、经营状况好等基本条件,存款的安全才会有保障。二是从服务态度和硬件服务设施的角度去选择。三是从储蓄所功能的角度选择，如今许多储蓄所在向"金融超市"的方向发展，除办理正常业务外，还可以办理交纳话费、水费、煤气费及购买火车票、飞机票等业务，选择这样的储蓄所会为家庭生活带来便利。

(5)什么人去存？夫妻双方对理财的认识和掌握的知识不同，会精打细算、擅长理财的一方，应作为和银行打交道的"内当家"。同时，如今许多银行开设了个人理财服务项目，你还可以把钱交给银行的理财中心，让银行为您代理理财。

(二)储蓄理财的小技巧

由于农村家庭收入比较单一，所以必须提高低风险类产品的比例。实际上，虽然银行储蓄存款是理财最常用的手段，但也是有技巧的，恰当的将这些小技巧加以运用，将能为储蓄理财带来更多的收益。

1.四分存单法

特点：用款的时间、金额不定，机动性强，可减少不必要的损失。

操作方法：假设家庭现有1万元，并且在一年之内有急用，但每次用钱的具体金额、时间不能确定，而且还想既让钱获取高利息，又不因用一次钱便动用全部存款，最好选择四分存单法。即：把1万元分别存成四张存单，但金额要一个比一个大，应注意适应性，可以把1万元分别存成1 000元的一张，2 000元的一张，3 000元的一张，4 000元的一张。当然也可以把1万元存成更多的存单，但您需要保管好存单。由于用款时间存在不确定性，在存款时最好都选择一年期限。

2.四阶梯存单法

特点：流动性强，等量保持平衡，既可以跟上利率调整，又能获取存款的高利息，属于中长期投资。这种方法能使储蓄到期额保持等量平衡，具有一定的计划性，适合工薪家庭为子女积累教育基金和未来婚嫁资金等。

操作方法：假设现有五万元，可分别用1万元开设一年期至五年期的存单各一张，一年后你就可以用到期的1万元，再去开设一个五年期的存单，以后每年到期的1万元都再去开设一个五年期的存单，五年后手中所持有的存单全部为五年期，只是每个 1 万元存单的到期年限不同，依次相差 1 年。这样,短存的照顾短用,长存的没有放弃高收益,生活节奏井井有条。

3. 12 存单法

对于追求无风险收益的农民来说，可以将每月收入的 10%~20%存成一个定期存款,每月定期存款单期限可以设为一年,每月都这么做,一年下来就会有 12 张一年期的定期存款单。从第二年起,每个月都会有一张存单到期,如果有急用,就可以使用,也不会损失存款利息;当然,如果没有急用的话这些存单可以自动续存，而且从第二年起可以把每月要存的钱添加到当月要存的这张存单中,继续滚动存款,每到一个月就把当月要存的钱添加到当月到期的存单中,重新获得一张存款单。

12 存单法的好处在于，从第二年起每个月都会有一张存款单到期供您备用,如果不用则加上新存的钱,继续存定期,既能比较灵活地使用存款,又能得到定期的存款利息,是一个两全其美的办法。如果坚持下去,日积月累,就会攒下一笔不小的存款。另外,进行 12 存单法的同时,每张存单最好都设定到期自动转存,这样就可以免去多跑银行之苦了。

4.利滚利存款法

存本取息与零存整取两种方法完美结合的一种储蓄方法。这种方法能获得比较高的存款利息,缺点是要求个人经常到银行去。

具体操作方法是:比如有一笔 5 万元的存款,可以考虑把这 5 万元用存本取息的方法存入,在一个月后取出存本取息储蓄中的利息,把这一个月的利息再开一个零存整取的账户，以后每个月把存本取息中的利息取出并存入零存整取的账户,这样做的好处就是能够获得两次利息,即存本取息的利息在零存整取中又获得利息。

四、去银行购买理财产品

(一)银行理财产品种类

银行的理财产品一般包括人民币理财产品和外币理财产品两大类。除了基金、股票外,理财还包含房产、储蓄、债券、黄金等等。按照客户获取收益方式的不同，理财产品还可以分为保证收益理财产品和非保证收益理财产品。

(1)保证收益理财产品是商业银行按照约定条件向客户承诺支付固定收益，银行承担由此产生的投资风险，或银行按照约定条件向客户承诺支付最低收益并承担相关风险，其他投资收益由银行和客户按照合同约定分配，并共同承担相关投资风险的理财产品。

比如，王大爷退休回农村后靠退休工资生活。农村消费水平较低，吃喝基本不愁，资金有余地，除了银行储蓄外，还拿出一部分资金购买一些银行理财产品。对于王大爷这样的投资者属于典型的保守稳健型投资者，风险承受能力低，求稳求赚是其最大的理财目标。求稳，就是不能亏了本；求赚，就是希望能获得一些超过银行利息的额外收益。因此，对于这一类投资者的产品选择范围主要应集中在保本固定收益型的产品上，比如债券类、贷款信托类理财产品，在期限选择上，尽量选择短期理财产品。

(2)非保证收益理财又可以分为保本浮动收益理财产品和非保本浮动收益理财产品。

保本浮动收益理财产品是指商业银行按照约定条件向客户保证本金支付，本金以外的投资风险由客户承担，并依据实际投资收益情况确定客户实际收益的理财产品。这种情况下，银行为了获得较高收益，往往投资于风险较高的投资工具，投资人有可能获得较高收益，当然若是造成了损失，银行仍会保证客户本金的安全。

非保本浮动收益理财产品是指商业银行根据约定条件和实际投资收益情况向客户支付收益，并不保证客户本金安全的理财产品。顾名思义，银行不对客户提供任何本金和收益的保障，风险完全由客户承担，而收益则按照约定在客户和银行之间分配。

在银行推出的每一款不同的理财产品中，都会对自己产品的特性给予介绍。目前各家银行的理财产品大多是对本金给予保证的，即使部分新股产品，尽管其本金具有一定风险，但根据以往市场的表现，收益较少为负，投资者还可以获得分享资本增值收益的机会。

(二)银行理财产品投资的不同领域

银行理财产品有着不同的投资领域,据此,理财产品大致可分为债券型、信托型、资本市场型、挂钩型及 QDII(合格境内机构投资者)型产品。

1.债券型理财产品

银行将资金主要投资于货币市场,一般投资于央行票据和企业短期融资券。因为央行票据与企业短期融资券个人无法直接投资,这类人民币理财产品实际上为客户提供了分享货币市场投资收益的机会。

债券型产品是早期银行理财产品的唯一的品种。在这类产品中,个人投资者与银行之间要签署一份到期还本付息的理财合同,并以存款的形式将资金交由银行经营,之后银行将募集的资金集中起来开展投资活动,投资的主要对象包括短期国债、金融债、央行票据以及协议存款等期限短、风险低的金融工具。在付息日,银行将收益返还给投资者;在本金偿还日,银行足额偿付个人投资者的本金。

2.信托型本币理财产品

主要是投资于商业银行或其他信用等级较高的金融机构担保或回购的信托产品,也有投资于商业银行优良信贷资产受益权信托的产品。如一家银行曾经推出过一个银行、信托、担保公司三方合作的理财产品。产品所募集资金投资于一家国际信托投资有限公司系列证券投资信托计划的优先受益档,该信托计划的主要投资标的为以成分股为主的股票池、开放式基金和封闭式基金等。

与目前市场上各类理财产品最大不同点在于,该产品在提供 100%本金保障的基础上,可使投资者获得 4.5%的预期年收益率。此外,根据信托计划的实际运作情况,投资人还可获得额外的浮动收益。

3.挂钩型本币理财产品

也称为结构性产品,其本金用于传统债券投资,而产品最终收益率与相关市场或产品的表现挂钩。有的产品与利率区间挂钩,有的与美元或者其他可自由兑换货币汇率挂钩,有的与商品价格主要是以国际商品价格挂钩,还有的与股票指数挂钩。

为了满足投资者的需要,这类产品大多同时通过一定的掉期期权,设计成保本产品,特别适合风险承受能力强,对金融市场判断力比较强的消费者。尤其是股票挂钩产品,已经从挂钩汇率产品逐渐过渡到挂钩恒生、国企指数,继而成为各种概念下的挂钩产品,种类十分丰富。

资本市场型的理财产品,其实就是基金的基金。理财产品投资于股市,通过信托投资公司的专业理财,银行客户既可以分享股市的高成长,又因担保公司的担保可以有效规避风险。

4.QDII 型本币理财产品

简单说即是客户将手中的人民币资金委托给得到监管部门认证的商业银行,由银行将人民币资金兑换成美元,直接在境外投资,到期后将美元收益及本金结汇成人民币后分配给客户的理财产品。如光大银行发售的"同升三号"股票联结型理财产品,投资于全球著名的金融公司股票,精选了全球 5 个金融子行业中市值最大公司,分别为花旗集团、美国国际集团、高盛集团、汇丰控股、瑞士银行。理财期限是 18 个月,同样保证 100%的本金归还。

虽然银行理财都会预期最高收益率,但不可否认收益率的实现存在着不确定性。同时,不同产品有不同的投资方向,不同的金融市场也决定了产品本身风险的大小。所以,投资者在选择一款银行理财产品时,一定要对其进行全面了解,然后再作出自己的判断。

五、最安全的投资理财工具——购买国债

(一)国债的概念

国债是由国家发行的债券,由于国债的发行主体是国家,所以它具有最高的信用度,被公认为是最安全的投资工具。国债具有以下特点:

1.安全性高

由于国债是中央政府发行的,而中央政府是国家权力的象征,所以发行者具有国家最高的信用地位,一般风险较小,投资者亦因此而放心。

2.流动性强,变现容易

由于政府的高度信用地位,使得国债的发行额十分庞大,发行也十分容易,由此造就了一个十分发达的二级市场,发达的二级市场客观地为国债的自由买卖和转让带来了方便,使国债的流动性增强,变现较为容易。

3.能满足不同的团体、金融机构及个人等需要

典型的表现是国债广泛地被用于抵押和保证,在许多交易发生时,国债可以作为无现金交纳的保证,此外还可以国债担保获取贷款等。

4.还本付息由国家作保证

在所有债券中,信用度最高而投资风险最小,因而它的利率也较其他债券低。

(二)国债的种类

国债品种不同,购买的方法也就不同,常见的国债主要有凭证式和记账式两种。

1.凭证式国债

凭证式国债是指国家采取不印刷实物券,而用填制"国库券收款凭证"的方式发行的国债。储户购买国债时由银行营业网点签发国债收款凭证。起点金额为100元人民币,大于100人民币必须是百元的整数倍数,上限金额为50万元人民币。我国从1994年开始发行凭证式国债。凭证式国债按年度、分期次发行,存期为两年、三年、五年。凭证为记名凭证,可挂失,可在同一城市内通兑,到期或提前兑付凭凭证支取本息。凭证式国债不得部分提前支取,提前兑付的国债均按兑付本金数的2%收取手续费。凭证式国债具有类似储蓄又优于储蓄的特点,通常被称为"储蓄式国债",是以储蓄为目的的个人投资者理想的投资方式。

2.记账式国债

记账式国债是指没有实物形态的票券,而是在电脑账户中作记录。在我国,上海证券交易所和深圳证券交易所已为证券投资者建立电脑证券账户,因此,可以利用证券交易所的系统来发行债券。投资者购买记账式国债必须在证券交易所开立证券账户或国债专用账户,并委托证券机构代理进行。

(三)怎样购买国债

凭证式国债主要面向个人投资者发行,其发售和兑付是通过各大银行的网点、邮政储蓄部门的网点以及财政部门的国债服务部办理。投资者购买凭证式国债可在发行期内到各银行网点购买。

(四)购买国债的技巧

1.考察比较营业网点

目前,基本上在各大银行都可以购买到国债。由于各银行的额度相对有限,因此要提高购买的成功几率,起早排队应该是可行的,但是对于老年人来说,这样对身体不利。因此提前打探情况,首先观察身边的营业网点,平常哪些营业网点的人相对较少,然后再询问是否销售国债,这样即使去的时间较晚,由于购买的人不多,无形提高了购买到的几率。

2.选择规模相对较小的金融机构

不少老百姓买国债都喜欢到工行、建行等大的金融机构,但是购买到的几率却相对较小。原因其实很简单,由于工行等机构全国的营业网点太多了,一旦开始发行,分布到各网点的额度就非常有限,自然很快就销售一空。因此选择规模相对较小的金融机构,反而能够提高命中率。

六、购买股票

(一)股票的基本概念

股票是股份证书的简称,是股份公司为筹集资金而发行给股东作为持股凭证并借以取得股息和红利的一种有价证券。每股股票都代表股东对企业拥有一个基本单位的所有权。

股票作为股东向公司入股并获取收益的所有者凭证,持有它就拥有公司的一份资本所有权,成为公司的所有者之一。股东不仅有权按公司章程从公司领取股息和分享公司的经营红利,还有权出席股东大会,选举董事会,参与企业经营管理的决策,同时股东也要承担相应的责任和风险。

(二)股票的种类

1.按股东的权利划分为普通股、优先股

(1)普通股。普通股是随着企业利润变动而变动的一种股份,是股份公司资本构成中最普通、最基本的股份,是股份企业资金的基础部分。在我国上海证券交易所与深圳证券交易所上市的股票都是普通股。

(2)优先股。优先股是"普通股"的对称,是股份公司发行的在分配红利和剩余财产时比普通股具有优先权的股份。优先股的优先权主要表现在两个方面:一是股息领取优先权。股份公司分派股息的顺序是优先股在前,普通股在后。股份公司不论其盈利多少,只要股东大会决定分派股息,优先股就可按照事先确定的股息率先取股息,即使股息普遍减少或没有股息,优先股亦应照常分派股息。二是剩余资产分配优先权。股份公司在解散、破产清算时,优先股具有公司剩余资产的分配优先权,不过,优先股的优先分配权在债权人之后,而在普通股之前。只有还清公司债权人债务之后有剩余资产时,优先股才具有剩余资产的分配权。只有在优先股索偿之后,普通股才参与分配。

2.红筹股、蓝筹股

红筹股这一概念诞生于 20 世纪 90 年代初期的中国香港股票市场。我国在国际上有时被称为红色中国,相应的,中国香港和国际投资者把在境外注册,在中国香港上市的那些带有中国内地概念的股票称为红筹股。

早期的红筹股,主要是一些中资公司收购香港中小型上市公司后改造而形成的,近年来出现的红筹股,主要是内地一些省市将其在中国香港的公司改组并在香港上市后形成的。

在海外股票市场上,投资者把那些在其所属行业内占有重要支配性地位、业绩优良、成交活跃、红利优厚的大公司股票称为蓝筹股。"蓝筹"一词源于西方赌场。在西方赌场中,有三种颜色的筹码,其中蓝色筹码最为值钱,红色筹码次之,白色筹码最差。投资者把这些行话套用到股票上。

蓝筹股并非一成不变,随着公司经营状况的改变及经济地位的升降,蓝筹股的排名也会变更。

3.成长股、热门股、绩优股、投机性股、周期股、防守性股、概念股

(1)成长股是指发行股票时规模并不大,但公司的业务蒸蒸日上,管理良好,利润丰厚,产品在市场上有竞争力的公司的股票。

(2)热门股是指交易量大、交易周转率高、股价涨跌幅度也较大的股票。没有永远热门的行业或企业,不是所有快速成长的公司都能生存下来,许多红极一时的热门股后来都销声匿迹了。

(3)绩优股是指那些业绩优良,但增长速度较慢的公司的股票。这类公司有实力抵抗经济衰退,但这类公司并不是总能给人带来振奋人心的利润。

(4)投机性股是指那些价格很不稳定或公司前景很不确定的普通股。这主要是那些雄心很大,具有开发性或冒险性的公司的股票,热门的新发行股以及一些面值较低的普通股票。

(5)周期股是指经营业绩随着经济周期的涨缩而变动的公司的股票。航空工业、汽车工业、钢铁及化学工业都属于此类。当经济从衰退中开始复苏时,周期股的价格涨得比一般成长股快;反之,当经济走向衰退时,周期股的价格跌幅可能会较大。

(6)防守性股是指那些在面临不确定性和商业衰退时股价保持相对稳定性的股票。公用事业公司发行的普通股是防守性股的典型代表,因为即使在商业条件普遍恶化与经济萧条时期,人们对水电、煤气、邮政、通信、食品等行业也还有稳定的需求。

(7)概念股是指能迎合某一时代潮流但未必能适应另一时代潮流的公司所发行的股票,股价呈巨幅起伏的股票。

4.ST股和PT股

1998年4月22日,沪深证券交易所宣布将对财务状况和其他财务状况异常的上市公司的股票交易进行特别处理(英文为Special Treatment,缩写为"ST")。其中异常主要指两种情况:

(1)上市公司经审计其两个会计年度的净利润均为负值;

(2)上市公司最近一个会计年度经审计的每股净资产低于股票面值。

在上市公司的股票交易被实行特别处理期间,其股票交易应遵循下

列规则：

(1)股票报价日涨跌幅限制为5%；

(2)股票名称改为原股票名前加"ST"，例如"ST钢管"；

(3)上市公司的中期报告必须经过审计。

PT股是基于为暂停上市流通的股票提供流通渠道的特别转让服务所产生的股票品种(英文为Particular Transfer,缩写为"PT")，这是根据《公司法》及《证券法》的有关规定,上市公司出现连续3年亏损等情况,其股票将暂停上市。沪深证券交易所从1999年7月9日起,对这类暂停上市的股票实施"特别转让服务"。

小知识

股息与红利

股息是股东定期按一定的比率从上市公司分取的盈利,红利则是在上市公司分派股息之后按持股比例向股东分配的剩余利润。获取股息和红利,是投资者投资于上市公司的基本目的,也是投资者的基本经济权利。

5.送红股、配股、增发新股、转增股、转配股

(1)送红股是上市公司将本年的利润留在公司里、发放股票作为红利,从而将利润转化为股本。送红股后,公司的资产、负债、股东权益的总额及结构并没有发生改变,但总股本增大了,同时每股净资产降低了。

(2)配股是指公司按一定比例向现有股东发行新股,属于发行新股再筹资的手段,股东要按配股价格和配股数量缴纳配股款,完全不同于公司对股东的分红。

(3)增发新股是指上市公司以向社会公开募集的方式增资发行股份的行为。

(4)转增股本则是指公司将资本公积转化为股本,转增股本并没有改变股东的权益,但却增加了股本规模,因而客观结果与送红股相似。转增股本和送红股的本质区别在于,红股来自于公司的年度税后利润、只有在

公司有盈余的情况下，才能向股东送红股；而转增股本却来自于资本公积,它可以不受公司本年度可分配利润的多少及时间的限制,只要将公司账面上的资本公积减少一些、增加相应的注册资本金就可以了,因此从严格意义上来说,转增股本并不是对股东的分红回报。

(5)转配股是我国股票市场特有的产物。国家股、法人股的持有者放弃配股权,将配股权有偿转让给其他法人或社会公众,这些法人或社会公众行使相应的配股权时所认购的新股,就是转配股。

6.A 股、B 股、H 股、L 股、N 股、S 股

我国上市公司的股票有 A 股、B 股、H 股等的区分。这种区分主要是依据股票的上市地点和所面对的投资者而定。

(1)A 股正式名称是人民币普通股票。是由我国境内的上市公司在上海、深圳证券交易所发行,供境内机构、组织和个人(不含台、港、澳投资者)以人民币认购和交易的普通股股票。

(2)B 股正式名称是人民币特种股票。是以人民币标明面值,以外币认购和买卖,在境内(上海、深圳)证券交易所上市交易的股票。

(3)H 股又称境内上市外资股,是境内上市公司在香港发行上市的股票。

(4)L 股是指境内上市公司在伦敦发行上市的股票。

(5)N 股是指境内上市公司在纽约发行上市的股票。

(6)S 股是指境内上市公司在新加坡发行上市的股票。

7.社会公众股和 G 股

(1)社会公众股是指我国境内个人和机构以其合法财产向公司可上市流通股权部分投资所形成的股份。我国投资者在股票市场上买卖的股票都是社会公众股。

(2)G 股是指已经实施股权分置改革的上市公司股票。这类股票在其股权分置改革方案被股东大会通过后复牌时,在其股票简称前增加英文字母 G,如 G 三一、G 金牛、G 紫江等。

（三）看懂股票的关键点

1.股价指数

这是运用统计学中的指数方法编制而成，反映股市总体价格或某类股价变动和走势的指标。根据股价指数反映的价格走势所涵盖的范围，可以将股价指数划分为反映整个市场走势的综合性指数和反映某一行业或某一类股票价格走势的分类指数。股价指数是反映股票市场中股票价格变动总体水平的重要尺度，更是分析、预测发展趋势进而决定投资行为的主要依据。

我国证券市场上的主要股价指数包括上证综合指数、上证50指数、上证180指数、深证综合指数、深证100指数和中小企业板指数。

（1）上证综合指数最初是中国工商银行上海分行信托投资公司静安证券业务部根据上海股市的实际情况，参考国外股价指标的生成方法编制而成。上证综合指数以1990年12月19日为基期，1991年7月15日开始公布，以上海股市的全部股票为计算对象，计算公式如下：股票指数=当日股票市价总值/基期股票市价总值×100%。

（2）深证综合指数由深圳证券交易所编制。它以1991年4月3日为基期，以在深圳证券交易所上市交易的全部股票为计算对象，用每日各种股票的收盘价分别乘以其发行量后求和得到的市价总值除以基期市价总值后乘以100%求得，是反映深圳股价变动的有效统计数字。

小知识

常见的国外股价指数

①道·琼斯股票价格平均指数，又称道氏指数，它采用不加权算术平均法计算。道氏指数包括：道氏工业平均指数，由30家工业公司的股票价格平均数构成；道氏公用事业平均指数，由15家公用事业公司的股票价格平均数构成；道氏运输业平均指数，由20家运输公司的股票价格平均数构成；道氏65种股票价格平均数，由上述工业、运输业、公用事业的65

家公司的股票价格混合构成。道·琼斯股票价格平均指数以 1928 年 10 月 1 日为基期,在纽约交易所交易时间每 30 分钟公布一次,用当日当时的股票价格算术平均数与基期的比值求得,是被西方新闻媒介引用最多的股票指数。

②标准普尔指数。标准普尔指数由美国标准普尔公司 1923 年开始编制发表,当时主要编制两种指数:一种是包括 90 种股票每日发表一次的指数,另一种是包括 480 种股票每月发表一次的指数。1957 年扩展为现行的,以 500 种采样股票通过加权平均综合计算得出的指数,在开市时间每半小时公布一次。标准普尔指数以 1941 年—1943 年的数据为基数,用每种股票的价格乘以已发行的数量的总和为分子,以基期的股价乘以股票发行数量的总和为分母相除后的百分数来表示。由于该指数是根据纽约证券交易所上市股票的绝大多数普通股票的价格计算而得,能够灵活地对认购新股权、股份分红和股票分割等引起的价格变动作出调节,指数数值较精确,并且具有很好的连续性,所以往往比道·琼斯指数具有更好的代表性。

③恒生指数。恒生指数是香港股市历史最久的一种股价指数,由香港恒生银行于 1969 年 11 月 24 日公布使用。现行恒生指数以 1996 年 7 月 31 日为基期,根据各行业在港上市股票中的 33 种具有代表性的股票价格加权计算编制而成。因为这 33 家公司的股票总值占全部在港上市股票总值的 65%以上,所以恒生指数是目前香港股票市场最具权威性和代表性的股票价格指数。

④日经指数。日经股票价格指数是日本股票市场的股票价格指数。它是用近 500 种股票价格之和除以一个常数得出来的。由于日本经济在世界经济中的特殊地位,日经指数日益为世界金融市场所重视。

⑤金融时报指数。金融时报指数的采样股票是根据英国伦敦国际证券交易所上市的主要 100 家大公司的股票选定的,并以每分钟一次的频率更新。该指数采用算术加权法计算。

2.换手率

换手率也称为周转率,指在一定时间内市场中证券转手买卖的频率,是反映证券流通性强弱的指标之一。股票的换手率越高,表示这只股票的交易越活跃,人们购买这只股票的意愿越高,属于热门股。反之,换手率越低,表示这只股票少人关注,属于冷门股。

换手率高还意味着股票流通性好,进出市场比较容易,不会出现想买买不到、想卖卖不出的情况,具有较强的变现能力。然而,换手率越高,也表示这只股票是短线资金追逐的对象,投机性越强,股价起伏较大,风险也相对较大。

3.市盈率

市盈率又称股份收益比率或本益率,是股票市价与其每股收益的比值。市盈率=当前每股市场价格/每股税后利润。

市盈率是衡量股价高低和企业盈利能力的一个重要指标。由于市盈率把股价和企业盈利能力结合起来,其水平高低更真实地反映了股票价格的高低。例如,股价同为50元的两种股票,其每股收益分别为5元和1元,则其市盈率分别是10倍和50倍,也就是说,当前的实际价格水平相差5倍。如果企业的盈利能力不变,这说明投资者以同样50块钱购买的两只股票要分别在10年和50年后才能从企业盈利中收回投资。但是由于企业的盈利能力是会不断改变的,投资者购买股票更看重企业的未来。因此,一些发展前景很好的公司即使当前的市盈率较高,投资者也愿意购买。预期利润增长率较高的公司,其股票的市盈率也会比较高。

4.每股税后利润

每股税后利润又称为每股盈利,可用公司税后利润除以公司总股数来计算。例如,上市公司当年税后利润是2亿元,公司总股数有10亿股,那么,该公司的每股税后利润为0.2元(2亿元÷10亿股)。

每股税后利润分摊到每一份股票上的盈利数额,是股票市场上按市盈率定价的基础。如果一家公司的税后利润总额很大,但每股盈利很少,标明它的经营业绩并不理想,每股价格通常不高;反之,每股盈利数额高,则表示公司经营业绩好,往往股价较高。

5.股东权益

股东权益又称净资产，指公司总资产中扣除负债所余下的部分。例如，上市公司的资产负债表上，总资产为 2 337.36 万元，负债是 691.74 万元，股东权益就是两者之差，即 1 645.62 万元，就是该公司的净资产。股东权益是一个很重要的财务指标，反映了公司的自有资本。当总资产小于负债金额时，公司就陷入了资不抵债的境地，股东将一无所得；相反，股东权益金额越大，这家公司的实力就越雄厚。

6.每股净资产值

公司净资产除以发行总股数。例如，某公司净资产为 15 亿元，发行股数为 1 亿股，它的每股净资产值为 15 元(15 亿元÷1 亿股)。每股净资产值反映了每股股票代表的公司净资产价值，是支撑股票市场价格的重要基础。每股净资产值越大，标明公司每股股票代表的财富越雄厚，通常创造的利润的能力和抵御外来因素影响的能力越强。

(四)如何开立账户买股票

要进入股市必须先开立股票账户，股票账户是投资者进入市场的通行证，只有拥有它，才能进场买卖股票。股票账户在深圳又叫股东代码卡。开设股票账户时必须持有本人有效身份证件(一般为本人身份证)，详细提供本人和委托人的详细资料，包括本人和委托人的姓名、性别、身份证号码、家庭地址、职业、联系电话等。根据国家的有关规定，下列人员不得办理股票开户：

(1)证券主管机关中管理证券事务的有关人员；

(2)证券交易所管理人员；

(3)证券经营机构中与股票发行或交易有直接关系的人员；

(4)与发行者有直接行政隶属或管理关系的机关工作人员；

(5)其他与股票发行或交易有关的知情人。

(五)怎样炒股

投资者买卖股票涉及的基本环节包括：开户、委托、申报、成交、清算与交收六个方面。首先办妥证券账户卡和资金账户。投资者可以向券商下达买进或卖出股票的指令,这被称为委托。事实上,作为一个股民是不能直接进入证券交易所买卖股票的,而只能通过证券交易所的会员买卖股票,而所谓证交所的会员就是通常的证券经营机构,即券商。委托时必须凭交易密码或证券账户。委托的内容包括要买卖股票的简称(代码)、数量及买进或卖出股票的价格,同时,买卖股票的数量也有一定的规定:即委托买入股票的数量至少是 100 股,即俗称"1 手",或者是 100 股的整倍数,但委托卖出股票的数量则可以不是 100 股的整倍,甚至可以一股一股的卖出。

委托的方式有四种:柜台递单委托、电话自动委托、电脑自动委托和远程终端委托。

1.柜台递单委托

就是投资者带上自己的身份证和账户卡,到开设资金账户的证券营业部柜台填写买进或卖出股票的委托书,然后由柜台的工作人员审核后执行。

2.电脑自动委托

就是投资者在证券营业部大厅里的电脑上亲自输入买进或卖出股票的代码、数量和价格,由电脑来执行委托指令。

3.电话自动委托

就是用电话拨通投资者开设资金账户的证券营业部柜台的电话自动委托系统,用电话上的数字和符号键输入想买进或卖出股票的代码、数量和价格从而完成委托。

4.远程终端委托

就是投资者通过与证券柜台电脑系统联网的远程终端或互联网下达买进或卖出指令。

除了柜台递单委托方式是由柜台的工作人员确认投资者的身份外,其余 3 种委托方式则是通过投资者的交易密码来确认本人身份,所以一定要好好保管自己的交易密码,以免泄露,从而带来不必要的损失。

（六）怎样选择股票

对于投资者来说，如果不掌握有关上市公司的基本情况，是很难判断股票的优劣的。一般来说，股票投资分析过程分为八个步骤进行，即俗称"八步看股模型"。

（1）优势分析：公司是做什么的？有品牌优势吗？有垄断优势吗？是指标股吗？

（2）行业分析：所处行业前景如何？在本行业中所处地位如何？

（3）财务分析：盈利能力如何？增长势头如何？产品利润高吗？担保比例高吗？大股东欠款多吗？

（4）回报分析：公司给股东的回报高吗？圈钱多还是分红多？近期有好的分红方案吗？

（5）主力分析：机构在增仓还是减仓？筹码更集中还是更分散？涨跌异动情况如何？有大宗交易吗？

（6）估值分析：目前股价是被高估还是低估？

（7）技术分析：股票近期表现如何？支撑位和阻力位在哪里？

（8）分析汇总：分析结果如何？存在哪些变数？

（七）农民炒股经验谈

1.炒股的经验

王志文（化名）是平遥南政的一位村民，这些年靠买卖蔬菜挣了一些钱，听人说买股票能挣钱，他就拿自己辛苦挣的5万元钱买了股票，五六月份的时候，股票都被套了，损失了一半，他说："我对股票不懂，别人说什么能涨我就买什么，我现在已经不关心股票了，毕竟赔的是自己起早贪黑挣来的血汗钱，再挣了钱，还是找个更稳当的'钱生钱'的办法。"

2.农民炒股的巧招

哈尔滨的李林栋（化名）是一位地道的农民，去城里打工的几个侄子总是和他说什么股票，但他一直也弄不明白。前几年，县城也开了一家证券所，李林栋又买了些书报来看，总算对股票有所了解，于是在2000年开户,成为了一位股民。

刚开始炒股时,也没啥经验,但这几年下来,李林栋还是在股市里赚了不少钱。别人总是问他有什么投资心得,谈起这话,还要从李林栋养鸡说起。李林栋杀鸡都有个规矩,只杀不会下蛋的鸡,因为能下蛋的鸡能够产生效益。后来,炒股的时候,他就把养鸡的经验给用上了,他想股市里那些能下蛋的鸡,应该算是好鸡,比如有的股票能 10 股送 5 股,或 10 股送 10 股,买了这样的股票等于我原来有 10 只鸡的,现在就有 20 只了,这样的股票当然好了。

李林栋花了一年多时间琢磨,终于总结出一些规律,能下"蛋"的股票,首先是业绩比较好并且净资产值高。统计显示,历史上公布 10 送 5 股以上的公司,其每股收益高于 0.2 元占绝大多数。

一般来说,如果每股收益高于 0.2 元,主营业务增长率达到 50% 以上,也确实有投资关注的必要;其次是上市公司有充足的资本公积金和丰厚的滚存未分配利润;第三是有的连续几年没有送股和分红的公司,比较容易下"蛋"。具体说起来有这么几类股票:上市时间不足两年的次新股;最近两年尚未实施过增发、配股等融资方案的;最近两年没有分配过红利,未分配利润,处在不断滚存中的上市公司;最近两年尚未进行过高比例送转的上市公司;最后,比较容易下"蛋"的股票一般流通股本和总股本都比较小,通常上市公司总股本一般小于 1.5 亿股,流通股本一般小于 6 000 万股。

自从李林栋发现这个规律以后,连续几年都赚钱,或许是乐极生悲的缘故,2003 年的时候,他吃了一次亏。2003 年 2 月 28 日,G 北生公布 10 送转 4 股派 1 元的分配预案,这和他预想差不多,但是,同时 G 北生还推出 10 配 7 的配股方案,李林栋可没想到这些。结果年报公布当天仅略微高开,随后便大跌,最后他是"割肉"卖出的。

这件事提醒了李林栋,股市中的风险是无处不在的,就算是会下蛋的"鸡",也要检查下它是否是瘟鸡或者是得了禽流感的鸡,如果是的话,不管它能下多少蛋,你也不能要。

后来,禾嘉股份于 2003 年 3 月 5 日推出 10 送转 5 股的分配预案,可年报显示该公司每股收益仅 0.087 元;苏福马推出 10 股转增 4 股派 0.3 元分配预案,但公司 2002 年报显示公司每股收益 0.08 元。李林栋心想:业绩不怎么样的公司,干吗还要多送股?这不是做表面文章,造面子工程嘛。果然,公司公布分配方案后股价立即下跌。

经过这几年的实践,李林栋感觉到会下"蛋"的股票确实有很好的投资机会,但风险也是存在的,他在操作上总结了一些经验,有些老股票经过多次送转以后,不仅复权价高得惊人,而且今后缺乏继续大比例送转的能力,这样的股票送股时往往成了主力出货的时机,而流通盘较小且首次分配的次新股有再次送股的潜力,容易被主力长期运作,是适宜投资的品种。所以,在这类股票中,尽量选择上市之后第一次大比例送转的股票。

在卖的时候要注意,股票还没下"蛋"之前,股价就已经大幅上涨的,一旦公布具体的送转股方案时,要谨防"利好出尽是利空",要坚决地卖出。如果上市公司公布送转股方案时,个股涨幅不大、股价不高、以后还有上涨潜力的,可以等到除权前后再卖出。

七、怎样买基金

(一)基金的概念

基金有广义和狭义之分,从广义上说,基金是机构投资者的统称,包括信托投资基金、单位信托基金、公积金、保险基金、退休基金,各种基金会的基金。

我们现在说的基金通常指证券投资基金。证券投资基金是指通过发售基金份额,将众多投资者的资金集中起来,形成独立资产,由基金托管人托管,基金管理人管理,以投资组合的方法进行证券投资的一种利益共享、风险共担的集合投资方式。

(二)基金的种类

证券投资基金是一种间接的证券投资方式。基金管理公司通过发行基金单位,集中投资者的资金,由基金托管人(即具有资格的银行)托管,由基金管理人管理和运用资金,从事股票、债券等金融工具投资,然后共担投资风险、分享收益。

根据不同标准,可以将证券投资基金划分为不同的种类:

根据基金单位是否可增加或赎回,可分为开放式基金和封闭式基金。开放式基金不上市交易,一般通过银行申购和赎回,基金规模不固定。封闭式基金有固定的存续期,期间基金规模固定,一般在证券交易场所上市交易,投资者通过二级市场买卖基金单位。

(三)基金的特点

与股票、债券、定期存款等投资工具一样,证券投资基金也为投资者提供了一种投资渠道。与其他的投资工具相比,证券投资基金具有以下特点:

1.集合理财,专业管理

基金将众多投资者的资金集中起来,委托基金管理人进行共同投资,表现出一种集合理财的特点。基金由基金管理人进行投资管理和运作。基金管理人一般拥有大量的专业投资研究人员和强大的信息网络,能够更好地对证券市场进行全方位的动态跟踪与分析。将资金交给基金管理人管理,自己不用费心关注证券市场的行情,不用费心收集信息,就可以"坐享其成"。

2.组合投资,分散风险

为降低投资风险,我国《证券投资基金法》规定,基金必须以组合投资的方式进行投资运作,从而使"组合投资,分散风险"成为基金的一大特色。个人投资者由于资金量小,一般无法通过购买不同的股票分散投资风险。基金通常会购买几十种甚至上百种股票,投资者购买基金就相当于用很少的资金购买了一篮子股票,某些股票下跌造成的损失可以用其他股票上涨的盈利来弥补。因此可以充分享受到组合投资、分散风险的好处。

3.利益共享,风险共担

基金投资者是基金的所有者。基金投资人共担风险,共享收益。基金投资收益在扣除由基金承担的费用后的盈余全部归基金投资者所有,并依据各投资者所持有的基金份额比例进行分配。为基金提供服务的基金托管人、基金管理人只能按规定收取一定的托管费、管理费,并不参与基金收益的分配。

4.严格监管,信息透明

为切实保护投资者的利益,增强投资者对基金投资的信心,中国证监会对基金业实行比较严格的监管,对各种有损投资者利益的行为进行严厉的打击,并强制基金进行较为充分的信息披露。在这种情况下,严格监管与信息透明也就成为基金的一个显著特点。

5.独立托管,保障安全

基金管理人负责基金的投资操作,本身并不经手基金财产的保管。基金财产的保管由独立于基金管理人的基金托管人负责。这种相互制约、相互监督的制衡机制对投资者的利益提供了重要的保护。

(四)怎样购买基金最划算

基金作为专家理财是很多投资者理财的首选产品。现在很多投资者都是通过银行购买基金的,一部分人是出于对银行的信任,另外一部分人也确实不知道除了银行还能去哪里买。

其实,基金购买渠道有很多选择,不同的渠道,便利性、费用、提供的服务都有较大差别。基金的交易原则上是在哪里购买在哪里赎回,而且日后如需要进行基金转换等操作也要通过当时的交易渠道办理,如中途变更交易渠道,则需办理转托管等手续,以免造成不必要的麻烦。

因此,在决定购买基金时,选择一个适合自己的渠道是非常重要的。投资者可以从便利性、费用、可获得的服务三个方面来考虑。

1.银行代销

银行是最传统的代销渠道,通常基金公司会将该只基金的托管行作为主代销行。

(1)优点:银行在国民心目中的信誉极好,直到现在,仍有很多人认为去银行购买基金踏实、放心。对投资者来说,银行最大的优点在于其服务网点多,靠近家门,非常方便。

(2)缺点:

①银行代销的基金种类有限,不同银行代销的基金种类也不同。投资者如果要购买多只基金,往往难以在一家银行办理妥当。

②银行通常并不代销一家基金公司旗下的所有基金,这就给以后可能需要的基金转换等业务带来麻烦。

(3)开户:通过银行买基金很简单,只需持有银行的活期存折,带上身份证,开立相应基金公司的基金账户即可。

(4)小技巧:为了便于后续操作,在开户的同时,可以开通网上银行和电话银行业务,以后的操作就不必每次都去柜台办理。

2.证券公司代销

证券公司也是一个传统的基金代销渠道。

(1)优点:

①大型券商,比如银河证券、国泰君安等代销的基金种类非常齐全,投资者可以通过券商的网上交易系统,在统一的操作界面下进行基金买卖,非常方便。

②通过券商购买基金还可以获得一定的申购费率优惠。

(2)缺点:

①网点比较少,由于办理开户手续只能在股市开盘期间(上午九点半至11点半,下午一点至三点),对很多上班族来说,不是很便利。

②基金对券商来说,是比较新的业务,券商普遍缺乏具有足够专业知识的服务人员,投资者可获得的咨询服务比较差。

(3)怎样开户:如果拥有沪深两市的股票交易账户,即可通过券商直接开立基金公司的基金账户买卖基金。如果没有股票账户,则需要先办理一个资金账户,需携带身份证明原件,银行活期存折或银行卡(注意不同证券公司要求不同),按规定需要交纳手续费,不过大部分券商都免收这部分费用。资金账户建好后,需要开立相应基金公司的基金账户,办理好基金账户后即可进行基金买卖。

(4)小技巧:

①并非每家证券公司都代销所有的基金,应选择比较大的券商,它们代销的基金种类比较齐全。

②第一次开户需要由本人前去办理，去之前应该进入券商的网站或打电话咨询它们代销哪些基金，开设资金账户时要求哪家银行的存折或银行卡，事先做好准备。

③资金账户建好后，开立基金账户时，有的券商要求必须在柜台办理，有的则提供了电话或网上开户的功能，如果必须在柜台办理，则最好在开户时就多开一些基金公司的账户，省去日后投资还需再去柜台办理的麻烦。

④很多证券营业部并不会明确给投资者费率折扣，对于投资额度较大的投资者，可与证券营业部的客户经理沟通获得申购费的优惠。

3.基金公司直销

有两种方式：柜台直销和网上直销。柜台直销是传统的一个销售渠道，以服务贵宾客户为主，有专业的服务人员提供咨询服务，而且还可以获得费率上的折扣。缺点是网点很少，而且，门槛比较高，不适合中小投资者。网上直销是新兴的一个交易渠道，大部分基金公司均已开设网上直销服务，下面重点介绍基金公司的网上直销。

(1)优点：

①大部分基金公司的网上直销提供了费率优惠。

②网上直销只需一张银行卡即可，不受地域限制，而且提供七天24小时服务，非常方便。

③由于节省了基金公司和代销渠道之间划转资金的时间，赎回基金后资金可以更快到账。

(2)缺点：

①不同基金公司要求的银行卡不同，如果购买多只基金，往往需要为该基金组合办理不同的银行卡。

②需要在每家基金公司的网站上开户、交易，购买的基金比较多且涉及多家基金公司时，相对证券公司的交易系统来说操作还是比较费时。

③还有一些基金公司尚未开通网上直销业务，而且并非所有基金公司直销都有费率优惠。

(3)开户：

①带上个人身份证明原件,去银行办理一张银行卡,可同时开通网上银行服务,便于后续操作。

②在相应基金公司网站上开通基金账户,即可买卖基金。

③如果之前已经通过银行、证券公司等代销机构购买过基金,则需通过基金公司为原代销客户提供的通道开通网上交易,通常需提供原有的基金账号。

(4)小技巧:事先了解基金公司的政策,包括要求的银行卡,提供的费率折让等。

小知识

证券投资基金、股票和债券的异同

证券投资基金、股票和债券的异同见表5-1。

表 5-1　证券投资基金、股票和债券的异同

	证 券 投 资 基 金	股 票	债 券
法律关系	基金份额的持有人是基金的受益人,与基金管理人和托管人之间体现的是信托关系	股票持有人是公司的股东,有权参与公司的经营管理和收益分配,是所有权关系	债券的持有人是债券发行人的债权人,享有到期收回本息的权利,是债权债务关系
风险程度	较大	大	较小
收益情况	不确定	不确定	确定
投资方式	投资者不直接参与有价证券的买卖活动	参与	参与
价格决定因素	资产净值	供求关系和公司的基本面	利率
投资回收方式	封闭式基金有一定的期限;开放式基金一般没有期限,但投资者可随时向基金管理人要求赎回	股票一般无存续期限,一般投资者不得收回,只能在证券交易市场按照市场价格变现	债券有一定的存续期限,期满后收回本金

八、炒黄金

炒黄金是指投资者通过买卖黄金或者黄金合约"纸黄金"等方式来规避成本、获得利益的行为。炒黄金者通过购买金条、金币等实物形态来获取价差的行为称为实物炒黄金,而参与者以远期合约、期金、期权等金融产品形式进行黄金交易的方式称为金融黄金投资。

(一)金条和金块

适合有较多闲散且可以长期投资的资金,不在乎黄金价格短期波动者,对传统投资黄金方法有偏好者。

金条和金块虽然也会收取一定的制造加工费用,但这样的加工费用通常情况下是很少的,不过如果是纪念性质的金条金块,其加工费用就比较高,如曾经热销的"千禧纪念金条"之类,其溢价幅度就比较高,而加工费用低廉的金条和金块优点是附加支出不高(主要是佣金等),金条和金块的变现性非常好,并且真正是全球都可以很方便地买卖,并且大多数地区都不征交易税,还可以在世界各地得到报价。缺点是投资金条和金块会占用较多的现金,在保管费用以及对安全性的考虑方面,都让人比较费心。

(二)纯金币

适合对金币有一定欣赏要求的投资者,并且投资的资金大小可以灵活控制者。

投资纯金币的优点是因纯金币大小重量不一,所以投资者选择的余地比较大,较小额的资金也可以用来投资,并且纯金币的变现性也非常好,不存在兑现难的毛病,但纯金币的缺点是保管的难度比金条和金块大,如不能使纯金币受到碰撞和变形,对原来的包装要尽量维持,否则在出售时要被杀价等等。

(三)金银纪念币

适合更看重金币收藏价值者,对于金银纪念币行情以及金银纪念币知识有较多了解的人。

金银纪念币是钱币爱好者的重点投资对象,但投资金银纪念币仍然要考虑到其不利的一面,即金银纪念币在二级市场的溢价一般都很高,远超过金银材质本身的价值;另外我国钱币市场行情的总体运行特征是牛短熊长,一旦在行情较为火爆的时候购入,投资者的损失就会比较大。

(四)金银饰品

适合追赶时髦的年轻人,更看重黄金使用价值,通常情况下不考虑投资黄金品种来保值和增值。

实际上很少有人会带着专门的投资目的去购买金银饰品的,因为从投资的角度看问题,投资金银饰品的收益风险比是较差的。由于黄金质地较软,一般金首饰要以金合金来制造,常见的金合金首饰有 24K、18K、14K 等。另外,从金块到金饰,金匠或珠宝商要花不少成本加工,在生产出来之后,最终到达购买者手中时,还要加上中间环节的税费、利润等多种成本,这一切都将由消费者承担,其价格自然会超出金价本身许多。

除此之外,金银首饰在人们的日常使用当中,总会受到不同程度的磨损和碰撞,旧的金银饰品价格自然要比购买时低。尽管如此,金银首饰在使用时仍可以部分保值,也就是说,二手的金银首饰仍比较值钱,这正是金银饰品不同于其他金银制品的一大特点。

(五)纸黄金

适合有时间研究黄金行情走势、有时间进行具体操作以及希望通过黄金价格频繁变化获取价差者。

所谓纸黄金就是凭证式黄金,也可以称为"记账黄金"。纸黄金业务一般不能提取实物黄金,也不用缴纳税金,是一种账面上的虚拟黄金。银行对个人炒金者存放在黄金投资账户内的黄金既不计付利息,也不收取保管费,但是账户内的现金则按活期储蓄利率来计算利息。

纸黄金投资从本质上而言有点类似外汇投资,两者都是通过赚取买卖之间的差价获取利润的。投资纸黄金的优点是操作简便快捷、资金利用率高、手续费总体上比买卖实物黄金低,同时也不用为保管担心,因此是现代投资炒金的主要形式。缺点是由于黄金价格的波动受到诸多因素影响,短期内要取得较好的投资收益有一定的难度。

九、三种典型农村家庭的理财计划

(一)农村家庭理财规划

现在,随着农业税减免、粮食直补等惠农政策的实施,使农民的生活水平得到提高,人们的理财意识也越来越强了。

今年 54 岁的李国成（化名）就是较早有理财意识的农民之一。早在 1990 年,他就一边种地,一边养奶牛;另外,还购买了小型铺膜机、粉草机、脱谷机和打秆机,在方便自己的同时,还有一笔不小的收入。去年 7 月,李国成花了 2 700 元买了 10 只羊,经过育肥,当年年底,3 只就卖了 1 500 元,另外还下了 4 只小羊羔。

也正是他能很好地规划每年种地得来的有限收入,才使他有能力供一双儿女完成了大学学业,这在当地是不多见的。

"3 000 元买保险。"在李国成家的记账本上还这样写道。除了短期的理财计划,李国成家还有一个长期的理财规划——买保险。就在今年过春节的前一周,李国成刚刚把自己和老伴的投保费用交了。2001 年,李国成就给自己买了保险,规划了 20 年的投保计划,每年要交 1 800 多元的费用。2002 年,他又给老伴买了一份保险,每年要交 1 100 多元。在李国成看来,买保险既是生活的保障,也是一种投资。年前,李国成的腿上长了个骨刺,做手术花了 1 100 多元,保险公司给他报销了 1 000 多元。

李国成介绍,这两年的房地产市场十分活跃,他们村上的很多农民都在县城投资了楼房,有的甚至是几套楼房。县城步行街两旁的楼房几乎都是周边农民投资买的。

(二)一般家庭理财计划

家庭收支情况:小张和他的父母三人,小张 23 岁,他的父亲 57 岁,母亲 53 岁。爸妈均在农村生活,收入低微,月入 900 元左右,除去生活开支基本没有结余,并且他的父母在农村没有任何保险。小张去年大学本科毕业后在一大型国企工作,月工资收入 4 000 元,年工资收入 6 万元,公司为小张买好"五险一金",小张比较节省,加上公司在租房、交通和通信有补助,月开支在 500 元。每年要回家看望父母的探亲费在 4 000 元左右。

小张希望能在五年之内在城镇购置一房产，总额估计在 40 万左右。还要解决好父母的养老问题，并准备好 28 岁左右的结婚费用。

具体分析，小张家资产基础较差，每月支出占收入的 37.5%，支出水平偏高。

理财专家认为：

1.投资方面

(1)对于每月的节余，先预留 3 000 元作银行存款等无风险投资，同时办理一张额度为 1 万元的信用卡，利用免息期的便利,确保整体资产组合的安全性和作不时之需。

(2)现有的 2 万元存款,可选择购买股票型开放式基金,从今年的宏观经济的动向上来看,未来预期经济走向趋势良好,有宏观背景的支撑对证券市场较为有利,总体行情看涨。如基金按年收益率 40% 来计算,两年后本利和约为 3.9 万元。

(3)鉴于现今社会的高竞争性,建议每月留出 500 元作为再教育基金,以便增加谋生技能和拓宽社交渠道。

2.购房方面

三年后自有金融资产将达到 15 万元,其公积金累计金额有 7.68 万元(公积金按照月工资总额的 40% 计算=4 000 元×40%×4 年×12 个月)。建议可以购买总房价约为 40 万元的房产,对于差额 17.32 万元可以使用公积金贷款解决,如果按照公积金贷款年利率 4.14%(则月利率为 0.345%),贷款 12 年计算,用等额本息的还款方式每月应还款 1 528.22 元(每月应还金额=17.32 万元×0.345%×$(1+0.345\%)^{144}$÷$[(1+0.345\%)^{144}-1]$)(计算公式参考工商银行贷款计算器),使用公积金中心提供的自动转账还款的服务,公积金每月应有 1 600 元,完全没有额外负担。

(三)小康家庭理财方案

贾女士一家三口,家住农村。丈夫 28 岁,两人均在事业单位工作,小孩两岁多,准备明年上幼儿园。期望有足够资金保证小孩的教育费用。期望十多年后,可以将农村旧房拆建,土地面积约 80 平方米,预计起四层半。

家庭财务分析:农村自住房一座(三层半,价值 20 万左右),农村旧房一座(一层半,价值 6 万左右),小汽车一部(2004 年购买,价值 12 万左右),摩托车一部。

丈夫在事业单位工作(年薪约 5 万,有农村医保),贾女士也在事业单位工作(年薪约 3 万,有社保银卡),农村分红一年共 4 500 元,小孩现 2 岁多(准备明年年头上幼儿园),一家三口未购买商业保险。

家庭支出:每月日常生活费支出约 2 000 元(含每月水电、伙食、汽车油费等),年底买汽车保险、年审等合计 5 300 元,过新年合计支出 3 000 元(含给老人的钱)。

基金现市价值合计 2.6 万元,存折活期 1.5 万元。

理财专家建议:

(1)小孩教育金。张先生一家三口收入稳定,无任何负债,夫妇俩及早着手准备小孩的教育费用,有着较强的理财意识。根据张先生家庭收支情况来看,月节余 4 350 元,即 (50 000+30 000+4 500)÷12-[2 000+(5 300+3 000)÷12]=4 350 元,因此,张先生可采用基金定投的形式做教育金的储备,每月投资 800 元,选取投资风格稳健的平衡型基金,年收益率以 6% 计,等到小孩上大学时约积累 24.65 万元,即 $800×12×[(1+6\%)^{16}-1]÷6\%=$ 24.65 万元,在小孩成长过程中足以支付可能发生的学费。

(2)旧屋重建。十年后旧屋重建,经估算,大概需要 50 万~60 万左右的资金,以目前的收支状况来看缺口较大,月投资额须保持在 3 000 元左右,且需要较高的收益率,由此建议采用推迟旧屋重建的时间或增加家庭收入来源的办法来解决这一财务需求。

(3)家庭备用金。张先生活期存款 1.5 万元,由于张先生一家收入稳定,因此家庭紧急备用金准备三至六个月的生活费用即可,但张先生可以根据自身的情况进行适当的调节。

(4)保险规划。张先生一家保险配置基本空白,因此可配置最基本的寿险、意外险、医疗险等。由家庭收支表可知张先生收入占整个家庭收入的 59%,所以保险配置的重点应是张先生。一般来说,家庭保险配置的比例以不超过家庭年收入的 10%为宜，张先生家庭保险年支出不超过 5 220 元，即(30 000+50 000+4 500–2 000×12–5 300–3 000)×10%=5 220(元)，以免影响其他支出。

十、农村家庭理财"法宝"

农村家庭有三个简单管用的理财"法宝"：

1.积极攒钱

"收入少,消费却不少",这是目前大多数低收入家庭所面临的问题。要获取家庭的"第一桶金",首先要减少固定开支,即通过减少家庭的即期消费来积累剩余,进而用这些剩余资金进行投资。低收入家庭可将家庭每月各项支出列出一个详细清单,逐项仔细分析,在不影响生活的前提下减少浪费,尽量压缩购物、娱乐消费等项目的支出,保证每月能节余一部分钱。

以住房为例,对于低收入家庭来说,置业的首要原则是"量入为出",以安居为标准,切忌贪大求豪华,尽可能压缩购房款总额。可考虑先买一套面积比较小、价格相对便宜的二手房,以后通过置换,"以小换大","以旧换新",会比直接购买新楼轻松一些。

2.善买保险

重病住院,动辄几万元乃至十几万元。一场大病就可以让一个家庭倾家荡产甚至负债累累。因此,低收入家庭在理财时也需要考虑是否以购买保险来提高家庭风险防范能力,转移风险,从而达到摆脱困境的目的。特别是对于那些社会医疗保障不高的家庭,比较理想的保险计划是购买重大疾病健康险、意外伤害医疗险和住院费用医疗险套餐。

3.慎重投资

对于低收入家庭来说,薪水往往较低,因此,在投资之前要有心理准备,首先要了解投资与回报的评估,也就是投资回报率。要基本了解不同投资方式的运作,所有的投资方式都会有风险,只不过是风险大小有区别而已。

对于低收入家庭来说,安全性应该是最重要的。喜欢投资什么,或者认为投资什么好,除了看投资对象有无投资价值外,还要看自己的知识和专长。只有结合自己的知识专长投资,风险才能得到有效控制。

因此,低收入家庭每月要做好支出计划,除了正常开支之外,将剩余部分分成若干份作为家庭基础基金,进行必要的投资理财。

十一、选择合适的投资理财组合

说到理财有方,一定要得法,在理财方法中有一个非常重要的就是要设计合理的理财组合,这样才能有效地增值财富,下面的几种组合是根据不同家庭的实际列出的,可供参考。

(1)投资"一分法":适合于贫困家庭。选择现金、储蓄和债券作为投资工具。

(2)投资"二分法":适合低收入者。选择现金、储蓄、债券作为投资工具,再适当考虑购买少量保险。

(3)投资"三分法":适合于收入不高但稳定者。可选择55%的现金及储蓄或债券,40%的房地产,5%的保险。

(4)投资"四分法":适合于收入较高,但风险意识较弱、缺乏专门知识与业余时间者。其投资组合可选择40%的现金、储蓄或债券,35%的房地产,5%的保险,20%的投资基金。

(5)投资"五分法":适合于财力雄厚者。其投资比例可选择现金、储蓄或债券30%,房地产25%,保险5%,投资基金20%,股票、期货20%。

十二、人民币收藏知识及技巧

(一)哪些品种最具增值潜力

从收藏角度看,那些发行年代较早、流通时间较长、存量较少的纸币,其增值的潜力比较大。一、二版人民币多数品种都具备上述条件,尤其是一版"12珍"、二版10元、3元、5元等品种,三版的"红壹角"、"背绿壹角"、"背绿水印壹角"、外汇券等币种也在此列。

从投资角度看,具备增值潜质,相对价格较低,又有一定存量的品种是商家和个人投资者首选,主要有:二版"火车头"、"黄壹角"、"长号2分",三版"车工"、"车工古币"、"拖拉机古币"、"大桥凸版"、"纺织平水"、外汇券"火炬壹角"等。

从价格因素看,优质、价格超低品种可能最具增值潜力。主要有三版"普通劳动"、"大桥凸版"、"纺织平水",外汇券壹角、伍角、壹元券,国库券1982年版1元、1982年、1983年、1984年版5元和10元及1990年以前的50元和100元、1992年一期50元,后期1 000、5 000元高值等,这些有的是翻倍概念,甚至有的价值更高。

小知识

人民币收藏价值

我国发行的各套人民币中,具有比较高的收藏价值的有以下品种:

①第一套人民币。1951年版1万元"牧马图"券、500元"瞻德城"券、5 000千元"蒙古包"券;

②第二套人民币。1953年版3元券、5元券、10元券;

③第三套人民币。1960年版"壹角券"、1962年版"背绿水印壹角券"、1962年版"背绿壹角券";

④第四套人民币。1980年版50元券、100元券。

(二)投资钱币市场的各种骗术

1.编造故事行骗

这种骗术专以"以耳代目"的投资者为目标,通常是农民打扮,在选定"目标"后以一段遗书奇闻或历史传奇作幌子,并让之以低价,直把对方吹的如坠云雾之中,乃至深信不疑,乖乖地把钱掏出来,待到醒悟之时,骗子们早已不知踪影。一般多用来兜售假金元宝、假珠宝、假首饰等。

2.利用臆造品行骗

所谓臆造品是由作伪者凭空想象造出的钱币,与一般钱币伪品不同,它没有参照对象,纯属子虚乌有。由于猎奇觅怪是大多数投资及收藏爱好者的心态,一旦见到从未见过的钱币,往往会引起极大的兴致,作伪者正是利用了这一点,伪造大量的臆造品行骗,因此对钱币市场中一些面值特别高、文字图案特别诡异出奇的钱币,应予以特别注意。因为这些特征往往是作伪者最喜欢利用的,也是最会使投资与收藏者心动的,如太平天国时期从未发行过任何纸币,然而在钱币市场却出现了子虚乌有的太平天国时期的纸币,其制作相当精美,其中欺骗性较高的有"天国圣钞"、"圣银一两"。

3.利用中华民国时期的纸币行骗

这种骗术主要有两类:

(1)利用这类纸币冒充美钞,由于中华民国时期发行的纸币上大多注有"美国钞票公司"、"美商保安公司"、"美国华德路公司"等字样,所以行骗者常伪称这类纸币是美国发行的中国版美钞,与美钞是等价的,伺机高价售出,牟取暴利。其实这些字样名称仅仅表明这样的钞票是美国某钞票公司代为印制的,事实上并不是它们发行的,而是当时国民党政府的"中央银行"、"交通银行"、"中国农民银行"等银行发行的,只能在当时的中国市场上流通,因此这样的钞票绝不是美钞。

(2)假称这些纸币目前正被国家高价收购,到银行能够兑换等,甚至会出现所谓的"银行内部知情人士"在一旁哄骗,若投资者头脑一热,便正中圈套。这类骗术中多用大面额的纸币进行哄骗。事实上在新中国成立后,这些纸币已宣布作废,实际上已经成为废币,没有兑换的价值,现在自然不能兑换。

4.利用拉美国家的废纸币冒充美元行骗

在钱币市场甚至在一些公共场所,还有人持大量拉美国家纸币,如秘鲁、厄瓜多尔、委内瑞拉等国家的大面额早期或废纸币冒充美元,骗取钱财,让对美元没有概念的群众上当。

5.利用大面额外币进行高价出售,获取暴利

在钱币市场上目前有很多的收藏者、投资者热衷于外币的投资与收藏,这样使一些不法钱商利用人们对一些外币还不甚了解的情况,持大面额的外币进行高价出售,获取暴利。事实上每个国家发行的货币与美元的兑换比值是不一样的,如果单从面值的大小来判断钱币的价格高低,那肯定是要吃亏的。不少国家的货币面值相当大,但对美元的比价却相当低,这样的货币

即使面值再高,价格也不会很高,所以见到大面额的外币切莫被迷惑。

6.人民币异版作伪

曾有一段时期所谓"错版"人民币被炒得沸沸扬扬,随之在钱币市场上出现了大量的"变体票"、"变色票",售价通常高出正常面额的数倍,甚至数十倍。其实,人民币从图样定稿到印刷、发行都经过了严格的审批程序和监督程序,在设计上根本不存在任何问题,只是可能在印刷过程中出现一些纰漏,产生次品,流入市场。这说明错版人民币确实是有的,但是极少,其性质不过是生产过程中产生的残次品,没有丝毫的投资价值。

7.将珍品伪钱夹杂出售行骗

由于近年来,人们对钱币投资的心理越来越趋于成熟,防伪的意识逐渐增强,对钱币投资持审慎的态度,对此一些不法钱商将以往独售的珍品伪钱转换出售方式,将其夹杂于一堆普通钱之间,要价略低,售者自称对钱币不甚了解,如要购钱必须一起全包,投资者一旦看到其间混有好钱往往欣喜异常,生怕被别人捷足先登,不加细辨,就仓促买下,殊不知已被骗矣。

8.将普通钱与母钱、样钱混为一谈

目前有的不法钱商和一些钱币广告刊物在宣传其销售目录的图谱上,有的钱币只列母钱、样钱的价格,而又不加以说明,对一些钱币投资者和收藏者产生误导,误认为普通钱也是这个价格。其实,母钱、样钱都是古代、近代铸钱的模具,极为稀罕,与普通钱之间的差价极大,通常在千倍以上,但两者面目又颇为相似,除非具有专业知识的人士才能分辨出来,因而一般人盲目买进上当就在所难免。

9.鼓吹时间越长的钱币越珍贵

这其实也是不正确的,商周时期的贝币至今已经3000多年的历史,售价也仅仅几十元而已,而发行时间仅几十年的一些早期人民币价格在万元以上的并不多见。

10.将钱币与纪念章进行混淆

由于初涉钱币投资与收藏领域的投资者经验较少,分辨能力较差,一些不法钱商常常利用这个弱点将钱币与纪念章进行混淆,误导投资者。其实,并不是所有的金属铸造成币形物都是钱币。钱币与纪念章最大的区别在于有没有面值。钱币最主要的职能就是流通，要流通就会有面值的出现，每一种钱币上都有相应的面值，即便它的样式不是通常所见的圆形。而纪念章无论它在外观上如何酷似于钱币，不管它多么高级，多么贵重，在它上面决不会出现面值，其用途只能是纪念。也就是说面值是区分钱币与纪念章的决定性标志。

保 险 篇

一、保险基础知识

(一)保险的概念和特点

保险就是为了应付特定的灾害事故和意外事件,通过订立保险合同,在遇到灾害事故或意外事件时, 可以得到经济补偿或给付保险金的一种经济行为。

保险有三个基本特点:

(1)保险具有互助性质,能够分担损失风险。

(2)保险是一种合同行为,双方必须签订保险合同,保险关系才能够成立。

(3)保险对灾害事故的损失进行经济补偿,这是投保人的目的,也是保险合同的主体内容。

(二)为什么要买保险

买保险主要是为了防范风险的需要。俗话说:"天有不测风云,人有旦夕祸福"。虽然人们常说万事要考虑周全,做事要谨慎,但实际上有时候难保万无一失,总会有各种意外发生。

在生活中总有各种各样的意外事故,比如房屋火灾、突发疾病、溺水而亡、摔伤等等。由于风险防不胜防,这就需要人们想出办法来减少因这些不能预料到的事情发生而造成的损失,这样保险应运而生。保险的本质就是降低风险损失,保护我们的生活稳定,帮助我们渡过难关。

(三)保险的种类

1.按保险的对象分类,主要有以下三种:

(1)财产保险。财产保险是投保人为了消除自然灾害和意外事故对财产造成的不良后果,并求得对财产损失进行补偿的一种保险。财产保险是一种"损害保险",也是一种补偿性保险。

财产保险的具体险种有:企业财产保险、家庭财产保险、机动车辆保险、建筑工程保险、安装工程保险、货物运输保险、信用保险、种植业保险和养殖业保险等。

(2)人身保险。人身保险是以人的身体和生命为对象的保险。这是投保人与保险公司签订人身险合同,并按照合同规定支付约定的保险费,保险公司在被保险人因疾病或遭遇意外的事故而致伤残、死亡,或生存至保险期满时给付医疗费或者保险金的一种保险。

人身保险的险种有:人寿保险,它包括定期保险、终身保险、养老保险、年金保险;意外伤害保险,它包括普通意外伤害保险、特种伤害保险;健康保险,它包括住院医疗费保险、外科费用保险、普通医疗费保险和残疾金保险。

(3)责任保险。责任保险是保险公司对投保人在生产、业务经营活动中或日常生活中由于疏忽、过失等行为,造成他人财产损失或人身伤亡,根据法律或合同规定应由投保人对受害人承担的经济责任进行承保,也就是由保险公司承担投保人应向受害人赔偿经济利益损失的一种保险。

责任保险的险种有:第三者责任保险、公众责任保险、产品责任保险、雇主责任保险等。

2.按照保险的方式可分为传统险、分红险、万能险和投资联结险。

传统型属于纯保障类保险。分红险、万能险和投资联结险三种保险则将保障和投资融于一体,属于理财型险种。

传统险包括健康险、意外险、养老险等保障类保险,其中像意外险这种又称为消费型险种,目的是风险保障,没有投资功能,传统型险种费率要比理财型险种低。假设获得同样的保障,理财型产品的保费肯定要多一点,这多出来的部分则被用于投资。

分红险是指保险公司在每个会计年度结束后，将上一会计年度该类分红保险的可分配盈余，按一定比例以现金红利或增值红利的方式分配给客户的一种保险。

万能险是指可以任意支付保险费以及任意调整死亡保险金给付金额的人寿保险。

投资联结险是一种既具有保险保障又有投资理财功能的险种。

3.按照经营方式的不同，保险可以分为商业保险、社会保险和政策性保险。

商业保险是指由专门的保险企业按照商业原则经营的保险，保险公司追求盈利目标。社会保险是国家依法要求公民强制交纳保费，形成保险基金，用于医疗、养老、教育等目的的基本社会保障制度。社会保险不以营利为目的，出现赤字由国家财政予以支持。政策性保险是指以支持国家经济政策为目的的非营利保险，通常受到政府财政税收政策支持，如出口信用保险、农业保险等。

二、农民参加保险的好处

(一)农村企业参加保险的好处

农村企业要在市场经济中求得生存与发展，不可避免地会遇到各种各样的风险，参加保险则可以建立一种风险损害的预防和补偿保障，把风险造成的损失降到最低程度。

(1)企业参加财产保险，有利于转移财产损失风险，保证生产、经营活动的正常进行。企业在生产、经营中可能会遇到不可抗拒的自然灾害，如火灾、水灾、地震、风暴、泥石流等，如果企业不对财产进行保险，一旦灾害发生，企业轻则难以恢复生产，重则可能破产。如果企业参加了保险，就会因保险公司的赔偿而迅速恢复生产，保证生产、经营活动的正常进行。

(2)企业参加产品质量保险，有利于企业的科技进步。企业要在市场经济的竞争中取胜，必须不断地采用新技术，推出新产品，企业的新产品在刚开始上市时，在质量方面可能存在着缺陷和不足，有可能对消费者的人身和财产造成损害,如果企业参加了保险,就能把因产品质量问题引起对消费者造成损害的经济赔偿责任转由保险公司去承担,有利于企业集中精力搞好生产、经营,从而推动科技进步。

(3)企业参加信用保险,有利于企业经营目标的实现。信用保险适用于出口创汇企业。出口创汇企业如果购买了信用保险,在外商因破产无力支付货款,收货后拖欠货款,违约拒绝付款,外商所在国发生战争、骚乱、暴动,以及实行外汇管制,限制汇兑或其他事件,保险公司就可按合同规定赔偿货款,从而保证经营目标的实现。

(二)农村个人和家庭参加保险的好处

个人和家庭参加保险的根本好处就是转移风险,补偿损失。

家庭财产保险附加盗窃险基本上可以解决家庭财产遭受的各种风险,能把损失降到最低。

各种人身保险可以解决个人和家庭各种人身伤、病、残、死等许多后顾之忧。

养老金保险可以解决老有所养的问题。

责任保险可以摆脱第三者责任引起的经济赔偿责任和各种烦恼。

三、办理农村企业财产保险

(一)企业财产保险的适用范围

农民办的集体、个体企业,除涉外的来料加工、中外合资、合作企业,以及补偿贸易、引进技术和设备方法进行的工程外,均可参加企业财产保险。

(二)企业财产保险的保险标的及保险金额

1.保险标的

(1)可保财产,包括固定资产、流动资产、专用基金开支、专项物资和工程支出、账外财产。从企业财产的项目类别看包括机器、设备、原材料、产成品、商品、厂房、仓库等。

(2)特保财产,也就是特约保险财产,如寄存或寄售货物、有价证券、金银、首饰,还包括水闸、堤堰、桥梁、码头以及矿井、矿坑的设备物资等。

(3)不保财产,也就是保险公司不承保的财产。如土地、矿藏、森林、水产资源、未收割或收割尚未入库的农作物,以及非法占有的财产、违章建筑、危险建筑等。

2.保险金额

财产保险金额是指保险事故发生时,保险公司承担赔偿或给付保险金责任的最高限额。固定资产可按账面价值、账面价值加成或重置价值方法计算。流动资产可按最近 12 个月平均余额或者最近账面余额计算,已摊销或不入账面的财产由保险双方协商,按实际价值确定。

(三)企业财产保险的责任范围

1.基本险责任

包括自然灾害或意外事故而导致的损失。投保人自有的供电、供水、供气设备因遭受保险合同标明的自然灾害或意外,且由于这种损害引起停水、停电、停气直接造成保险财产的损失。为抢救保险财产或防止灾害蔓延的合理支出。

2.除外责任

除战争、核反应、投保人故意行为、后果损失条款外,还有保险物本身的缺陷及保管不善造成的损坏,不属于保险责任范围内的损失和费用。

(四)企业财产保险的赔偿处理

企业财产保期一般为 1 年。在保险期内和保险责任范围内发生灾害造成损失,可能是全部损失,可能是部分损失,还可能发生施救费用、追偿费用、仲裁和诉讼费用(在保险公司败诉时),保险公司将分别按情况予以赔偿。

四、办理家庭财产保险

(一)家庭财产保险的种类

家庭财产保险主要有普通家庭财产保险、家庭财产两全保险和长效还本保险。

1.普通家庭财产保险

普通家庭财产保险是采取交纳保险费的方式,保险期限为一年,从保险人签发保单时起,到保险期满 24 小时止。没有特殊原因,中途不得退保。保险期满后,所交纳的保险费不退还,继续保险需要重新办理保险手续。

普通家庭财产保险的保险费各省(市、自治区)有差别,一般每千元财产交 1 元,附加盗窃险为每千元财产交 2 元。

2.家庭财产两全保险

家庭财产两全保险具有灾害补偿和储蓄的双重性质,也就是说,投保人的保险费是以储蓄形式交给保险公司的,投保时,投保人交纳固定的保险储金,储金的利息转作保费,保险期满时,无论在保险期内是否发生赔付,保险储金均返还投保人。

比如某人 1995 年 3 月投保 5 年期 1 万元财产的两全保险,交了 280 元保险储金,同年 5 月,家里因失火获得保险公司 5 000 元赔偿,到 2000 年 3 月期满时,他照样可以从保险公司领回 280 元保险储金。这样家庭财产和保险储金即获得两全。

该保险责任期限分为 1 年和 5 年,期满续保需要另办手续,可选择投保。保险储金采取固定保险金额的方式,城市居民以 1 000 元保险金额为一份,农村居民以 2 000 元保险金额为一份。投保至少一份,被保险人可根据家庭财产实际价值投保多份。

家庭财产两全保险的赔付情况与普通家庭财产保险的差异表现在:

(1)在一个年度内赔款数额没有达到保险金额,本年度保险公司仍然承担余下保额的保险责任。

(2)在同一保险年度内,不论一次或多次出险,只要保险公司累计赔付达到保险金额,该保险年度的保险责任即告终止。

家庭财产两全保险的优越性体现在以下几个方面:

(1)到期还本,有储蓄性质,目前城乡居民有储蓄习惯而保险意识还比较淡薄的情况下,它比较适合群众的心理要求,能吸引更多的居民投保。

(2)保期长,手续简化,既方便了居民投保,又节约了保险公司的人力、物力、财力,使保险业人员抽出更多的时间开展其他业务。

3.长效还本家庭财产保险

长效还本家庭财产保险是普通家庭财产保险和家庭财产两全保险相结合的产物。

保户交给保险公司的保费作为"储蓄金",当保险期满时,只要不申请退保,上一期的"储金"可以作为下一期的"储金",保险责任继续有效。如此一直延续下去,直到某一年发生保险事故或者保户要退保为止。

"长效还本家庭财产保险"迎合了广大保户既能获得保障,又能获得保本的心理,而且保险期长,受到保险人的欢迎。因为这种保险的实际有效期较长,不可预测的经营风险较大,所以保险公司往往在保险合同中保留保险公司终止合同的权利,所以在签订保险合同时要特别注意这方面的条款规定。

虽然从理论上讲家庭财产保险的投保方式有三种,但在具体业务实践中,保险公司一般只开办"普通家庭财产保险"和"两全家庭财产保险"这两类业务。凡家庭财产保险单内载明的财产,可另加保盗窃险、水渍险和第三者责任险。

除以上三类险种外,目前,许多保险公司还开办了若干新的家庭财产专项保险,如家用煤气、液化气设备专项保险,手机保险,信用卡保险等。

(二)家庭财产保险的适用范围

1.凡农村居民的自有资产均可参加保险

包括自有房屋及其附属设备,房屋的附属设备就是固定装置在房屋中的取暖设备、卫生设备、照明、供水设备;家具、用具、室内装饰物、衣服、行李、卧具等生活用品;家用电器、文化娱乐用品;生产的用具、工具,已收获的农产品、副业产品等;非机动交通工具;个体劳动者的营业用器具、工具、原材料、商品等。

2.代他人保管的财产

从事生产、经营的个体工商户,如洗染店、寄售店、修理店、服装加工店、代购代销店、货栈、旅馆小件寄存等,代他人加工、修理、保管的财产,不在家庭财产保险之列。

3.与他人共有的财产

这部分财产要由自己负责参加家庭财产保险。

4.租用的财产

如租用的房屋、家具、电器等。

以上 2、3、4 项中,投保人必须与保险公司有特别约定,并在保险单(合同)上载明,保险公司才能负责。

(三)不保的财产

家庭财产保险的不保财产除金银、首饰、珠宝、有价证券类等外,还包括家禽、花、树、鸟、鱼、盆景等无法鉴定价值的财产。

(四)对自然灾害造成损失的补偿

凡是存放在保险单上载明地址的室内保险财产,由于以下因素使房屋主体结构(外墙、房顶、屋架)倒塌造成保险财产的损失,以及因防止灾害蔓延或因抢救、保护所采取的必要措施而造成财产损失和支付的合理费用,保险公司都予以补偿:

(1)火灾、爆炸、雷电;

(2)洪水、冰雹、龙卷风、海啸、破坏性地震、地面突然塌陷、崖崩、冰凌、泥石流;

(3)空中运行物体坠落,以及外来建筑和其他固体物体的倒塌;

(4)暴风或暴雨。

(五)家庭财产保险的索赔

参加家庭财产保险的农民,如果投保人家庭财产发生了意外事故,即出险后可按下列程序向保险公司索赔:

(1)判明出险时间是否在保险单的有效期内。

(2)判明出险是否属于保险责任范围,如火灾及暴风、暴雨等属于保险责任范围,附加有盗窃险即有明显痕迹入户行窃的也属保险责任范围,否则就不属于赔偿范围。

（3）核查财产是否属于可保财产或特保财产,如自有产权房屋、家电产品、家具、服装、生产用品等属于可保财产,而现金、股票、古董、字画等属于不可保财产,保险公司只赔偿可保财产和特保财产的损失。

（4）当投保人家庭遭受财产保险责任范围内的损失事故时,投保人第一要通知消防、公安等部门前来援救、侦查;同时,要及时向保险公司报告,说清投保人姓名、地址、出险原因及大致情况。第二,在保险公司派人到现场勘查时,投保人应提供损失证明、损失清单、施救费用清单以及索赔的其他单证,并如实地填写保险公司发给的"家庭财产保险赔偿申请单"。第三,对剩余的保险财产,保险公司一般折价归投保人,金额将在保险赔款中扣除,一般投保人应接受。第四,投保人一经同意保险公司的理赔结果,应立即到保险公司领取赔款,若投保人在规定时间内未去领取,保险公司即视为"自动放弃索赔权益"处理。

五、机动车辆保险

（一）机动车辆保险基本情况

机动车辆保险是运输工具保险的一种,主要是以各种车辆为保险对象的保险,包括汽车、拖拉机、摩托车保险。

机动车辆保险分为私人车辆保险和商用车辆保险。商用车辆保险又可分为以载货为主的商业汽车和以载客为主的公共汽车（包括出租载客车)保险。

车辆损失保险的保险标的为车辆本身,包括汽车、拖拉机、摩托车以及各种特殊用途的车辆。

（二）机动车辆保险的保险责任

包括碰撞责任、非碰撞责任和施救保护费用三项。

（1）碰撞责任是机动车辆在使用过程中与其他车辆或物体发生碰撞或倾覆所造成的车辆损失。保险车辆所载物体与外界物体发生意外接触,造成保险财产的损失也属碰撞损失。车辆发生碰撞损失,只要不是投保人故意所为,不管驾驶员有无过失,均可获得保险公司赔偿。如果车辆损失由第三者造成,投保人可直接向责任方追偿,也可向保险公司索取赔偿,但要将代位求偿权利转让给保险公司,并协助保险公司追偿。

(2)非碰撞责任。第一类是自然灾害和意外事故,这与财产保险中受到的雷击、洪水等自然灾害和火灾、爆炸等意外事故责任相同。第二类是运载车辆的渡船遭受自然灾害和意外事故(但必须有驾驶员随车照料),致使保险车辆本身发生损失,保险公司负责赔偿。第三类是全车(包括挂车)单独失窃3个月以上。保险车辆失窃经公安局备案,3个月仍未找到,属保险公司责任。

(3)施救保护费用的内容与企业财产保险相同,但不包括修理费。

车辆损失保险的除外责任除战争、军事冲突、暴乱及投保人故意行为外,还有酒后开车、无有效驾照行驶、人工直接供油;本车所载货物撞击;两轮摩托车或轻便摩托车失窃或停放期间翻倒;自然磨损、蛀蚀、轮胎自身爆裂或车辆自身正常性损失(但由于这些原因引起的碰撞、倾覆等,则属保险责任);保险车辆遭受保险范围内的损失,未经必要修理,致使损失扩大的部分;因车辆遭受保险范围内的损失引起的停业、停驶等间接损失。

(三)第三者责任险

1.概念

第三者责任险是保险的车辆因发生保险事故而产生的对第三者的人身伤害及财产损失依法应付的经济赔偿责任。它通常作为车辆中的基本险之一来承保,也可单独投保。

2.保险标的

第三者责任险的保险标的不是车辆本身,而是机动车辆在使用过程中发生意外事故,致使第三者的人身伤亡或财产损失,依法应由投保人承担的经济赔偿责任。

3.如何确定第三者责任险

投保人或其允许的驾驶员在使用保险车辆过程中发生意外事故,致使第三者的人身伤亡或财产的直接损失,在法律上应由投保人承担的经济赔偿责任,保险公司依据保险合同的有关规定给予赔偿。但由此产生的善后工作,由投保人自理。

在确定第三者责任时,保险车辆上所载货物可视为保险车辆;第三者是指投保人以外的其他人,如果投保人是单位,本单位驾驶员和工作人员不属于第三者,下属独立核算单位工作人员除外。私车保险中,其家庭成员不属于第三者。公共汽车的乘客、搭客不属于第三者。依法应负的赔偿责任,在我国由交通管理部门做出决定。

4.碰撞责任

如果保险车辆与未保险的车辆碰撞,致使保险车辆上的司机、乘客伤亡或者车辆上所载货物损失,按第三者责任赔偿。如果双方都是保险车辆,双方的损失均按第三者责任处理。装卸货物时发生事故造成他人的人身伤亡或财产损失,不属保险损失。

5.除外责任

第三者责任险的除外责任,包括酒后驾车,无有效驾照驾车,投保人故意行为,投保人所有或代管的财产,私有车辆投保人及家庭成员,以及他们自有或代管的财产,本车驾驶人员,本车的一切人员财产,拖带未保车辆或其他拖带物的损失,一切间接损失。

六、船舶、渔船保险

(一)船舶、渔船保险的保险标的

船舶保险的保险标的有三类:

(1)船舶、船用燃料、船员行李和其他航行的财产;

(2)运费、保险费、船舶租金、佣金、客票金额、借款、日用开支及船员工资;

(3)船舶所有人或利害关系人由于船员过失和其他事故对第三者应承担的责任。

渔船保险的保险标的是持合格的适航和捕捞许可证明,专门从事渔业生产或为渔业生产服务的船舶。油船、渔港工程船、拖轮、轮船,不足1吨的小渔船不能投渔船保险。

（二）船舶、渔船保险的责任范围

可分为全损险和一切险。全损险指保险公司承保由于自然灾害、意外事故造成船舶或渔船的全部损失。自然灾害和意外事故主要有：八级以上（含八级）大风、洪水、地震、海啸、雷击、崖崩、滑坡、泥石流、倾覆、沉没；对保险船舶或渔船失踪达 6 个月以上仍无下落的，保险公司可按推定损失全部赔偿。

在这类保险中，保险公司除承保由上述原因造成船舶、渔船的部分或全部损失外，还包括下列责任和费用：

（1）保险船舶或渔船在发生保险范围内的灾害或事故时，为抢救船舶采取必要的施救、保护措施而造成的损失，以及由此而支付合理的施救或救助费用、救助报酬。

（2）碰撞、触碰责任。保险船舶或渔船在航行中发生碰撞事故，致使碰撞船舶及所载货物遭受损失，或者触碰的码头、港口及其他固定建筑物受损失，按照法律和规定应由被保险人承担的责任。

（3）共同海损分摊额。依照国家法律规定应当由保险船舶、渔船摊负的共同海损牺牲的金额和费用，保险公司负承保责任。

（三）船舶、渔船保险的除外责任

战争或军事行为；被保险人及其代表（包括船长）的故意行为或违法犯罪行为；船壳和机体的正常维修，油漆费用及其本身的损耗；因保险事故引起本船及第三者间接损失和费用，以及投保人员伤亡及疾病引起的费用；清理航道和油污的费用；其他不属于保险责任的损失。

七、农业保险

（一）农业保险的险种

1.农作物保险

农作物保险包括生长期农作物保险和收获期农作物保险两类。

生长期农作物保险是一种以粮食作物、经济作物、园艺作物为保险对象的一种损失保险。主要承保农作物收获前的种植风险损失：

(1)收获价值的损失保险；

(2)生产成本损失保险，即对水灾、霜冻、雹灾、风灾等灾害造成的减产或绝收，保险公司负责赔偿。具体有小麦、水稻、棉花、蔬菜种植险等。

收获期农作物保险是以粮食、经济、园艺作物收获期间的初级产品价值为承保对象的一种损失保险。初级产品就是农作物成熟后，进入场院、库房等地，处于晾晒、脱粒、烘烤等加工阶段的产品。由于自然原因或意外可能会发生灾害损失，如麦场失火、梅雨天气造成的霉粒损失，类似的还有水灾、风灾、雹灾、暴雨等给初级农产品造成的损失，保险公司负责赔偿。

小故事
一场火灾点燃农民保险意识

一场因烧麦茬引发火灾扰乱了临潼区任留乡三王村第二村民小组农民王备战(化名)的生活。据王备战回忆，6月12日中午12点，当他照例到家里的田头去做农活，突然看到一道自南往北行的五六百米长的"火龙"在邻家的麦茬地里燃烧，眼看着火势就要烧到自己家的黏玉米地里，这时，他想奋力扑灭火苗挽救自家的玉米，可在强烈的火势阻挡下，王备战只能眼睁睁看着自己的两亩地里的黏玉米变成了灰。两亩地里的8000穗嫩玉米棒被烧焦，按现在每穗0.5元的价格算损失了近4000元。

往年村上也发生过因烧麦茬引发的损失，一般是如果找到肇事方就由肇事方负责赔偿。如果找不到，麦子受损就由保险公司负责按照每亩500元左右赔偿。但咨询村上和区上的领导后，对方都告知他家的黏玉米没有上保险，因此无法赔偿。

这场火灾让王备战更清楚了保险的含义，王备战的一些邻里也对保险有了重新认识。王备战说："以前我自己对保险并不清楚，出了这事才感觉买个保险确实很重要，起码能减少我的经济损失，也不用费这么多周折去找赔偿。"

一些邻里在得知王备战的情况后，也纷纷庆幸自己购买了保险。同时，当他们获知现在保险公司开展的农业保险有限时，大家又显得有些遗憾。和王备战同村的张师傅说："有保险肯定好！现在大家的保险意识也在逐步提高，只要保险公司能多开展这些业务，政府也能多帮助我们，肯定会受到很多村民欢迎的。"

2.林木保险

林木保险包括森林和果树保险。森林保险是以人工和天然林为保险对象的一种损失保险。含林木生长期间自然灾害和意外事故造成的林木价值损失及经营林木生产费用损失保险。森林面临的灾害基本与农作物相同，其保险期一般较长。

3.畜禽保险

包括大牲畜、中小家畜、牧畜和家禽保险。大牲畜保险是以役用、种用、乳用、肉用大牲畜为承保对象的保险。它是畜禽保险的主要险种。保险对象有耕牛、奶牛、肉牛、马、驴、骡、骆驼及种牛、种马等。保险责任是大牲畜在饲养使役过程中，因疾病、自然灾害意外事故造成的伤残或死亡，以及发生恶性传染病而强制宰杀、掩埋引起的经济损失。

中小家畜保险的对象是猪、羊、兔等小家畜。牧畜保险的对象是群养、群牧的牛、马、驴、骆驼等大牲畜以及绵羊、山羊等小牲畜。保险责任与大牲畜保险相同。

家禽保险是以商品性养殖的禽类动物的生命为对象的一种损失保险。家禽保险主要有养鸡、养鸭、养鹅、养鸽等养殖险。保险责任基本与大牲畜相同，只是零星、正常的死亡不在保险责任之内。

4.水产养殖保险

含淡水和海水养殖保险。淡水养殖保险是以利用淡水水域进行人工养殖的水产品为承保对象的保险，如养鱼、珍珠、河蚌、甲鱼养殖保险。海水养殖保险是以海水水域进行人工养殖的水产品为承保对象的保险，如对虾、扇贝、蛤蜊、海带等的养殖保险。

（二）农业保险的保险责任与除外责任

1.农作物的保险责任与除外责任

在我国主要承保的有冰雹、台风、暴雨、洪水、霜冻、寒流等自然灾害造成的损失。农作物保险的除外责任有社会政治风险,如战争或社会动乱,农产品价格下跌,农药污染或有毒化学物质泄漏造成污染的损失;生产管理不善造成的损失;通过正常渠道可以获得经济补偿的损失,如政府征用土地、占用农田等;通过努力可以避免的自然灾害;受灾后通过补救措施可以挽回的损失;农民可以承受的小额损失。

2.林木保险的保险责任与除外责任

林木保险的保险责任主要有:火灾、风灾、洪水、雪、冻、干旱、松毛虫、柑橘黄龙病等造成的损失。林木保险的除外责任与农作物保险基本相同。

3.养殖业保险的保险责任与除外责任

畜禽保险的保险责任有:自然灾害损失责任;意外伤害损失责任,如碰撞、摔跤、触电、建筑物倒塌;其他物体坠落、淹溺、互斗、野兽伤害、中毒引起的死亡损失;疾病损失责任,包括流行性疾病、瘟疫、禽霍乱,以及为防疾病传染而宰杀掩埋的死亡损失。除外责任有:承保人及家庭或饲养人员的故意行为;走失、被盗、战争、军事行动及政府征用导致的死亡;不按防疫要求或拒绝防疫和治疗导致的畜禽死亡,不属保险责任。

4.水产养殖的保险责任和除外责任

水产养殖的保险责任主要有:死亡责任,如缺氧死亡、疾病因治疗无效死亡;其他不属于自然灾害和意外事故造成的死亡,如第三者蓄意损害、投毒、爆炸以及排污引起的水源污染造成的死亡。流失责任,如台风、龙卷风、飓风、海啸、洪水、暴雨造成堤坝决堤或海潮漫堤引起的鱼、虾流失损失。除外责任包括自然死亡、承保方人员的故意行为等。

八、人身保险

（一）人身保险的险种

1.人寿保险

这是一种以人的生死为保险事故的保险。当发生保险事故时,保险公司对被保险人履行给付保险金的责任。人寿保险对于家庭来说之所以必要,在于家庭中受赡养的成员要依靠有收入的被保险人生活,一旦被保险人因意外而过早死亡或退休,保险公司就会给付遗属或受益人一笔保险金,从而使被保险的家庭获得一定的经济保障。人寿保险的险种有:

(1)定期保险。参加定期保险的被保险人在合同约定的时期死亡,由保险公司给付其受益人合同约定的保险金,如果期满被保险人仍生存,保险公司不承担给付责任。定期保险费率低于任何一种人寿保险,适于低收入或暂时需要保险的个人。

(2)终身保险。是一种提供终身的死亡保险,一般以100岁为限。如果保险人在100岁内死亡,保险公司给付保险金,如果被保险人在100岁时仍生存,保险公司仍给付保险金。

(3)养老保险。又叫储蓄保险。如果被保险人在保险期内死亡,保险公司给付受益人保险金,如果被保险人在保险期满后仍然生存,保险公司给付被保险人保险金。养老保险是一种死亡保险与生存保险的综合,且具有投资的性质,可作为个人储蓄与退休金来计划安排。随着农村老龄化程度越来越高,有多少农村的老人辛苦劳作一辈子,到年迈之后没有生活经济来源,只能依靠儿女生活,而如今儿女们成家后生活压力大,再加上赡养老人,肩上担子更加沉重。所以为了减轻儿女的负担,也让自己生活得更好,农民办理养老保险是必然趋势。

(4)年金保险。是一种在被保险人或受益人的生存期或约定的时期内,按约定金额作定期给付的保险。年金保险的类别有:纯粹终身年金,年金受领者只有在生存期可领取年金,死亡后停止给付,尚未使用的年金不退;返还式年金,年金受领者死后,剩余年金继续给付受益人。个人养老保险就属这种年金,保险公司保证给付为期10年的年金,十年内被保险人死亡,保险金给付受益人。即期给付年金,这是一种投保人一次性交费购买的年金,在隔一个给付间隔期(如月、季、半年或1年)后,开始第一次给付的年金;延期给付年金,投保人购买年金后,保险公司隔一段时间或在保险人达到某一年龄时开始给付的年金,各种退休保险一般属于这种。

2.意外伤害险

这是一种被保险人在保险有效期间,因遭受外来、意外的事故,致其身体蒙受伤害而残废或死亡时,保险公司依照合同给付保险金。它包括:

(1)普通意外伤害保险。专门为被保险人因意外事故所致身体蒙受伤害提供的保险。期限一般为一年。

(2)特种伤害保险。包括旅游伤害保险和交通事故伤害保险。旅游伤害保险,是对被保险人在旅行期间,在指定的旅途中发生的伤害事故提供的保险。交通事故伤害保险是一种对被保险人因交通事故所受伤害提供经济补偿的保险,它是旅客伤害保险的又一种形式。

3.健康保险

这种保险是被保险人在保险合同有效期内因疾病、分娩及其所致残废或死亡时,保险公司依照保险合同给付保险金。包括:

(1)住院费用保险。这是给付被保险人在住院期间的病房和伙食费用以及医药费和杂费。这种保险一般规定一个住院保险期限和医药费最高限额。

(2)外科费用保险。这是一种以外科手术费用给付的一种健康医疗保险。

(3)普通医疗费用保险。这种保险只给付除外科的门诊医疗费用。一般有门诊次数和最高医疗费金额限制。

(4)残疾金保险。这是一种当被保险人因疾病或意外伤害不能从事正常工作时,由保险公司按照一定的等级标准给付残疾金的保险。

人身保险除以上险种外,还有学生团体平安保险、子女教育、婚嫁金保险等多种。

(二)人身保险中几种人的关系

人身保险中几种人包括投保人、被保险人和受益人。投保人又叫要保人,就是与保险公司签订保险合同并负有交保险费用义务的人。投保人可以是被保险人,就是说自己给自己投保,也可以是对被保险人具有可保利益的人,如给自己的妻子、父母、儿女投保。投保人必须是具有行为能力、权利能力的法人或自然人。

被保险人是受保险合同保障的人。如果保险事故发生或保险期满,被保险人有权按照保险合同向保险公司领取保险金。被保险人可以是投保人。

受益人是由被保险人或投保人指定的保险事故发生后或保险期满后有权按照保险合同领取保险金的人。受益人可以是投保人,也可以是被保险人。投保人指定的其他受益人,需经被保险人同意。

(三)人身保险的交费与索赔

投保人在保险合同签字成立时,可以向保险公司一次性交足全部保险费,也可以按合同约定分期支付保险费。合同约定分期支付保险费的,投保人应于合同成立时交付首期保险费,并按期支付其余的各期保险费。

在被保险人发生保险责任范围内的伤残、死亡事故时,投保人或受益人应及时报告保险公司。经保险公司勘查、证实事故属于保险责任范围,受益人即可到保险公司办理保险金的领取手续。如果被保险人生存到保险合同期满,从保险期满的次日起,就可到保险公司办理保险金的领取手续。

(四)办理人身保险时应注意的问题

(1)投保后要备案。人寿保险长的要管几十年,甚至一辈子,因此应将保单中的有关重要资料,如保险公司名称、地址、保单生效日、交费金额、日期、联系电话等记下,以备不时之需。

(2)注意宽限期。保费支付的宽限期为合同规定支付日后 60 天,如果过期仍未交保费的,则保险合同失效。

(3)不能为无民事行为能力的人投保,但父母为其未成年的子女投保人身保险不在此限。

(4)被保险人故意犯罪导致死亡、伤残的,保险公司不负赔偿责任。

(5)我国幅员广大,每个保险公司开办的人身保险也不尽相同,有的开办简易人身保险、团体人寿保险、一生平安保险;有的开办老来福终身保险、小福星终身保险、平安长寿保险、递增养老金保险、国寿千喜理财两全保险(分红型)。每一种保险的办理规定、收费方法、优惠条件也有差异,农民在办理保险时要仔细询问,做到心里明白,然后再购买。

九、农村养老保险

农村养老保险属于政府行为,福利性质,实行储备积累制度,建立个人账户。农民个人缴费和集体补助全部记在个人名下,属于个人所有,是为自己养老存钱。个人领取养老金的多少取决于个人缴费的多少和积累时间的长短。

(一)农村社会养老保险有三种缴费方式

(1)在收入比较稳定或比较富裕的地方和人群可以采用定期交费方式。如乡镇企业可按月、按季交纳保费,富裕农民可按半年或按年交纳保费,其交费额既可以按收入的比例,也可以按一定的数额交纳。

(2)如果收入不稳定或者交费不方便,也可采取不定期交费的方式。丰年多交,欠年少交,灾年缓交。家庭收入好时交,不好时可不交。

(3)还有一种缴费方式是趸交,即一次性交费,年龄偏大的农民可以采取这种方式,根据自己年老后的保障水平和自己的经济承受能力,可将保费一次性交足,到60周岁后按照规定领取养老金。

(二)保险对象的权益

(1)投保人领取养老金,保证期为十年。领取养老金不足十年身故者,保证期内的养老金余额可以继承。无继承人或指定受益人者,按规定支付丧葬费用。领取保费超过十年的长寿者,领取养老金直至身故为止。

(2)投保人在交费期间身故者,个人已交纳全部本息,退给其法定继承人或指定受益人。

(3)保险对象从本县(市)迁往外地,若迁入地尚未建立农村社会养老保险制度的,可将其个人交纳全部本息退给本人。

(4)投保人招工、考学等农转非,可将保险关系(含资金)转入新的保险轨道,或将个人交纳全部本息退还本人。

（三）农村社会养老保险的办理

农村社会养老保险管理机构是劳动和社会保障部门，有关农村社会养老保险政策等具体事宜可直接到各县、市、区劳动部门下设的农村社会养老保险中心办理。农村养老保险是政府为农民建起的一座没有围墙的敬老院，可以根据自己的实际情况选择入保方式。

十、农民怎样挑选保险产品

（一）不买最贵的，只买最适合自己的

每个险种都有自己的特点，这么多险种哪一款好哪一款不好，不是绝对的，比如说这款产品对张三是最好的，但对李四就不一定合适，所以量身裁衣是买保险一条总的原则，选保险得像选衣服一样，不一定要挑最贵的，但一定要挑最适合自己，能最大地满足自己要求的保险。

总体来说，如果投保的初衷是为了规避风险，可投保纯保障型的传统险；如果投保人希望保障和投资相结合，则可以选择理财型险种。分红险、万能险和投资联结险虽然同为理财型保险产品，但不同类型的差别也大。

分红险、万能险和投资联结险的风险依次递增，但风险越大可能的回报越高；分红险既有保底收益，又有分红功能，卖点主要是集中在保值增值功能上，所以购买此类保险时不应该过多地考虑分红收益，而是在于保全财富；万能险也承诺保底收益，但投资联结险则没有，其投资收益和资本市场整体收益水平以及保险公司的资金投资水平息息相关，适合于能承受一定风险的群众。

（二）农村家庭买保险的小窍门

1.中年人买保险

主要是指 40 岁以上的农民，他们要考虑年纪大了干农活干不动后的生活保障，就必须考虑给自己设定足够的"保险系数"，给自己的晚年生活提供充裕的物质保障。

2.先给家庭经济支柱买保险

一个家庭,上有老、下有小,到底为谁先投保呢?很多人首先想到的是孩子。其实,家庭的主要劳动力才是整个家庭的"保护伞",他们的旦夕祸福直接关系到整个家庭的稳定与幸福,如其惨遭意外或突然身故将会给家庭带来财政困难。故家庭的投保重点应放在主要劳动力身上。当然,在有一定的余钱时,也要顾及其他成员的保障。

3.先买意外险和健康险

农村家庭投保的首要目的是防范风险,防止因各种意外对家庭造成的损失,保证家庭的正常生活。一旦个人和家庭面临危机,保险抵御风险的功能是任何其他投资工具无法取代的。也正因为如此,一般来说,农村家庭投保首要考虑投保健康险和意外险,其次才能购买具有投资功能的子女教育婚嫁金保险和养老金保险。也就是说如果没有任何的商业保险,买保险一般应按下面的顺序:意外险(寿险)→健康险(含重大疾病、医疗险)→教育险→养老险→分红险、投资联结险、万能险。

4.应该买农业保险

由于受到自然气候条件的影响,农业灾害发生的频率很高,尤其是在我国自然灾害更加频繁,且灾害一旦发生,牵涉的区域相当广泛,由此造成的损失规模也相当大,所以农民为避免损失,应该买农业保险,尤其是从事大规律种植、养殖业的农民,更应该购买农业保险。

5.科学安排投保时间

按年缴费的人寿保险在每年投保的这一时间都要及时续保,投保时要考虑续保资金的安排。农村家庭收入主要有两大来源:

(1)农业收入;

(2)外出打工或自营副业。

由于受农业季节的影响,农村家庭只有在丰收后,农产品才能变成现金。一般农村家庭应把投保时间安排在农产品收获这一"聚财"时节。在外打工的人的家庭,春节前是最佳的投保时机,因为这时外出务工的家庭成员都会带工资回家过年。

6.量力缴纳保险费

农村家庭的收入既要应付柴米油盐之类的日常开支,还要购买农具等生产资料以及根据需要和轻重缓急购买衣物和大件商品等消费品,另外,还要依惯例存一部分钱于银行,以备急用。那么,究竟要用多少钱来买保险呢？一般认为,家庭收入的10%用来购买保险为宜。如果缴费过高,一旦将来经济收入状况变差,就很难继续缴纳高额的保险费,到时如果退保还会造成损失。因此,农村家庭切忌盲目购买保险。

7.合理搭配险种

保险有上百种,买保险可以在保险项目上搞个组合,如购买1个至2个主险附加意外伤害、重大疾病保险,使人得到全面保障。在全面考虑所需要投保的项目时,要进行综合安排,应避免重复投保,使用于投保的资金得到最有效地运用。

8.无钱续保可变通

农民收入波动性较大,如自然灾害、农产品价格的影响以及外出打工挣得的收入都不稳定。虽然投保时科学地安排了投保时间,但偶然无钱续保也是可能的事。这时你可以用保单质押,根据保单当时的现金价值70%~80%的比例向保险公司进行贷款缴纳保险费,每次借款期限为六个月,但只要保单缴费有效,每次期满时都可以通过偿还利息使借款续借,每次续借同样是六个月,而且续借的次数不受限制。

小故事

2008年春天的雨雪冰冻灾害给农民们带来的反思

2008年1月中旬到2月上旬,我国大部分地区出现了罕见的低温、雨雪冰冻的恶劣天气,而且持续时间长,影响范围大,这次因灾害直接经济损失达1 516.5亿元。其中,农业和林业遭受重创。农作物受灾面积2.17亿亩,绝收3 076万亩。森林受灾面积3.4亿亩。塑料大棚、畜禽圈舍及水产养殖设施损毁严重,畜禽及水产等养殖品种因灾死亡较多。

在冰雪带来的惨痛损失面前,农民们对农业保险有了更清醒的认识和更迫切的渴望。在苏州,当地预估雪灾赔款超过6亿元,其中,已付赔款1 800万元。"多亏了苏州的政策性农业保险,这次雪灾中死掉的鸡每只赔了8元钱。"太仓养鸡专业户王师傅欣慰地说。"过去是求我入保我都不入,现在是我要入保。"四川农民刘师傅说,前些年村里还组织过参加农业保险,但掏钱的人很少。灾后村里许多人都表示今年要参加农业保险。

一个个摆在眼前的事实提醒我们,农业保险势在必行。避免农业灾害风险,促进农民增收,实现农业可持续发展,都离不开农业保险的推广。

十一、怎样和保险公司打交道

保险公司是与投保人签订保险合同,收取保险费,为投保人提供风险保障的专门金融机构。农民要参加保险就要和保险公司打交道,打交道时要注意以下几点:

(一)选择合适的保险公司

调查研究,做到心中有数,不打无准备的仗。农民参加保险有的长达几十年时间,要求保险公司提供服务的时间也相应很长,因此,保险公司的实力、信誉、条款、售后服务都很重要。购买保险前应对保险公司的经济实力、注册资本、业务开展、经营业绩、理赔情况等进行深入了解,做到心中有数。

选择合适的保险公司,要选择经国家批准经营保险业务的保险公司,根据保险公司分业经营规则,财险公司只能经营财险,寿险公司只能经营寿险,两者不能兼营,因此财险只能向财险公司投保,寿险只能向寿险公司投保。

(二)选择适当的险种

1.货比三家,择优选购

尽管各家公司开办的险种、条款、费率都是经有关部门批准的,但如果仔细比较,也确有不同。如领取生存保险金,有的3年一领,有的5年一领;有的保7种大病,有的保10种大病;有的只保到70岁,有的负责终身;有的到期还本,有的到期分文不退等。应经过全面衡量,择优选购而不盲目购买。

2.认真挑选险种,注意保险"效益"

人寿保险种类很多,有的在交费时确定领取年龄,有的领养老金时才确定,有的是月领取,有的是年领取,有的是一次性领取,有的是增额领取。同是重大疾病保险,有的观察期是半年,有的是 1 年,有的是 3 年。在交费同额的条件下,应选取服务时间长,可能获得补偿数额大的险种。

3.搭配多个险种

(1)儿童。最需要的是健康和教育这两方面的保障。家长们可以考虑为他们购买健康险和教育金险。健康险是以被保险人的健康状况为基础,以补偿被保险人的医疗费用为目的的一类保险,包括疾病保险、医疗保险、护理保险等。教育金险具有储蓄功能,相当于为短期大笔的教育支出做长期准备。购买教育金险时,家长们应根据家庭经济状况选择适合的保险金额,随着收入的增长而逐步提高保险金额。

(2)年轻人。如果收入还有些结余,也可以为自己的养老做准备,适当购买养老金保险和人寿保险。

(3)中年人。关心自己现在以及退休以后的生活保障,首先考虑的是健康险、人寿保险和养老金保险,除此之外,还可以适当考虑规划自己的财富,购买一些具有投资功能的险种,如分红保险、投资联结保险和万能保险。

(4)老年人。更需要健康和生活方面的保障,可以购买如疾病保险、看护保险、意外保险等。

4.仔细研究合同条款,谨防推销误导

农民在购买保险时一定不要急,不能仅仅听了推销员的介绍,就匆忙购买。在购买之前要认真仔细地研究合同条款,弄清自己买的是什么保险?保险的责任是什么?除外责任是什么?保险金额、价值多少?怎样交费?怎样获益?投保人的权利和义务是什么?有无特别规定等。以免个别推销员在介绍中做无根据的承诺,说得天花乱坠却没有法律效力,结果投保人吃亏,甚至受骗上当。

5.全面考虑责任,不能只计较保费

购买保险不能光图便宜,而要清楚参加这份保险的保险金额是多少,保障范围有多大,期限有多长,全面考虑保险责任后慎重选择。

6.自己做主,不盲从跟风

买保险要根据自己的财力、企业经营和个人家庭实际需要决定,不能像跟风一样,人买我买,人不买我也不买,同时,不要因推销员是亲友或熟人,抹不开情面,硬着头皮买下,结果自己并不需要,花冤枉钱。

(三)选择合适的购买途径

保险销售的途径很多,主要有个人代理、专业保险中介机构、兼业代理和公司直销。

1.个人代理

是保险公司的营销员到客户居所、工作地点或商场等场所去寻找或接触潜在客户,面对面地为客户分析保障需求、介绍产品特色,最终完成保险产品的销售。保险公司的营销员包括公司专门从事销售的雇员和与公司有代理协议的个人保险代理人。

社会上,经常看到、碰到的"保险推销员"通常就是保险公司的个人代理。如何选择一位好的代理人是很重要的,那么如何判断选择一位优秀的代理人呢?

(1)要审查保险代理人的资格和资质,以免上当受骗。中国保险监督管理委员会明确要求:保险代理人员必须持证上岗。群众在面对保险代理人员的时候应该首先查看代理人的资格证书,还可以拨打保险公司的服务咨询电话对证书编号进行核实。

(2)判断专业程度。保险专业性非常强,各个险种名目繁多,投保人如没有保险代理人的帮助很难弄清各个保险产品的特点和具体内容,而且许多保险合同条款术语文字晦涩,往往只有通过专业的高素质代理人的帮助才能明白,而素质低的代理人容易发生误导,为日后发生纠纷埋下隐患。

(3)服务态度是否良好。服务态度是否良好也是很重要的一点,因为保险是一种需要长久售后服务的商品,服务态度是十分重要的。但是,毕竟服务态度除了在购买保险时可以获得一些之外,并无法获知业务人员的售后服务是否一样良好。因此,通过亲友介绍值得信赖的保险代理人不外乎是一个简易又有保障的方法。

(4)代理人是否诚信。专业并不等于值得信赖,虽然够专业但是无法站在客户的角度为客户着想,一味地推销保障周全但是却超出客户经济负担的各种险种,到时若是付不出保险费吃亏的还是客户自己。另外,所选择的代理人是否要求客户如实告知健康情形、详细地说明责任免除条款,或是请客户阅读相关权益说明书等,都是判断的方法之一。

2.专业保险中介机构

主要包括专业保险代理公司、专业保险经纪公司。这种方式的优势在于:能够帮助客户购买多家保险公司的产品,客户不用另外付费就能在众多保险公司的产品中进行选择,找到一套符合自己要求的保险组合。

3.兼业代理

受保险人的委托,在从事自身业务的同时,为保险人代办保险业务的单位,如银行、铁路、民航、车商等。这种方式的优势在于:客户在去银行办理储蓄业务或者去车行进行机动车辆交易时,可以了解和比较其代理的保险产品,如通过银行投保还可以选择从储蓄账户中自动扣缴保费,大大方便了客户。保险公司一般委托兼业代理机构销售与其主营业务联系较为密切、条款简易、销售便捷的保险产品,如铁路部门代理货运保险,车商代理机动车辆保险等。

4.公司直销

投保人还可以直接前往保险公司的营业网点办理保险业务。直销渠道是保险公司最重要的销售渠道。此外,还有很多保险公司利用电话、邮件直接向客户推介产品,这种方式方便快捷、覆盖面广。同时,网上保险也开始发展起来。

(四)投保时的注意事项

1.确定保险金额,避免超额投保或者重复投保

有的人将同一财产向多家保险公司投保,这也是不可取的,因为财产发生损失时,各家保险公司只是分摊财产的实际损失,投保人并不会得到额外的好处。

2.签订保险合同

签订保险合同时，投保人要如实向保险公司告知保险标的和被保险人的情况，否则保险公司有权解除保险合同。

目前大多数保险纠纷拒赔案是因"如实告知"引起。投保时一个小小的"隐瞒"，就会失去日后索赔的权利。特别提醒的是，很多投保人口头告知了，但代理人说可不填，结果事后也被指"隐瞒"病情，却无据反驳，最后只好被拒赔。

3.仔细填写保单,办好投保手续

填写保单时,要明确姓名、地址、财产项目及各项目的保险金额等内容。如果财产存放在多个地点,最好分别进行投保。如果因搬家地址发生变更,需要到保险公司办理变更手续。

4.保险费的支付

按照保险合同规定的时间、地点、数额支付保险费,否则保险公司将中断保险合同。

5.保险标的变更

保险标的如果变更用途或者增加危险程度,投保人必须及时通知保险公司,否则由此而引起的保险事故造成的损失,保险公司不负赔偿责任。

6.出险后的注意事项

财产一旦出险,应当积极抢救,避免损失扩大。同时,应保护好现场,及时向公安、消防等部门报案,向他们索取事故证明,还要尽快向保险公司报案,向保险公司提供保险单、事故证明等必要单证。

十二、保险有关疑问解答

(1)如果保险费已经交给了代理人,可是还没有拿到保险公司签发的保险合同,这期间内如果发生了保险事故,保险公司承担保险责任吗?

从投保人交付保险费到保险公司签发保单之前的这段时间, 被称为"保险空白期"。这一期间内发生了保险事故, 保险公司是否承担保险责任,现行法律并没有明文的规定。

但是,保险公司一般会在保险合同中约定保险责任开始的时间。一般只要客户交了保险费,保险公司也同意承保后,保险公司都会承担相应的保险责任。当然,不同的保险公司,不同的保险产品,对于保险空白期间如何承担保险责任都有不同的约定。

(2)有位吴小姐刚投保了长期健康险,可是拿到保险合同后,仔细看了合同内容才发现保障与原来设想的有很大不同。她是否可以退掉保险并拿回全部保险费呢?

目前各保险公司在投保人购买长期险后,都会给予十天的"犹豫期"。犹豫期是指在投保人签收保险单后 10 日内,可以无条件退保并要求保险公司返还已经交付的全部保险费。

(3)叶女士打电话询问,她于 2009 年 3 月 12 日购买了一份医疗保险后,3 月 28 日患病住院,可保险公司告知不能赔偿,这是为什么?

投保后马上生病住院一般都不能够获得保险公司的理赔,这主要与保险合同中的"等待期"有关。除了因意外原因造成住院治疗的情形外,一般的医疗保险合同中通常约定有"等待期"。等待期就是保险合同生效后的一定时期内(一般为 90~180 天),保险公司不承担责任。也就是说,在这段等待期内发生疾病住院治疗,保险公司是不负理赔责任的。住院医疗险的等待期一般为 30 天。

(4)今年 1 月份,小李刚买了一份万能险,与保险公司约定的是每半年交一次保险费,可到 8 月份了,小李却忘了交保险费。他不知道会有什么影响?

在首次缴付保费后,如果投保人在今后每年的各期没有及时缴费,保险公司将给予投保人 60 天的宽限期限,投保人只要在 60 天内缴纳了保险费,保险合同继续有效。因此,小李只要及时补缴保费,保险合同自然还是有效的。

十三、怎样看懂保险合同

当保险就像买房、买车一样成为我们生活中的重要一部分之后,读懂保险合同也随之成为生活必备常识之一。但是,这么厚的一叠保险合同,难懂的专业术语,那些莫名其妙的数据和表格,对于普通老百姓来说,真是一件难事。

其实保险合同也是有规律可循的,因为保险合同也是合同的一种,必然有法律文件相类似的特点,在看保险合同时,遵循以下几个步骤:

1.整理出"概要一览表"

作为保障开始的标志,您可以得到一份规范的保险合同,从中可以逐步的了解到表格中的内容部分。您可以按照表 6-1 的格式和内容,立即开始填写。这样,您就能大致了解到保险合同的主要规定了。

表 6-1　保险合同概要一览表

项　目	描　述	备　注
联系方法记录	普通状态时	代理人电话,手机,email,咨询热线
	紧急情况时	急救 SOS 电话,应急借款电话,理赔服务热线
	投诉状态时	保险公司投诉热线,保险同业工会和保监会投诉热线
保险合同常规信息摘录	健康申明	疾病史,手术史,家族遗传病史,慢性病史,职业危险等级,身高,体重等
	签名系列	包括投保人,被保人(防止各种各样的代签名,导致无效保单)以及代理人的签名(防止假冒伪劣代理人,出现假冒保单)
	险种细节	保险品种
		基本保险金额:列在合同里面的一个基准标准的数字
		实际保险金额:发生保险事故后可领取的金额,可能就是基本保险金额,有时是其的倍数,视情况而定。
		保险费用情况,交费期间长短
	相关人员	明确投保人、被保人和受益人的姓名,联系方式,身份证号码以及职业危险等级情况
必要的咨询核实途径	投保单复印件(上面有所有信息的复印)	
	公司的服务热线	
	网站查询	

2.了解两个关键点

(1)保险责任。这是投保人最关心的问题,买一份保险,要看能提供什么样的保障,是否符合自己的预期,保险公司提供的服务是否令你满意。要满足某些合同约定的特定条件之后,保险公司就给我们相应的资金给付。比如,入院治疗的医疗费用的报销,意外死亡之后的高额赔付金,到期后的分红,退休之后的养老金给付等等,都是属于保险责任说明和定义的范畴,这点非常重要,需要我们重点把握。

(2)责任免除(又称除外责任)。这个和上面的保险责任是相对立的。简单来说,就是一旦出现这个"责任免除"描述里面的任何一种情况,保险公司都不予以赔付,算是保险合同以及日后理赔中的一个危险的禁地。

这些列明在保险合同上面的条款的专业性不折不扣,但是也非常枯燥乏味,很难理解;而保险代理人给出的解释虽然浅显易懂,但很有可能会产生误解,所以一个折衷的建议就是去和保险公司的热线服务人员沟通,当然寻找一个律师也是一个不错的选择。要明确什么情况、事项是不提供保障的。

3.了解退保的规定

一旦要退保,该如何保全自身的最大利益。就像那些成功的投资人一样,他们在做任何一个生意,任何一项投资的时候,都会在进入之前就了解好退出机制。股市中的"落袋为安"的说法体现的就是这个道理。

投保人在任何时候都可以通过解除合同来退出"投资",都可以要求得到相应的款项,只不过是不同情况下得到的保险款项不同。大部分保险可以在十天的犹豫期和冷静期中全额的退货退款,但是十天之后的领款情况可分以下几种情况:

(1)停止交费并要求领回现金:属于退保,现金的退费额要参考现金价值表格。

(2)停止交费同时确保保单继续有效,但不要求领回现金:属于减额付清,相应的保险额度就需参考减额付清表格。如果在第二年的交费到期60天后,仍然不交纳保费,就可以利用保险合同的现金价值进行垫付,这时也需要参考现金价值表,当然持续的时间不会很长。

依照相关寿险的要求,到了约定的时间(如每3年或5年)和年限(如到了20年之后,或者55岁时)投保人是可以如约的领到保险款项的。这点需要参照具体合同规定。

4.落实保单过程中的几个重点注意的细节

(1)填写投保单时,必须仔细认真的核对,特别是针对健康状况告知的内容。

(2)收到保险合同后,要确定理解了保险责任,必要时多渠道、多途径向保险公司热线、其他代理人或律师询问。

(3)仔细查看保险合同中的内容是否和代理人述说的一致,如果有疑问,应及时提出质询。

(4)亲自填写保单回执,充分享受犹豫期赋予的权利。

(5)一旦想退保,应以书面形式及时向保险公司提出申请。

(6)保险单是购买保险和拥有保障的重要凭证,应妥善保存保险单,并记下公司名称、险种名称、保单号码及保险金额。如有遗失或损毁,应及时申请补发。

(7)将投保情况告诉其家人和亲朋好友(特别是受益人),以避免无人知晓。

(8)及时办理银行转账的授权,避免因为耽误缴纳保费而致使保险合同失效。

(9)看清楚保险金的申请。要明确发生保险事故后如何获得理赔,这里要注意条款上是否有规定期限,比如某保险公司会要求买住院险的投保人在住院二周之内提出申请,否则利益受影响,这一条就被很多投保人忽略,而最终影响了自己的利益。

(10)亲自签名。签名时不要代签,也不要让保险代理人帮忙填写,以免生病、出事后保险公司以合同无效为由拒赔。

(11)不拖欠保费。支付保费是投保人最基本、最主要的义务,不支付保费,合同无效。在人身保险合同中如果合同约定分期付费,则投保人在合同成立时应支付首期保费,按期支付其余各期的保费,如果未按时交费,在60天的宽限期内发生事故,保险仍有效;宽限期满仍未交费的,保险将自动失效,若出事保险公司可不予赔付。

十四、保险理赔

(一)把握索赔失效

保险公司承担赔付责任有一个时效。当发生保险事故后,如果在有效期内索赔,同时在保险公司的保险责任范围内,保险公司必须予以受理。如果超过期限,保险公司可以认为被保险人或受益人放弃索赔权利,从而拒绝受理索赔。按照《中华人民共和国保险法》(以下简称《保险法》)的规定,人寿保险的索赔时效为两年,其他保险的索赔时效为 5 年。索赔时效的起算日不一定是发生保险事故的当天,而是被保险人或受益人是哪一天知道保险事故发生的,那一天就作为起算日。

(二)准备好申请理赔手续

索赔时需要提供的单证主要包括:保险单或保险凭证的正本、已缴纳保险费的凭证、能证明保险标的或者当事人身份的有关原始文本、索赔清单、出险检验证明,还有根据保险合同规定需要提供的其他文件。其中的出险检验证明通常需要以下有关部门出具:

1.火灾

出具证明的部门为公安、消防部门。保险范围内的火灾有特定性质:一是属于异常燃烧且失去控制的,二是造成了经济损失。只有同时具备这两个性质才算是火灾。

2.气象灾害(如暴风、暴雪、雷击、雪灾)

出具证明的部门为气象部门。保险范围内的气象灾害需要达到一定的严重程度,例如,风速达到 17.2 米/秒以上的才算暴风,雨量在每小时 16 毫米以上或者 24 小时降雨量大于 50 毫米的才算暴雨。

3.爆炸事故

出具证明的部门为劳动部门。

4.盗窃

出具证明的部门为公安部门。证明文件应当证明盗窃发生的时间、地点、失窃财产的种类和数额。

5.陆路交通事故

出具证明的部门为陆路公安交通管理部门。证明文件应当证明陆路交通事故发生的地点、时间及其损害后果。

6.被保险人伤残或死亡

出具证明的部门为医院。由医院开具伤残证明或死亡证明。如果是死亡,还需要户籍所在地派出所的销户证明。

十五、保险的四大原则

(一)最大诚信原则

最大诚信原则是指保险双方在签订和履行保险合同的同时,必须以最大的诚意,履行自己应尽的义务,互不欺骗和隐瞒,恪守合同的认定与承诺,否则导致保险合同无效。当然,并不是投保人需要告知全部事实,法律没有规定要求告知、保险公司也未询问的,投保人可不告知。目前很多保险纠纷因在"如实告知"问题上产生争议而诉讼法律,这是投保人在投保时需要注意的。

【案例】保险公司免责条款未明示使上海一市民获赔偿

2008年3月,上海市居民梁某将自己的一辆凌志轿车向华泰公司投保,险别为车辆损失险、第三者责任险等。保单背面规定了驾驶员饮酒、吸毒、药物麻醉、无有效驾驶证,保险人均不负责赔偿的免责条款。

时隔一月,梁某的同事开着这辆轿车在沪宁高速公路上行驶,因为操作不当,车辆撞到路中央的隔离护栏,车辆和路面都受到了损坏。

当梁某按保险条款向华泰公司提出4.9万元的索赔要求后,华泰公司却拒绝理赔。理由是保监发(1999)51号文件规定"持学习驾驶证及实习期在高速公路上驾车"属"无有效驾驶证"的情形之一,而梁某的同事正是这种情况,所以保险公司不该赔偿。

法院认为,根据《保险法》的相关规定,保险合同中规定免责条款的,保险人应当在订立合同时向投保人明确说明,没有明确说明的,该条款不产生效力。而华泰公司与梁某签合同时,没有将"持学习驾驶证及实习期在高速公路上驾车"列入免责条款,也没有解释"无有效驾驶证"的含义,更没有将保监发(1999)51号文作为附件交给梁某。梁某作为投保人难以明了其真实含义及法律后果。法院认为保险公司违反了诚实信用原则,理应赔偿。

【案例】隐瞒病史保险公司拒赔有理

1997年11月30日、1998年8月26日,张红(化名)与中国人寿保险公司北京分公司签订了重大疾病定期保险合同和88鸿利终身保险,被保险人是王刚(化名,张红的丈夫)。

2002年9月9日,王刚被查出患有肝癌后张红要求保险公司理赔。保险公司则拒绝赔付保险金,同时决定终止保险合同,理由是张红"过失不如实告知"。本案的焦点问题是投保时,张红是否尽了如实告知义务。张红称自己不知道也不可能知道王刚是乙肝患者,自己并不存在故意或过失。但在庭审时,保险公司则向法院提交了王刚向医生陈述的患有乙肝20多年的病历记录。

法官认为,本案是一起在保险合同中,投保人未依约履行告知义务,引起纠纷并因此导致自己无法获得赔偿的典型案例。张红虽不是故意带病投保,但她是知道被保险人长期身患疾病,主观上是有过失的。

最后,张红向法院提出撤诉申请,法院同意这一申请。由上述案例可知,在投保时,投保人需要如实在保险公司询问的范围内如实陈述,不得隐瞒如财产险中的财产状况;在合同有效期内,保险标的危险程度增加的,按照合同约定应当及时通知保险人;人寿保险中被保险人的年龄、疾病状况等等,若有刻意隐瞒或过失没有履行告知义务的,就有可能导致保险合同的无效。

(二)保险利益原则

保险利益原则是保险行业中的一个基本原则,又称"可保利益"或"可保权益"原则。所谓保险利益是指在签订和履行保险合同的过程中,投保人和被保险人对保险标的必须具有保险利益。保险利益是指投保人对保险标的具有的法律上承认的利益。《保险法》第12条规定:"投保人对保险标的必须具有保险利益,投保人对保险标的不具有保险利益的保险合同无效。"

保险标的是指作为保险对象的财产及其有关利益或者人的寿命和身体。如果投保人对保险标的不具有保险利益,签订的保险合同无效;保险合同生效后,投保人或被保险人失去了对保险标的的保险利益,保险合同随之失效,但人身保险合同除外。

在寿险中,一般以下几种情况投保人有可保利益:

(1)投保人对本人;

(2)配偶、子女、父母等;

(3)具有收养、赡养等法定义务;

(4)对有合同关系或其他债务关系的人;

(5)对其他与之有合法经济关系的人。另外我国《保险法》还规定,被保险人同意投保人为其订立保险合同的,视为投保人对被保险人具有可保利益。

依照我《保险法》的规定,享有赔偿请求权的人必须是受到实际损害的人,因为补偿是保险的基本职能。那么,保险上的损害是以什么形式表现的呢?又如何来量化呢?这涉及保险制度的核心内容——保险利益原则。

【案例一】

2003年1月1日,王某将其所有的丰田轿车向保险公司投保车辆损失保险和第三者责任保险,保险期限一年,保险金额30万元。2003年4月9日,被保险人将该车出卖给张某并移转占有。

买卖合同约定:张某当日向王某支付20万元,待过户手续办理完毕时再补足余款。张某迟迟未办理过户手续,2003年4月23日保险车辆与他车相撞,损失15万元。张某向保险公司提出索赔,保险公司以张某不是被保险人为由拒赔。王某遂以被保险人名义向法院起诉,要求保险公司承担补偿责任。一审法院认定车辆所有权未发生转移,王某对车辆具有保险利益,判决保险公司向王某承担补偿责任。

【案例二】

2000年初,某洗衣机厂为防止其新研制的"龙卷风"牌洗衣机遭遇仿冒的风险,欲向保险公司投保78亿元"天价保险",虽与多家保险公司协商,但美梦终未能成真。

【案例三】

甲运输公司向银行贷款 100 万元,银行要求其以公司所有的房屋提供抵押。为防不测,银行对所抵押的房屋投保财产保险一年。六个月后,运输公司将贷款悉数偿还。保险期第十个月,该房屋发生火灾,银行依据合同向保险公司提出索赔,保险公司能否拒赔?如果拒赔,其理由是什么?

上述案件的正确处理与对保险利益的认识密切相关。保险利益是保险法的核心要素,不仅涉及保险金额,更决定保险合同的效力、履行、解除、终止及保险人补偿义务的履行。案例一涉及保险利益的有无问题,案例二涉及保险利益的量化问题,案例三涉及保险利益的转移问题。

(三)近因原则

近因原则是指在风险与保险标的损失关系中,如果近因属于被保风险,保险人应负赔偿责任;近因属于除外风险或未保风险,则保险人不负赔偿责任。其中近因是指在风险和损失之间,导致损失的最直接、最有效、起决定作用的原因,而不是指时间或空间上最接近的原因。

近因原则是在处理保险事故时,判定事故发生的起因和事故责任方到底是谁时遵循的一种原则。如果近因是当初投保人投保的风险,那么保险公司就应当赔付,如果造成损失的近因不是投保人投保的风险,那就不能赔付。

在保险理赔中,正确理解近因原则,对确定保险责任具有重要意义。

(1)单一原因造成的损害。造成保险标的损害的原因只有一个,这个原因就是近因。若这个近因属于被保风险,保险人负保险责任,若该近因属于未保风险或除外责任,则保险人不承担保险责任。

(2)连续发生的多项原因造成损害。连续发生的原因都是被保风险,保险人承担全部保险责任。如 2008 年发生的地震中,若某人投保了意外伤害保险,因地震造成房屋倒塌被砸断双腿,在治疗的过程中因高位截肢发生并发症造成死亡,虽然从表面上看,并发症状引起死亡不是意外伤害保险的保险责任,但从近因的角度分析,并发症的发生是地震引起房屋倒塌砸伤被保险人而高位截肢的必然结果,保险人应承担保险责任。又如地震造成房屋等建筑物成为危房,后因刮大风引起房屋倒塌,从近因的角度分析,地震造成房屋等建筑物一直处于倒塌的危险中,虽然在时间上不是最近的,但却是房屋等建筑物倒塌的决定原因,若投保了房屋等建筑物的财产损失保险,而保险合同没有把地震作为责任免除情形,保险公司应承担保险责任;但若保险合同把地震作为责任免除情形,则保险公司不承担保险责任。

【案例】

某进出口公司进口一批香烟,向某保险公司投保了平安险。在运输途中,船舶遭遇恶劣气候,持续数日,通风设备无法打开,导致货舱内湿度很高而且出现了舱汗,从而使香烟发霉变质,全部受损。该进出口公司向某保险公司提出索赔,要求赔偿全部损失。

对于本案如何处理,保险公司内部出现了两种不同的意见:第一种意见认为,保险公司应该拒赔,理由如下:本案中香烟发霉变质是由于受潮和舱汗两个原因所致,而受潮和舱汗造成保险标的的损失责任分别由海上货运险中的受潮受热险和淡水雨淋险承保。该进出口公司只投保了平安险,没有投保一般附加险或者附加受潮受热险和淡水雨淋险。所以,本案中的货物损失不属于承保责任范围,保险公司应拒绝赔偿。

第二种意见认为,保险公司应该赔偿,理由是:诚然第一种意见中“香烟发霉变质是由于受潮和舱汗两个原因所致”的说法没有错误,但本案中的香烟受损之前,运输船舶首先遇到了持续数日的恶劣气候,而恶劣气候与受潮和舱汗都是造成香烟受损的原因。同时,恶劣气候与受潮和舱汗连续发生且互为因果,即恶劣气候是前因,受潮和舱汗是恶劣气候的必然后果。因此,恶劣气候是香烟受损的近因。根据近因原则,保险人负责赔偿承保的风险为近因所引起的损失。

在本案中,恶劣气候是平安险承保的风险,保险公司应当赔偿。

(四)损失补偿原则

损失补偿原则是指保险合同生效后,当保险标的发生保险责任范围内的损失时,通过保险赔偿,使被保险人恢复到受灾前的经济原状,但不能因损失而获得额外收益。因此,保险人在理赔时一般按以下三个标准确定赔偿额度:以实际损失为限,以保险金额为限,以被保险人对保险标的的可保利益为限。在这三个标准中以最低的为限。

杨峰(化名)系四川省宣汉县一个小学生,与某保险公司签订了《学生平安保险合同》。投保意外伤害事故住院治疗、门诊治疗医疗保险后,杨峰遭遇交通事故,被村民欧大帮(化名)驾驶摩托车撞倒致伤。杨峰在医院住院的治疗费用共计20 104.99元,法院判决欧大帮应该赔偿后,杨峰向保险公司索赔,该公司拒赔,杨峰起诉至宣汉县人民法院。

保险公司辩称,原告诉讼请求的意外伤害医疗保险金及住院医疗保险金属于补偿性质,应当适用补偿原则,被保险人不能因为疾病或者意外伤害而从中获利,被告就没有再理赔原告的义务,请求人民法院依法驳回原告的诉讼请求。

宣汉县人民法院审理后认为:损失补偿原则不适用人身保险,当然也不适用本案的意外伤害医疗保险;本案中,被告没有举证证明自己对该免责条款已经向原告尽到了明确充分的说明义务,被告以该免责条款拒绝理赔的理由不成立,其反驳主张本院不予支持。所以判决保险公司支付原告杨峰医疗保险金。

一审宣判后,被告保险公司不服,提出上诉。达州市中级人民法院经审理认为:学生平安保险不适用财产保险的"损失补偿性原则",我国《保险法》第九十二条第二款规定"人身保险业务,包括人寿保险、健康保险、意外伤害保险等保险业务",本案中,原告杨峰与被告达州保险支公司之间签订的《学生平安保险合同》属于人身保险合同。从法理上讲,"损失补偿原则"一般只适用于财产保险合同,属于财产保险的基本原则,不适用于人身保险合同。

本案中的原告杨峰既有权向第三人肇事者欧大帮主张侵权赔偿,也有权依据《学生平安保险合同》向保险人即本案被告达州保险支公司主张保险赔偿。而该《学生平安保险合同》第七条约定与《保险法》的规定相违背。

　　本案中保险人提供的《学生平安保险合同》属于格式合同,据《保险法》第十八条规定:"保险合同中规定有关保险人免责条款的,保险人在订立合同时应当向投保人明确说明,未明确说明的,该条款不产生效力。"保险人对自己是否尽到明确充分的说明义务负有举证责任。

　　本案中,被告达州保险支公司没有举证证明自己对该免责条款已经向原告尽到了明确充分的说明义务,故《学生平安保险合同》第七条对被保险人即原告杨峰没有约束力,被告以该免责条款拒绝理赔的理由不成立,其反驳主张本院不予支持。杨峰既有权向第三人主张侵权赔偿,也有权主张保险赔偿。依法判决:驳回上诉,维持原判。

人民币知识和反假币篇

一、我国已发行五套人民币

(一)人民币常识

人民币是指中国人民银行依法发行的货币,包括纸币和硬币。《中华人民共和国中国人民银行法》第三章第十六条规定:"中华人民共和国的法定货币是人民币"。

人民币的单位为元(圆)(人民币元 Renminbi Yuan,简写 RMB,以¥为代号)。人民币辅币单位为角、分。人民币没有规定法定含金量,它执行价值尺度、流通手段、支付手段等职能。

1948 年 12 月 1 日中国人民银行成立时,开始发行第一套人民币;1955 年 3 月 1 日开始发行第二套人民币;1962 年 4 月 15 日开始发行第三套人民币;1987 年 4 月 27 日开始发行第四套人民币。1999 年 10 月 1 日开始发行第五套人民币。

目前市场上流通的人民币以第五套为主,还有部分第四套人民币。共有 12 种券别,分别为 1 分、2 分、5 分,1 角、2 角、5 角,1 元、5 元、10 元、20 元、50 元、100 元。按照法律规定,人民币中元币以上为主币,其余角币、分币为辅币。形成主辅币三步进位制,即 1 元=10 角=100 分。按照材料的自然属性划分有金属币(亦称硬币)、纸币(亦称钞票)。无论纸币、硬币均等价流通。

为丰富人民币币种和满足群众收藏的需要,自 1984 年开始,中国人民银行还陆续发行了各种可流通的纪念币及特种纪念币。

(二)第一套至第五套人民币发行的历史背景

1.第一套人民币

1948年,随着人民解放战争的顺利进行,分散的各解放区迅速连成一片,为适应形势的发展,亟须一种统一的货币替代原来种类庞杂、折算不便的各解放区货币。为此,1948年12月1日,在河北省石家庄市成立中国人民银行,同日开始发行统一的人民币,到1955年5月10日,第一套人民币停止流通使用。

第一套人民币上的"中国人民银行"六个字由当时的华北人民政府主席董必武同志题写。第一批发行的人民币有10元、20元和50元三种券别,首先在华北、山东和西北三大解放区流通使用,随后发行了1元、5元和100元三种券别的人民币。此后,各种券别和版面的人民币逐步推广到全国各个解放区。

1949年1月,中国人民银行总行迁到北京。新中国成立后,各大区和省、自治区、直辖市中国人民银行相继成立。1951年底,除西藏自治区和台湾省外,全国范围内货币已经统一,人民币成为我国唯一的合法货币。从1948年12月到1953年12月,共印制发行了12种面额、62种版别的人民币,最小面额只有1元,最大面额则是50 000元。

2.第二套人民币

第二套人民币是从1955年3月1日开始发行的。当时已消除战争给国民经济带来的影响,工农业生产迅速恢复和发展,商品经济日益活跃,市场物价稳定。国家财政在收支平衡的基础上,连续几年收大于支,国家商品库存、黄金储备也连年增加,货币制度也相应巩固和健全,一个独立、统一的货币制度已建立起来。但是,由于新中国成立前连续多年的通货膨胀遗留的影响没有完全消除,第一套人民币的面额较大(最大为50 000元),而且单位价值较低,在流通中计算时,以万元为单位,不利于商品流通和经济发展,给人民生活带来很大不便。另外,由于受当时物质条件和技术条件的限制,第一套人民币的纸张质量较差,券别种类繁多,文字说明单一,票面破损比较严重。

1955年2月21日,国务院发布关于发行第二套人民币和收回第一套人民币的命令。命令指出:为适应国家计划经济建设的需要和广大人民的愿望,在财政收支平衡和金融物价稳定的基础上,进一步健全和巩固我国的货币制度,以便利交易和核算,决定由中国人民银行自1955年3月1日起发行新币(第二套人民币),收回旧币(第一套人民币),公布发行的第二套人民币共11种,每种券别版面均印有汉、藏、蒙、维吾尔四种文字。

第二套人民币和第一套人民币折合比率为:第二套人民币1元等于第一套人民币1万元。第二套人民币发行后,一切货币收付、交易计价、契约、合同、单据、凭证、账簿记载及国际的清算等均以第二套人民币为计算单位。所有在第二套人民币发行前的一切债权债务,包括国家公债也按法定比率折合第二套人民币计算和清偿。所有第一套人民币均由中国人民银行按法定比率收回。

1955年3月1日公布发行第二套人民币共11种,当天发行1分、2分、5分、1角、2角、5角、1元、2元、3元和5元10种,1957年12月1日又发行10元券1种,同时,为便于流通,国务院发布发行金属分币的命令,自1957年12月1日起发行1分、2分、5分三种金属分币(简称硬分币),与纸分币等值,混合流通。后来,对1元券和5元券的图案、花纹又分别进行了调整和更换颜色,于1961年3月25日和1962年4月20日分别发行了黑色1元券和棕色5元券,使第二套人民币的版别由开始公布的11种增加到16种。1964年4月14日中国人民银行发布了《关于收回三种人民币票券的通告》,决定从1964年4月15日开始限期收回前苏联代印的1953年版的3元、5元和10元券,1964年5月15日停止收兑和流通使用。

3.第三套人民币

第三套人民币是1962年开始发行的。当时,我国经过了连续三年经济困难时期,在党中央以调整为中心的"调整、巩固、充实、提高"八字方针指引下,克服重重困难,大力发展生产,使国民经济开始恢复和发展,国家财政金融状况逐渐好转。为了促进工农业生产发展和商品流通,方便群众使用,经国务院批准,中国人民银行于1962年4月15日开始发行第三套人民币。第三套人民币和第二套人民币比价为1:1,即第三套人民币和第二套人民币票面面额等值,并在市场上混合流通。

第三套人民币在第二套人民币的基础上对版别进行了全面调整、更换,取消了第二套人民币中的 3 元券,增加了 1 角、2 角、5 角和 1 元四种金属币。第三套人民币从 1962 年 4 月 20 日发行枣红色 1 角券开始到 1980 年 4 月 15 日发行 1 角、2 角、5 角和 1 元四种金属币值,经过了 18 年的逐步调整、更换,共陆续收回第二套人民币(除 6 种纸、硬分币外)10 种,陆续发行第三套人民币 13 种,其中,10 元券 1 种、5 元券 1 种、2 元券 1 种、1 元券(币)2 种、5 角券(币)2 种、2 角券(币)2 种、1 角券(币)4 种。

1962 年 4 月 20 日,公布发行了 1956 年版棕色 5 元券和 1960 年版枣红色 1 角券,其中,棕色 5 元券在 1955 年 3 月 1 日开始发行的酱紫色 5 元券的基础上对颜色、花纹进行了更换调整,此券是第二套人民币的最后一个券种,同时发行的枣红色 1 角券是第三套人民币的开始。1964 年 4 月 15 日,第三套人民币的深绿色 2 元券和墨绿色 2 角券同时发行。1966 年 1 月 10 日,发行有天安门水印的 1965 年版 10 元券和 1962 年版 1 角券。为了解决 1962 年版 1 角券背面颜色与 1962 年版 2 角券背面颜色近似,不易辨认的问题,1967 年 12 月 15 日调整了 1962 年版 1 角券背面颜色,重新发行了 1962 年版 1 角券。1969 年 10 月 20 日,第三套人民币深棕色 5 元券和深红色 1 元券开始发行。1974 年 1 月 5 日,发行第三套人民币的青莲色 5 角券。1980 年 4 月 15 日,经国务院批准,开始发行 1 角、2 角、5 角和 1 元四种金属人民币。这四种金属币与市场流通的同面额纸币价值相等,同时在市场混合流通。至此,我国第三套人民币 13 种券别发行齐全。

第三套人民币是我国目前发行、流通时间最长的一套人民币。这套人民币从 1958 年开始统一设计。票面设计图案比较集中地反映了当时我国国民经济以农业为基础,以工业为主导,农轻重并举的方针。在印制工艺上,第三套人民币继承和发扬了第二套人民币的技术传统、风格。制版过程中,机器和传统的手工相结合,精雕细刻使图案、花纹线条精细;油墨配色合理,色彩新颖、明快;票面纸幅较小,图案美观大方。

4.第四套人民币

第四套人民币是 1987 年 4 月 27 日开始陆续发行的 1980 年版人民币。

随着党的十一届三中全会改革、开放政策的实施,我国国民经济迅速发展,城乡商品经济日益活跃,社会商品零售额大幅度增长。这样,不仅要求货币发行在总量上与之相适应,而且在券别结构上也要与之相适应。1987年4月25日,国务院颁布了发行第四套人民币的命令,责成中国人民银行自1987年4月27日起,陆续发行第四套人民币。第四套人民币主币有1元、2元、5元、10元、50元和100元6种,辅币有1角、2角和5角3种,主辅币共9种。第四套人民币与现行人民币等值。第四套人民币发行后,与第三套人民币在市场上混合流通。现行1分、2分、5分纸币和硬币继续流通。

1992年6月1日,经国务院批准,在全国范围内发行1元、5角、1角金属人民币。它们与三种铝分币一起构成我国较完整的硬币系列。

第四套人民币在设计思想、风格和印制工艺上都有一定的创新和突破。这套人民币体现了一个共同的主题思想,就是在中国共产党的领导下,全国各族人民意气风发、团结一致,建设有中国特色的社会主义。为了强调这一主题,100元券采用了我党老一辈革命家毛泽东、周恩来、刘少奇和朱德的侧面浮雕像;50元券采用了工人、农民和知识分子人物头像;其他券别采用了我国14个民族人物头像。每张票面人像清晰,栩栩如生。在设计风格上,这套人民币保持和发扬了我国民族艺术的传统特点。主币背面图景取材于我国的名胜古迹、名山大川,它们分别是井冈山主峰、黄河壶口瀑布、珠穆朗玛峰、长江巫峡、南海"南天一柱"和长城等。票面的纹饰全部采用富有我国民族特点的图案,如凤凰、牡丹、仙鹤、松树、绶带鸟、翠竹、燕子、桃花等。这些图景、纹饰与主景融为一体,表现出鲜明的民族风格。在印制工艺上,主景全部采用的大幅人物头像雕刻,工艺复杂;钞票纸分别采用了满版古钱水印和固定人物头像水印,它不仅表现出线条图景,而且表现出明暗层次,工艺技术很高,进一步提高了我国印钞工艺技术水平和钞票的反假防伪能力。同时,这套人民币在第二套、第三套人民币的基础上,增加发行了50元和100元两个券别,这对于适应商品经济发展的需要,便于流通,提高社会工作效率,充分发挥人民币在国民经济中的作用有着重要意义。

5.第五套人民币

第五套人民币自 1999 年 10 月 1 日起在全国陆续发行。根据国务院
1999 年第 268 号令,发行新版(第五套)人民币,首先发行 100 元券,并陆
续发行其他券种。这是我国货币制度建设的一件大事,也是为建国 50 周
年献上的一份厚礼。

现行流通的第五套人民币是 1999 年 10 月 1 日一次公布、陆续发行
的,各面额纸币年版号均为"1999 年"。因此,通常称为 1999 年版第五套人
民币。与第四套人民币相比,第五套人民币的防伪技能由十几种增加到二
十多种,主景人像、水印、面额数字均较以前放大,便于群众识别。

2005 年 8 月 31 日,中国人民银行开始发行 2005 年版第五套人民币,
保持了 1999 年版第五套人民币主图案、主色调、规格不变,从构成货币的
基本要素来说,不是发行一套新的人民币,但由于在印制生产工艺、防伪
措施方面进行了改进和提高,并将年版号改为"2005 年"。所以把改进印制
生产工艺技术后的第五套人民币称为 2005 年版第五套人民币。

小知识
人民币上的图案来源

第一套人民币第 5 版 100 元背面——北海公园

北海公园位于北京市区的中心,是中国现存历史最悠久、保存最完整
的皇家园林之一,距今已有近千年的历史。全园占地 68 公顷(其中水面 39
公顷),主要由琼华岛、东岸、北岸景区组成。北海园林的开发始于辽代。
1925 年北海公园对外开放。

第二套人民币 2 元背面——延安宝塔山

延安宝塔山古称嘉岭山,位于延安城东南,延河之滨。在山上可鸟瞰
延安整个城区,因山上有塔,通常称作宝塔山。山高 1 135.5 米,山上宝塔始
建于唐,现为明代建筑。山上宝塔为平面八角形共九层,高约 44 米,楼阁
式砖塔。宝塔山是革命圣地延安的重要标志和象征,"只有登上宝塔山,才
算真正到了延安"。

第二套人民币 3 元背面——井冈山龙源口石桥

龙源口位于井冈山下,是与井冈山资源共享的国家级风景区,井冈山斗争的第一个保卫战和红军史上第一个大胜仗——龙源口大捷在这里发生;境内还有在井冈山时期毛主席亲自创建的第一个农村党支部——秋溪党支部旧址。这里是爱国主义教育基地,也是休闲度假、疗养健身的好去处。

第四套人民币 1 元背面——八达岭长城

八达岭长城史称天下九塞之一,是万里长城的精华和杰出代表,也是万里长城向游人开放最早的地段。八达岭地理环境优越,自古以来就是通往山西、内蒙、张家口的交通要道。迄今,八达岭长城已接待中外游客 1.2 亿多人次,370 多位外国元首及世界风云人物在此留下足迹。

第四套人民币 2 元背面——"南天一柱"

钱币上的图案做了艺术处理,让巨石屹立在大浪之中,显得雄浑壮观,实际上这块石头的位置是在沙滩上。科学家推断,由于近年气候变暖海面上升,也许有一天第四套人民币 2 元背面的图案会变成现实。"南天一柱"据说是清代宣统年间崖州知州范云梯所书。

第四套人民币 5 元背面——巫峡

巫峡自巫山县城东大宁河起,至巴东县官渡口止,全长 46 公里,有大峡之称,以幽深秀丽闻名于天下。巫峡两岸群峰以十二峰为奇,它们各具特色,尤以神女峰最为纤丽奇俏。"秀峰岂止十二座,更有零星百万峰"。巫峡是三峡最连贯、最整齐的峡谷。

第四套人民币 50 元背面——黄河壶口瀑布

壶口瀑布是黄河流域的一大奇观,它是中国第二大瀑布。壶口位于陕西省宜川县与山西省吉县交界处。黄河流至壶口时,宽约 400 米的河床突然收缩到四五十米,河水奔腾倾泻而下,犹如从一巨型壶口倾倒出来,所以起名"壶口"。由于河水的侵蚀作用,壶口瀑布每年都会向上游移动一小段距离,现在 50 元钱币上这个场景,几百年后会永远地消失在咆哮的黄河水中。

第四套人民币 100 元背面——井冈山

井冈山位于江西省西南部,地处湘赣两省交界的罗霄山脉的中段,古有"郴衡湘赣之交,千里罗霄之腹"之称。1927年,中国共产党在井冈山创建了中国第一个农村革命根据地。在中国革命的史册上,井冈山被誉为"中国革命的摇篮"、"中华人民共和国的奠基石"、"天下第一山"。

第五套人民币1元背面——三潭印月

第五套人民币1元背面图案并非完全写实,摄影师所在角度只能拍到两座石塔。三潭印月,杭州西湖十景之一,位于西湖中部偏南,与湖心亭、阮公墩鼎足而立合称"湖中三岛",犹如我国古代传说中的蓬莱三岛,故又称小瀛洲。北宋时已成为湖上赏月佳处。明人张宁诗云:"片月生沧海,三潭处处明。夜船歌舞处,人在镜中行。"

第五套人民币5元背面——泰山观日峰

第五套人民币5元的背面图案是泰山,不过这个图案采用了空间"蒙太奇"的手法,把"五岳独尊"的石刻和泰山主峰两个场景放到一起,在现实中是看不到这样的景观的。泰山可以说是中国文化的第一高山,虽然它的海拔只有1 546米,但却有极崇高的地位,是帝王祭祀天空和大地的地方,并且向世人宣布自己的皇权是顺应天道的。

第五套人民币10元背面——夔门

夔门在瞿塘峡入口处,是长江三峡的西大门,又名"瞿塘关",在巍峨壮丽的白帝城下,是出入四川盆地的门户。从白帝城向东,便进入长江三峡中最西面的瞿塘峡,全长约8公里,在三峡中最短,却最为雄伟险峻。杜甫诗云:"白帝高为三峡镇,瞿塘险过百牢关。"

第五套人民币20元背面——桂林山水

桂林山水甲天下,国家的名片上怎么能少了这"天下第一"的风景?桂林是世界著名的风景游览城市,漓江水清澈秀丽,有着举世无双的喀斯特地貌。"山青、水秀、洞奇、石美"是桂林"四绝"。

第五套人民币50元背面——西藏布达拉宫

为了制作第五套人民币50元券的布达拉宫,上海印钞造币厂的两位高级美工来到拉萨考察。他们寻找很久,最终在一个水厂的厂房顶上找到"最佳角度"。他们先在这里拍照片、画素描图,经过反复修改和雕琢,最终设计出人民币上的图案。布达拉官始建于公元 7 世纪,是藏王松赞干布为远嫁西藏的唐朝文成公主而建。在拉萨海拔 3 700 多米的红山上建造了 999 间房屋的官宇。官体主楼 13 层,高 115 米。

二、怎样识别假币

(一)假币的危害

假人民币是仿照真人民币纸张、图案、水印、安全线等原样,利用各种技术手段非法制作的伪币。假人民币包括伪造币和变造币。

伪造人民币是指通过机制、拓印、刻印、照相、描绘等手段制作的假人民币,其中电子扫描分色制版印刷的假币数量最多,危害性最大。

变造币指在真币基础上或以真币为基本材料,通过挖补、剪接、涂改、揭层等办法加工处理,使原币改变数量、形态来实现升值的假货币。

假币的泛滥会造成国家经济不稳定,甚至酿成经济和社会危机。制售假币,以非法手段剥夺和占有国民财富,破坏了社会信用原则,形成社会经济生活中的毒瘤。制贩假币是被国际社会公认的一种严重经济犯罪行为,历来为各国政府和人民所深恶痛绝。制贩假币,扰乱了各国的金融秩序和人民群众稳定的经济生活,现在的反假币宣传也越来越普及。

小故事

假币坑人

1993 年,盛产柑橘闻名的浙江衢州万冈乡,丰收后的橘农们喜上眉梢。就在这时,来了几个陌生人,扔下一捆捆 50 元大钞,"高价"拉走了一车车柑橘。当农民们喜滋滋捧着"血汗钱"准备存入农村信用社时,银行工作人员用验钞机一验,全是假币!万冈乡顿时一片哭声、骂声。

(二)假币的流传

制造假币的成本只有几毛钱,而一旦花出去或卖出去,收入是非常可观的,就是在这种暴利的引诱下,一些人会不顾危险倒卖假币或趁机以假换真。当你匆匆拿出一百元付钱的时候,你是否会细心地看看小贩们找回来的五十元、二十元和十元呢?

一般来讲,假币主要通过以下几种方式流传到社会上:

1."调包"使用

不法分子在购买某些商品或买福利彩票时,让人看的是真币,接着以各种理由不买,将真币要回,后来又要买,将调包的假币递给售货员。有的时候,还会让同伙故意前来买东西或催促,以转移售货员的视线和注意力,拿起买的东西就走。

2."混淆"使用

这种情况最为常见。就是在借款、还款或购买货物时,在钱款中夹带假币,特别是数额巨大时更容易出现。

3."昏暗"使用

一些光线昏暗的场所极可能成为不法分子使用假币的首选场所,特别是一些使用路灯照明的路边摊点、小吃店;还有一些不法分子专门在晚上乘出租车,然后到昏暗地方下车,以百元整钞换零的方法使用假币。

4."找弱"使用

很多不法分子专门到农贸市场、偏僻的小商店和小卖部寻找辨别能力差的老人、妇女、小孩等,使用假币购物后迅速离开。

5."弄脏"使用

普通老百姓难免有疏忽大意的时候,而且沾了污渍的钱币很难识别。

(三)识别假币的方法

1.比较法

(1)纸张识别。人民币纸张采用专用钞纸,主要成分为棉短绒和高质量木浆,具有耐磨、有韧度、挺括、不易折断、抖动时声音发脆响等特点;而假币纸张绵软、韧性差、易断裂、抖动时声音发闷。

(2)水印识别。人民币水印是在造纸中采用特殊工艺使纸纤维堆积而形成的暗记。分为满版和固定水印两种。如现行人民币 1 元、2 元、5 元券为满版水印暗记,10 元、50 元、100 元券为固定人头像水印暗记。其特点是层次分明、立体感强、透光观察清晰;而假币特点是水印模糊,无立体感,变形较大,用浅色油墨加印在纸张正、背面,不需迎光透视就能看到。

(3)凹印技术识别。真币的技术特点是图像层次清晰,色泽鲜艳、浓郁,立体感强,触摸有凹凸感,如 1~10 元券人民币在人物、字体、国徽、盲文点处都采用了这一技术。而假币图案平淡,手感光滑,花纹图案较模糊,并由网点组成。

(4)荧光识别。1990 年版 50 元、100 元券人民币分别在正面主图景两侧印有在紫外光下显示纸币面额阿拉伯数字 "100" 或 "50" 和汉语拼音 "YIBAI" 或 "WUSHI" 的金黄色荧光反应,但整版纸张无任何反应;而假币一般没有荧光暗记,个别的虽有荧光暗记但与真币比较,颜色有较大差异,并且纸张会有较明亮的蓝白荧光反应。

(5)安全线识别。真币的安全线是立体实物与钞纸融为一体,有凸起的手感。假币一般是印上或画上的颜色,如加入立体实物,会出现与票面皱褶分离的现象。此外,还可借助仪器进行检测,可用紫外光、放大镜、磁性等简便仪器对可疑票券进行多种检测。

2.识别假币的简便方法:"一看、二摸、三听、四测"

(1)眼看。看钞票的水印是否清晰、有无层次和立体的效果,看安全线,看整张票面图案是否单一或者偏色。

(2)手摸。人民币元以上券别均采用了凹版印刷。触摸票面上凹印部位的线条是否有凹凸感。

(3)耳听。钞票纸张是特殊的纸张,挺括耐折,用手抖动会发出清脆的声音。

(4)验钞机检测。可用紫光灯检测无色荧光图纹,用磁性仪检测磁性印记。

(四)发现假币该如何处理

如果不小心收到了一张假币,你会怎么办? 是及时报案,还是为减少自己的损失再想办法花出去? 可能会有人想方设法再把假币花出去,但这是违反国家有关法规的,因为你无意中成了假币非法流通中的一个环节。因此,如果自己误收假币,不应再使用,应上缴当地银行或公安机关。看到别人大量持有假币,应劝其上缴或向公安机关报告。发现有人制造、买卖假币,应掌握证据,向公安机关报告。

根据新的《人民币管理条例》,只有人民银行、公安部门和办理人民币存取款业务的金融机构才有权利没收假币,而且需要开假币收缴凭证。

如果对被没收的钱真假有怀疑,可以自没收之日起,三天内,拿假币收缴凭证直接或通过收缴单位向中国人民银行当地分支机构或中国人民银行授权的当地鉴定机构提出书面鉴定申请。中国人民银行分支机构和中国人民银行授权的鉴定机构应当无偿提供鉴定货币真伪的服务,鉴定后应出具中国人民银行统一印制的《货币真伪鉴定书》,并加盖货币鉴定专用章和鉴定人名章。

(五)伪造人民币的法律责任

所谓伪造货币罪是指仿照人民币或者外币的面额、图案、色彩、质地、式样、规格等,使用各种方法非法制造假货币冒充真货币的行为。

《中国人民银行法》第41条第1款规定:"伪造人民币、出售伪造的人民币或者明知是伪造的人民币而运输的,依法追究刑事责任。"

《中华人民共和国刑法》第170条规定:"伪造货币的,处三年以上十年以下有期徒刑,并处五万元以上五十万元以下罚金;有下列情形之一的,处十年以上有期徒刑、无期徒刑或者死刑,并处五万元以上五十万元以下罚金或者没收财产:伪造货币集团的首要分子,伪造货币数额特别巨大的,有其他特别严重情节的。"

第171条第3款规定:"伪造货币并出售或者运输伪造的货币的,依照本法第一百七十条的规定定罪从重处罚。

（六）法律规定的损害人民币的行为

我国《人民币管理条例》第 27 条规定：故意损毁人民币；制作、仿制、买卖人民币图样；未经中国人民银行批准，在宣传品、出版物或者其他商品上使用人民币图样，或者中国人民银行规定的其他损害人民币的行为，都属于损坏人民币形象的行为。其中人民币图样包括放大、缩小和同样大小的人民币图样。

在日常生活中，下列行为都是违反我国有关法规条例的：

（1）制作和买卖钞票图样，例如有些旅游景点向游客出售放大了的"人民币"图样作为旅游纪念品；

（2）利用人民币进行商业装饰或制作商业广告，例如某商场为吸引顾客，称凡是 10 元、50 元面值的人民币，其编号尾数为"88"的，在某一时段到该商场消费，可以按面值的 2 倍使用等等。

（3）利用人民币制作工艺品、商品，例如以前小贩售卖的用 1 分面值的纸币制作的工艺船等。

（4）喜庆、丧葬活动中抛洒人民币，例如有的商店庆祝开业，为了吸引人们的关注，向空中抛洒面值不等的人民币。

（5）将人民币包装在商品中进行促销，例如有的食品袋里会放入几角钱，然后促销广告中宣传会有现金奖，以此来吸引人们购买该产品。

（6）其他各种故意毁损人民币的行为，包括烧毁、烧损、剪毁、剪损、撕毁、撕损、污损人民币，如在人民币上写电话号码、姓名等。

根据《中华人民共和国中国人民银行法》第 43 条规定，在宣传品、出版物或其他商品上非法使用人民币图样的，中国人民银行应当责令改正，并销毁非法使用的人民币图样，没收违法所得，并处 5 万元以下罚款。根据《人民币管理条例》第 43 条规定，故意毁损人民币的，由公安机关给予警告，并处 1 万元以下的罚款。

三、第五套人民币的防伪特征

(一)1999年版第五套人民币的防伪特征

1. 100元、50元人民币的防伪特征

新版100元券在保留了第四套人民币较为成功的防伪技术的基础上，又采用了一些新的具有世界先进水平的防伪技术。其中大众防伪特征主要有以下几个方面：

(1)固定人像水印：在新版100元、50元人民币的正面左侧空白处，通过迎光透视，可以看见与主景人像相同，并具有层次丰富、立体感很强的毛泽东头像水印。

(2)红、蓝彩色纤维：从新版100元、50元人民币的票面空白处可以清晰地看到纸张中有红、蓝两色的短纤维，这些纤维不规则地分布在纸张中，与纸张很好地结合在一起。

(3)磁性微缩文字安全线：迎光观察可见在新版100元、50元人民币的正面中间偏左分别有一条带有微缩文字"RMB100"、"RMB50"字样的磁性安全线。

(4)手工雕刻头像：正面主景均为毛泽东头像，采用具有中国传统特色的手工雕刻技术，形象逼真、传神，层次丰富，凹凸感强，具有较强的立体感和独特的艺术效果。

(5)隐性面额数字：在正面右上方有一椭圆形图案，将钞票置于与眼睛近于平行的位置，面对光源做平面旋转45度或90度角。分别可以看到面额数字"100"、"50"的字样，而垂直于纸面观察，则看不到数字。

(6)光变油墨面额数字：在新版100元、50元人民币正面左下方用新型油墨印刷有面额数字"100"、"50"字样，当与票面垂直角度观察其为绿色，而倾斜一定角度则变为蓝色。

(7)阴阳互补对印图案：在票面正面左下角和背面右下方各有一圆形局部图案，透光观察，正、背面图案组合成一个完整的古钱币图案。

(8)雕刻凹版印刷：票面正面毛泽东头像、中国人民银行行名、面额数字、盲文面额标记及背面主景人民大会堂、汉语拼音行名、少数民族文字等均采用雕刻凹版印刷,用手指触摸有明显的凹凸感。

(9)横竖双号码:新版 100 元、50 元人民币正面印有横竖双号码(均为两位冠字、八位号码),其中横号码均为黑色,竖号码分别为蓝色和红色。

(10)胶印缩微文字:100 元人民币正面上方椭圆形图案中,多处印有"RMB"和"RMB100"的缩微文字字样,50 元的为"50"和"RMB50"。

2. 20 元、10 元人民币的防伪特征

(1)固定花卉水印:仰光透视,纸张抄造中形成花卉水印,层次丰富,立体感强,均位于票面正面左侧空白处。20 元、10 元人民币的固定水印分别为荷花、月季花图案。

(2)手工雕刻图像:正面主景均为毛泽东头像,采用手工雕刻凹版印刷工艺,形象逼真,线条清晰,凹凸感强,易于识别。

(3)胶印微缩文字:正面或背面的胶印图案中,多处均印有微缩文字。放大镜下,字形清晰,20 元人民币的微缩文字为"RMB20",10 元人民币的微缩文字为"RMB10"。

(4)雕刻凹版印刷:正面主景为毛泽东图像、中国人民银行行名、面额数字、盲文面额标记和 10 元人民币背面主景图案等均采用雕刻凹版印刷,用手指触摸有明显凹凸感。

(5)双色横号码:冠字号码均采用两位冠字,八位号码。20 元、10 元人民币票面正面均采用双色横号码印刷,号码左半部均为红色,右半部均为黑色。

(6)红、蓝彩色纤维:在票面上均可以看到纸张中有不规则分布的红色和蓝色纤维。

(7)安全线:在票面正面中间偏左,均有一条安全线。20 元人民币的安全线迎光观察,可看到钞票纸中有一条明暗相间的安全线;10 元人民币的安全线局部埋入纸中,局部裸露在纸面上,露出的部分可以看到有微缩字符"¥10"。

(8)隐形面额数字:将 10 元、20 元人民币置于与眼睛接近平行的位置,面对光源做平面旋转 45 度或 90 度角,可以分别看到面额数字"20"、"10"

字样。

(9)阴阳互补对印图案:10 元人民币票面正面左下角和背面右下角均有一圆形局部图案,迎光透视,可以看到正、背面图案合并组成一个完整的古钱币图案。

(10)白水印:10 元人民币票面正面在双色横号码下方,迎光透视,可以看到透光性很强的水印图案"10"。

3. 5 元、1 元人民币的防伪特征

(1)固定花卉水印:位于正面左侧空白处,迎光透视,可以看到 5 元、1 元人民币的固定水印分别为水仙花和兰花图案。

(2)白水印:在 5 元人民币票面正面位于双色横号码下方,迎光透视,可以看到透光性很强的图案"5"水印。

(3)红、蓝彩色纤维:在 5 元人民币票面上,可以看到纸张中有不规则分布的红色和蓝色纤维。

(4)全息磁性开窗安全线:5 元人民币票面正面中间偏左,有一条开窗安全线,开窗部分可以看到由缩微字符"¥5"组成的全息图案,仪器检测有磁性。(开窗安全线,指局部埋入纸张中,局部裸露在纸面上的一种安全线。)

(5)手工雕刻头像:票面正面主景均为毛泽东头像,采用手工雕刻凹版印刷工艺,形象逼真、传神,凹凸感强,易于识别。

(6)隐形面额数字:票面正面右上方有一装饰图案,将钞票置于与眼睛接近平行的位置,面对光源作平面旋转 45 度或 90 度角,分别可以看到面额数字"5"、"1"字样。

(7)胶印缩微文字:正面或背面胶印图案中,多处印有缩微文字。5 元和 1 元人民币的微缩文字分别为"RMB5"、"5"字样和"人民币"、"RMB1"字样。

(8)雕刻凹版印刷:正面主景均为毛泽东头像、"中国人民银行"行名、面额数字、盲文面额标记和背面主景图案等均采用雕刻凹版印刷,用手指触摸有明显凸凹感。

(9)双色横号码:正面印有双色横号码,左侧部分为红色,右侧部分为黑色。

双色异形横号码　固定人像水印　胶印微缩文字　胶印对印图案　隐形面额数字　凹印手感线

光变油墨面额数字　　白水印　　雕刻凹版印刷　　手工雕刻头像　　盲文面额标记

(二)2005年版第五套人民币的防伪特征

100元、50元的人民币防伪特征。

(1)调整防伪特征布局:正面左下角胶印对印图案调整到正面主景图案左侧中间处,光变油墨面额数字左移至原胶印对印图案处。背面右下角胶印对印图案调整到背面主景图案右侧中间处。

(2)调整部分防伪特征:①调整隐形面额数字观察角度。正面右上方有一装饰性图案,将票面置于与眼睛接近平行的位置,面对光源做上下倾斜晃动,可以看到面额数字"100"、"50"字样。②全息磁性开窗安全线。将原磁性微缩文字安全线改为全息磁性开窗安全线。背面中间偏右,有一条开窗安全线,开窗部分可以看到由微缩字符"¥100"、"¥50"组成的全息图案,仪器检测有磁性。③双色异形横号码。取消原横竖双号码中的竖号码,将原横竖双号码改为双色异形横号码。正面左下角印有双色异形横号码,左侧部分为暗红色,右侧部分为黑色。字符中间向左右两边逐渐变小。

(3)增加新的防伪特征:①白水印位于正面双色异形横号码下方,迎光透视,可以看到透光性很强的水印"100"字样。②凹印手感线。正面主景图案右侧,有一组自上而下规则排列的线纹,采用雕刻凹版印刷工艺印刷,用手指触摸,有很强的凹凸感。③取消纸张中的红、蓝色彩色纤维。④背面主景图案放在面额数字后面,增加人民币单位元的汉字拼音法"YUAN",年号改为"2005年"。

四、如何兑换残缺、污损的人民币

(一)什么是残缺、污损的人民币

残缺、污损的人民币是指票面撕裂、损缺,或因自然磨损、侵蚀,外观、质地受损、颜色变化,图案不清晰,防伪特征受损,不宜再继续流通使用的人民币。

(二)哪些残缺、污损的人民币可以兑换

钱币表面剩余四分之三以上(包括四分之三)或图案文字可以按原样拼接的残缺、污损的人民币,可以到银行兑换原面额的完整钱币。

如果钱剩余一半(包括一半)以上而不到四分之三,图形和字体能按原样拼接的残破、污损的钱,可以到银行兑换原面额的一半,例如:满足这个条件的一张不完整的 10 元钱,可以兑换到 5 元。还有一种情况,就是钱如果缺掉四分之一并且剩下表面看起来像正十字的,也可以按原数额的一半兑换。

1 分钱纸币破损是不能兑换的,如果是 5 分钱破损,可以兑换 2 分钱。

(三)哪些部门应无偿为公众兑换残币

办理人民币存取款业务的金融机构按照中国人民银行制定的残缺、污损的人民币兑换办法,无偿为公众兑换残缺、污损的人民币。

(四)人民币什么样情况下不宜流通

1.纸币票面缺少面积在 20 平方毫米以上的。

2.纸币票面裂口 2 处以上,长度每处超过 5 毫米的;裂口 1 处,长度超过 10 毫米的。

3.纸币票面有纸质较绵软,起皱较明显,脱色、变色、变形,不能保持其票面防伪功能等情形之一的。

4.纸币票面污渍、涂写字迹面积超过 2 平方厘米的;不超过 2 平方厘米,但遮盖了防伪特征之一的。

5.硬币有穿孔、裂口、变形、磨损、氧化与文字、面额数字、图案模糊不

清等情形之一的。

五、纪念币常识及鉴别与交易

(一)纪念币

纪念币是国家为某种特定纪念意义而发行的钱币，其特点是限量发行，一般不复制，并且式样各异，工艺精致，包装美观。购买者把它视为一种稀有工艺品加以收藏，或作为一种保值手段和高档赠品。各国有关当局利用发行各种类型纪念币，配合旅游作为增加外汇收入的手段。我国也多次发行纪念币，这些纪念币有金质、银质、铜质等不同材质。

(二)金银纪念币的分类

根据我国《人民币管理条例》，我国纪念币分为贵金属纪念币和普通纪念币两大类，贵金属纪念币主要由金、银、铂、钯等贵金属材料制成，而金银纪念币是贵金属纪念币的代表品种。按照不同的功能，金币主要分为4种：

1.纪念性金币

主要用做纪念，供人们收藏，限量发行，其设计及工艺比较讲究，价格一般远高于贵金属本身的实际价格。

2.投资性金币(也称普制金币)

世界黄金非货币化以后黄金在货币领域存在的一种重要形式，是专门用于黄金投资的法定货币，其主要特点是发行机构在金价的基础上加较低升水溢价发行，以易于投资和收售，每年的图案可以不更换、发行量不限，质量为普制，价格是金价加较低的升水。

3.流通金币

用做流通手段的金币，几乎每一个国家，特别是文明古国，在其货币材料发展过程中都使用过黄金。当时币值用金、银重量来确定，所以一些币名实际上是重量名称。目前有些国家还少量流通金币。

4.贸易金币

专门用作国际贸易支付手段的金币(又称硬通货)。它可以有面值或重量,但比较强调它的实际贵金属含量。退出贸易领域的贸易金币根据其品相及年代,有不同的价格,有时相当悬殊。当然,目前在许多场合仍流通金币和纯金币,也可作为国际贸易支付手段。

(三)中国现代金银纪念币概况

1979 年,中国人民银行首次发行中国第一套现代金银纪念币——"中华人民共和国成立 30 周年"纪念金币。该套纪念币的正面图案为中华人民共和国国徽及"中华人民共和国成立 30 周年"、"1949—1979"字样。背面主要图案分别为"天安门"、"人民英雄纪念碑"、"人民大会堂"、"毛主席纪念堂"。该套纪念币的发行和销售,在当时冲破了某些西方国家的抵制,受到社会各界人士的热烈欢迎,在国际上引起了很大反响。

中国现代金银纪念币中以重大政治、历史事件、历史杰出人物为题材的金银纪念币备受人们关注和喜爱。主要有"中华人民共和国成立 30 周年"纪念金币、"第十三届冬季奥林匹克运动会"金银纪念币、"辛亥革命 70 周年"金银纪念币、"联合国成立 50 周年"金银纪念币、"中国抗日战争胜利 50 周年"金银纪念币、"中国工农红军长征胜利 60 周年"金银纪念币、"香港回归祖国"金银纪念币、"澳门回归祖国"金银纪念币、"中华人民共和国成立 50 周年"金银纪念币、"千年纪念"金银纪念币。以历史杰出人物为题材的有"孙中山"、"毛泽东"、"刘少奇"、"周恩来"金银纪念币等。

中国现代金银纪念币具有浓郁的民族特色。选题和取材涉及古今中外重大历史事件、各历史时期杰出人物、文物古迹、风景名胜、民俗民情、珍稀保护动物、体育运动等,范围广泛,寓意深刻。而"中国杰出历史人物系列金银纪念币","中国生肖系列金银纪念币"等更因充分显示了中国悠久历史及民族传统文化宝库精华而为世人瞩目,享有金银纪念币精品的美誉。

中国现代金银纪念币的设计雕刻素以民族传统造型艺术风格而著称。在设计中不但继承中国造型艺术的传统,而且注重汲取各种外来造型艺术流派中的有益成分,融会贯通。融浮雕、汉画像砖技法与现代雕塑技法于一体,采用镜面折光雕刻方法等工艺技术,使画面图案与金属色泽形成有机的整体,惟妙惟肖地表现主题。在制作工艺上,将镜面、凝霜等当代先进造币技术与手工雕刻相结合,手工强化了金属币的光洁亮度和艺术效果,创造出独具匠心的艺术杰作。

经过20多年的发展,中国现代金银纪念币已向全球发行和销售1 400多个品种,形成了10大产品系列。在销售方面形成了以中国金币总公司为总经销,通过56家零售企业向全国辐射的国内经销体系;以3家海外分公司为主经营渠道,国外经销商为补充的国际销售体系。中国现代金银纪念币以其独特广泛的题材、新颖精美的雕刻设计、优质精细的铸造、浓郁多彩的民族特色而享誉世界。因其所具有的纪念意义、艺术价值、贵金属自身价值以及限量铸造等因素,中国现代金银纪念币已成为国内外爱好者、收藏者备受青睐的对象。

(四)流通纪念币

流通纪念币是指为了纪念国际国内政治、经济、文化、体育等各个领域的重大事件、领袖人物、英雄人物、科学家、文学艺术家、珍稀的动植物等而特别发行的,具有票面价值并可以按照票面价值进行流通使用的纪念币。

如联合国成立50周年(1995)、联合国第四次世界妇女大会(1995)、朱德110周年诞辰 (1996)、1997年我国发行的香港特别行政区成立纪念币、1998年发行的周恩来100周年诞辰纪念币等。其特点是限量发行,一般不复制,并且式样各异,工艺较精致,购买者一般把它视为工艺品收藏或作为一种保值手段和赠品。流通纪念币除了具有纪念币的特殊价值外,还和一般货币一样可以流通,具有同样的货币职能,任何人、任何单位都无权拒收。

六、国库券常识及鉴别

(一)国库券的作用与特点

1.国债概念

国债是一个经济范畴,它是指国家为了筹措财政资金,而向投资者出具的承诺在一定时期支付利息和到期还本的债务凭证。其特点有:

(1)可以转让、能够带来固定收益。

(2)安全性高、风险小、收益稳定。

(3)可用以抵押。

2.国债在社会经济生活中的地位与作用

(1)用来弥补财政赤字。

(2)筹集资金,用于社会主义现代化建设。

(3)偿还到期债务,执行经济政策,调节经济运行。

(4)调节季节性资金余缺。

(5)通过公开市场操作,影响市场资金流向,调节市场头寸。

3.建国以来我国发行的国债种类

新中国成立以后,我国陆续发行了人民胜利折实公债、国家经济建设公债、国库券、国家重点建设债券、国家建设债券、财政债券、保值公债、特种国债、特种定向债、凭证式国债、记账式国债等数种国家债券。

4.假国库券的出现

自国库券(无记名国债)发行以来,就伴随着假国库券的出现。最近两年发现的 1997 年第一期面值 1 000 元的假国库券(简称"仟圆假券")其发现数量之多,金额之大是历史上罕见的,涉及面达十几个省、市。

(二)国库券的印制

国库券的印制包括设计制版、券面印制和检封入库三大工序。在印制过程中采用了许多先进的防伪措施。以 1997 年第一期面值 1 000 元国库券(简称 9703 券)为例。

1.纸张

国库券的纸张采用具有满版水印、含有彩色纤维及无色荧光纤维的国库券专用纸,观察纸张,无荧光反应。

(1)水印:将国库券迎光透视,可看到轮廓清晰、层次丰富的满版水印图案,它是在国库券纸张抄造过程中形成的。从 1993 年起,采用了"GKQ"字样的国库券专用满版水印纸。

(2)彩色纤维:从 1990 年起,国库券的印钞纸中加入了彩色纤维丝,普通光下,我们就可以看见分布在纸张中的多种颜色的彩色纤维丝,用针可以将它挑出来。

(3)无色荧光纤维:从 1993 年起,纸张中加入了无色荧光纤维,它在普通光下是看不见的,只有在特定波长的紫外灯下才可以看见。

2.印刷

在大面额国库券上,其正面图案主景、文字、花边等均采用雕刻凹版印刷。这些部位的油墨较厚,所以层次丰富、立体感强、用手触摸有凹凸感。

3.印记

在国库券券面中,印有许多防伪印记。

(1)无色荧光印记:国库券正面左侧有固定的无色荧光图案。在紫外光下可看见清晰的牡丹花印记。

(2)防复印印记:从 1997 年起,在国库券正面右侧印刷了"GKQ"字样的防复印底纹。在用复印机复印时,会显示出来。

(3)磁性印记:国库券的冠字号码均采用专用磁性油墨印刷,用专门仪器检测能出现预先设定的磁学特征信号。

4.缩微文字

从 1993 年起,在大面额国库券中加入了缩微文字,其高度只有 0.2~0.3mm,在放大镜下清晰可见。

5.隐形图案

从 1994 年起,在大面额国库券正面左上方,采用专用工艺印制了面额数字的隐形图案。将该券置于与眼睛接近平行的位置,并直对光源作平面旋转 45 度或 90 度角时,即可观察到,但垂直于纸面却看不到。

6.号码

真券的冠字号码是专用的证券号码,码子大小一致,左右距离相等。

(三)假国库券的种类

目前,国内发现的假国库券主要分为以下四种类型:手工拓印、手工改制、彩色复印、机制假券。

1.手工拓印类

它是由真券为模本脱色派生而来的。由于其仿真效果较差，易被识别，目前已基本绝迹。

2.手工改制类

采用对真券某些部位进行改动而制造的假券，目前发现的主要为对票面金额进行改制的假券。

3.彩色复印类

采用激光彩色复印机复印的假券。用放大镜观察，在票面的浅色区会发现许多小色点，而不是连续的细线。这种假券不能再现真券的精细结构，券面中细微线条模糊不清，没有层次。

4.机制假券

采用四色胶印进行仿制，印迹平坦，手感光滑。机制假券大致分为三类：

(1)四色网点印刷：用放大镜观察，可以发现假券中的图案是由红、黄、蓝、黑四色墨点组成的，细微线条模糊不清。

(2)线条版印刷：在放大镜下观察，这类假券券面图案线条粗糙，真券的精细线条不能再现。

(3)半网点半线条印刷：机制假国库券中还有一种是半网点半线条印刷的。

(四)假国库券的识别

在日常生活中，我们可以采用简单的识别方法，或是借助专用工具来识别假国库券。简单的识别方法为："一看，二摸，三听，四测"。一看是看国库券的颜色是否饱满，图案和水印是否清晰；二摸是摸国库券纸质是否挺括，券面表面是否有凹凸不平的感觉；三听是用手轻抖国库券，听声音是否清脆；四测是指利用简单的防伪工具，查看国库券是否有防伪标记，防伪标记是否清晰；在实际工作中，银行工作人员可对比票样，借助专用工具，对假国库券进行综合分析，做出准确判断。

附录一　中华人民共和国物权法

《中华人民共和国物权法》已由中华人民共和国第十届全国人民代表大会第五次会议于 2007 年 3 月 16 日通过，现予公布，自 2007 年 10 月 1 日起施行。

第一编　总　则

第一章　基本原则

第一条　为了维护国家基本经济制度，维护社会主义市场经济秩序，明确物的归属，发挥物的效用，保护权利人的物权，根据宪法，制定本法。

第二条　因物的归属和利用而产生的民事关系，适用本法。

本法所称物，包括不动产和动产。法律规定权利作为物权客体的，依照其规定。

本法所称物权，是指权利人依法对特定的物享有直接支配和排他的权利，包括所有权、用益物权和担保物权。

第三条　国家在社会主义初级阶段，坚持公有制为主体，多种所有制经济共同发展的基本经济制度。

国家巩固和发展公有制经济，鼓励、支持和引导非公有制经济的发展。

国家实行社会主义市场经济，保障一切市场主体的平等法律地位和发展权利。

第四条　国家、集体、私人的物权和其他权利人的物权受法律保护，任何单位和个人不得侵犯。

第五条　物权的种类和内容由法律规定。

第六条　不动产物权的设立、变更、转让和消灭，应当依照法律规定登记。动产物权的设立和转让，应当依照法律规定交付。

第七条　物权的取得和行使，应当遵守法律，尊重社会公德，不得损害公共利益和他人合法权益。

第八条 其他相关法律对物权另有特别规定的,依照其规定。

第二章 物权的设立、变更、转让和消灭

第一节 不动产登记

第九条 不动产物权的设立、变更、转让和消灭,经依法登记,发生效力;未经登记,不发生效力,但法律另有规定的除外。

依法属于国家所有的自然资源,所有权可以不登记。

第十条 不动产登记由不动产所在地的登记机构办理。

国家对不动产实行统一登记制度。统一登记的范围、登记机构和登记办法由法律、行政法规规定。

第十一条 当事人申请登记,应当根据不同登记事项提供权属证明和不动产界址、面积等必要材料。

第十二条 登记机构应当履行下列职责:

(一)查验申请人提供的权属证明和其他必要材料;

(二)就有关登记事项询问申请人;

(三)如实、及时登记有关事项;

(四)法律、行政法规规定的其他职责。

申请登记的不动产的有关情况需要进一步证明的,登记机构可以要求申请人补充材料,必要时可以实地查看。

第十三条 登记机构不得有下列行为:

(一)要求对不动产进行评估;

(二)以年检等名义进行重复登记;

(三)超出登记职责范围的其他行为。

第十四条 不动产物权的设立、变更、转让和消灭,依照法律规定应当登记的,自记载于不动产登记簿时发生效力。

第十五条 当事人之间订立有关设立、变更、转让和消灭不动产物权的合同,除法律另有规定或者合同另有约定外,自合同成立时生效;未办

理物权登记的,不影响合同效力。

第十六条 不动产登记簿是物权归属和内容的根据。不动产登记簿由登记机构管理。

第十七条 不动产权属证书是权利人享有该不动产物权的证明。不动产权属证书记载的事项,应当与不动产登记簿一致;记载不一致的,除有证据证明不动产登记簿确有错误外,以不动产登记簿为准。

第十八条 权利人、利害关系人可以申请查询、复制登记资料,登记机构应当给予提供。

第十九条 权利人、利害关系人认为不动产登记簿记载的事项错误的,可以申请更正登记。不动产登记簿记载的权利人书面同意更正或者有证据证明登记确有错误的,登记机构应当予以更正。

不动产登记簿记载的权利人不同意更正的,利害关系人可以申请异议登记。登记机构予以异议登记的,申请人在异议登记之日起十五日内不起诉,异议登记失效。异议登记不当,造成权利人损害的,权利人可以向申请人请求损害赔偿。

第二十条 当事人签订买卖房屋或者其他不动产物权的协议,为保障将来实现物权,按照约定可以向登记机构申请预告登记。预告登记后,未经预告登记的权利人同意,处分该不动产的,不发生物权效力。

预告登记后,债权消灭或者自能够进行不动产登记之日起三个月内未申请登记的,预告登记失效。

第二十一条 当事人提供虚假材料申请登记,给他人造成损害的,应当承担赔偿责任。

因登记错误,给他人造成损害的,登记机构应当承担赔偿责任。登记机构赔偿后,可以向造成登记错误的人追偿。

第二十二条 不动产登记费按件收取,不得按照不动产的面积、体积或者价款的比例收取。具体收费标准由国务院有关部门会同价格主管部门规定。

第二节 动产交付

第二十三条 动产物权的设立和转让自交付时发生效力,但法律另有规定的除外。

　　第二十四条　船舶、航空器和机动车等物权的设立、变更、转让和消灭，未经登记，不得对抗善意第三人。

　　第二十五条　动产物权设立和转让前，权利人已经依法占有该动产的，物权自法律行为生效时发生效力。

　　第二十六条　动产物权设立和转让前，第三人依法占有该动产的，负有交付义务的人可以通过转让请求第三人返还原物的权利代替交付。

　　第二十七条　动产物权转让时，双方又约定由出让人继续占有该动产的，物权自该约定生效时发生效力。

第三节　其他规定

　　第二十八条　因人民法院、仲裁委员会的法律文书或者人民政府的征收决定等，导致物权设立、变更、转让或者消灭的，自法律文书或者人民政府的征收决定等生效时发生效力。

　　第二十九条　因继承或者受遗赠取得物权的，自继承或者受遗赠开始时发生效力。

　　第三十条　因合法建造、拆除房屋等事实行为设立或者消灭物权的，自事实行为成就时发生效力。

　　第三十一条　依照本法第二十八条至第三十条规定享有不动产物权的，处分该物权时，依照法律规定需要办理登记，未经登记，不发生物权效力。

第三章　物权的保护

　　第三十二条　物权受到侵害的，权利人可以通过和解、调解、仲裁、诉讼等途径解决。

　　第三十三条　因物权的归属、内容发生争议的，利害关系人可以请求确认权利。

　　第三十四条　无权占有不动产或者动产的，权利人可以请求返还原物。

第三十五条　妨害物权或者可能妨害物权的,权利人可以请求排除妨害或者消除危险。

第三十六条　造成不动产或者动产毁损的,权利人可以请求修理、更换或者恢复原状。

第三十七条　侵害物权造成权利人损害的,权利人可以请求损害赔偿,也可以请求承担其他民事责任。

第三十八条　本章规定的物权保护方式,可以单独适用,也可以根据权利被侵害的情形合并适用。

侵害物权除承担民事责任外,违反行政管理规定的,依法承担行政责任;构成犯罪的,依法追究刑事责任。

第二编　所有权

第四章　一般规定

第三十九条　所有权人对自己的不动产或者动产,依法享有占有、使用、收益和处分的权利。

第四十条　所有权人有权在自己的不动产或者动产上设立用益物权和担保物权。用益物权人、担保物权人行使权利,不得损害所有权人的权益。

第四十一条　法律规定专属于国家所有的不动产和动产,任何单位和个人不能取得所有权。

第四十二条　为了公共利益的需要,依照法律规定的权限和程序可以征收集体所有的土地和单位、个人的房屋及其他不动产。

征收集体所有的土地,应当依法足额支付土地补偿费、安置补助费、地上附着物和青苗的补偿费等费用,安排被征地农民的社会保障费用,保障被征地农民的生活,维护被征地农民的合法权益。

征收单位、个人的房屋及其他不动产,应当依法给予拆迁补偿,维护被征收人的合法权益;征收个人住宅的,还应当保障被征收人的居住条件。

任何单位和个人不得贪污、挪用、私分、截留、拖欠征收补偿等费用。

第四十三条　国家对耕地实行特殊保护,严格限制农用地转为建设用地,控制建设用地总量。不得违反法律规定的权限和程序征收集体所有的土地。

第四十四条　因抢险、救灾等紧急需要,依照法律规定的权限和程序可以征用单位、个人的不动产或者动产。被征用的不动产或者动产使用后,应当返还被征用人。单位、个人的不动产或者动产被征用或者征用后毁损、灭失的,应当给予补偿。

第五章　国家所有权和集体所有权、私人所有权

第四十五条　法律规定属于国家所有的财产,属于国家所有即全民所有。

国有财产由国务院代表国家行使所有权;法律另有规定的,依照其规定。

第四十六条　矿藏、水流、海域属于国家所有。

第四十七条　城市的土地,属于国家所有。法律规定属于国家所有的农村和城市郊区的土地,属于国家所有。

第四十八条　森林、山岭、草原、荒地、滩涂等自然资源,属于国家所有,但法律规定属于集体所有的除外。

第四十九条　法律规定属于国家所有的野生动植物资源,属于国家所有。

第五十条　无线电频谱资源属于国家所有。

第五十一条　法律规定属于国家所有的文物,属于国家所有。

第五十二条　国防资产属于国家所有。

铁路、公路、电力设施、电信设施和油气管道等基础设施,依照法律规定为国家所有的,属于国家所有。

第五十三条　国家机关对其直接支配的不动产和动产,享有占有、使用以及依照法律和国务院的有关规定处分的权利。

第五十四条　国家举办的事业单位对其直接支配的不动产和动产,享

有占有、使用以及依照法律和国务院的有关规定有收益、处分的权利。

第五十五条 国家出资的企业,由国务院、地方人民政府依照法律、行政法规规定分别代表国家履行出资人职责,享有出资人权益。

第五十六条 国家所有的财产受法律保护,禁止任何单位和个人侵占、哄抢、私分、截留、破坏。

第五十七条 履行国有财产管理、监督职责的机构及其工作人员,应当依法加强对国有财产的管理、监督,促进国有财产保值增值,防止国有财产损失;滥用职权,玩忽职守,造成国有财产损失的,应当依法承担法律责任。

违反国有财产管理规定,在企业改制、合并分立、关联交易等过程中,低价转让、合谋私分、擅自担保或者以其他方式造成国有财产损失的,应当依法承担法律责任。

第五十八条 集体所有的不动产和动产包括:

(一)法律规定属于集体所有的土地和森林、山岭、草原、荒地、滩涂;

(二)集体所有的建筑物、生产设施、农田水利设施;

(三)集体所有的教育、科学、文化、卫生、体育等设施;

(四)集体所有的其他不动产和动产。

第五十九条 农民集体所有的不动产和动产,属于本集体成员集体所有。

下列事项应当依照法定程序经本集体成员决定:

(一)土地承包方案以及将土地发包给本集体以外的单位或者个人承包;

(二)个别土地承包经营权人之间承包地的调整;

(三)土地补偿费等费用的使用、分配办法;

(四)集体出资的企业的所有权变动等事项;

(五)法律规定的其他事项。

第六十条 对于集体所有的土地和森林、山岭、草原、荒地、滩涂等,依照下列规定行使所有权:

(一)属于村农民集体所有的,由村集体经济组织或者村民委员会代表集体行使所有权；

（二）分别属于村内两个以上农民集体所有的，由村内各该集体经济组织或者村民小组代表集体行使所有权；

（三）属于乡镇农民集体所有的，由乡镇集体经济组织代表集体行使所有权。

第六十一条 城镇集体所有的不动产和动产，依照法律、行政法规的规定由本集体享有占有、使用、收益和处分的权利。

第六十二条 集体经济组织或者村民委员会、村民小组应当依照法律、行政法规以及章程、村规民约向本集体成员公布集体财产的状况。

第六十三条 集体所有的财产受法律保护，禁止任何单位和个人侵占、哄抢、私分、破坏。

集体经济组织、村民委员会或者其负责人作出的决定侵害集体成员合法权益的，受侵害的集体成员可以请求人民法院予以撤销。

第六十四条 私人对其合法的收入、房屋、生活用品、生产工具、原材料等不动产和动产享有所有权。

第六十五条 私人合法的储蓄、投资及其收益受法律保护。

国家依照法律规定保护私人的继承权及其他合法权益。

第六十六条 私人的合法财产受法律保护，禁止任何单位和个人侵占、哄抢、破坏。

第六十七条 国家、集体和私人依法可以出资设立有限责任公司、股份有限公司或者其他企业。国家、集体和私人所有的不动产或者动产，投到企业的，由出资人按照约定或者出资比例享有资产收益、重大决策以及选择经营管理者等权利并履行义务。

第六十八条 企业法人对其不动产和动产依照法律、行政法规以及章程享有占有、使用、收益和处分的权利。

企业法人以外的法人，对其不动产和动产的权利，适用有关法律、行政法规以及章程的规定。

第六十九条 社会团体依法所有的不动产和动产，受法律保护。

第六章　业主的建筑物区分所有权

第七十条　业主对建筑物内的住宅、经营性用房等专有部分享有所有权,对专有部分以外的共有部分享有共有和共同管理的权利。

第七十一条　业主对其建筑物专有部分享有占有、使用、收益和处分的权利。业主行使权利不得危及建筑物的安全,不得损害其他业主的合法权益。

第七十二条　业主对建筑物专有部分以外的共有部分,享有权利,承担义务;不得以放弃权利不履行义务。

业主转让建筑物内的住宅、经营性用房,其对共有部分享有的共有和共同管理的权利一并转让。

第七十三条　建筑区划内的道路,属于业主共有,但属于城镇公共道路的除外。建筑区划内的绿地,属于业主共有,但属于城镇公共绿地或者明示属于个人的除外。建筑区划内的其他公共场所、公用设施和物业服务用房,属于业主共有。

第七十四条　建筑区划内,规划用于停放汽车的车位、车库应当首先满足业主的需要。

建筑区划内,规划用于停放汽车的车位、车库的归属,由当事人通过出售、附赠或者出租等方式约定。

占用业主共有的道路或者其他场地用于停放汽车的车位,属于业主共有。

第七十五条　业主可以设立业主大会,选举业主委员会。

地方人民政府有关部门应当对设立业主大会和选举业主委员会给予指导和协助。

第七十六条　下列事项由业主共同决定:

(一)制定和修改业主大会议事规则;

(二)制定和修改建筑物及其附属设施的管理规约;

(三)选举业主委员会或者更换业主委员会成员;

(四)选聘和解聘物业服务企业或者其他管理人；

(五)筹集和使用建筑物及其附属设施的维修资金；

(六)改建、重建建筑物及其附属设施；

(七)有关共有和共同管理权利的其他重大事项。

决定前款第五项和第六项规定的事项，应当经专有部分占建筑物总面积三分之二以上的业主且占总人数三分之二以上的业主同意。决定前款其他事项，应当经专有部分占建筑物总面积过半数的业主且占总人数过半数的业主同意。

第七十七条　业主不得违反法律、法规以及管理规约将住宅改变为经营性用房。业主将住宅改变为经营性用房的，除遵守法律、法规以及管理规约外，应当经有利害关系的业主同意。

第七十八条　业主大会或者业主委员会的决定，对业主具有约束力。

业主大会或者业主委员会作出的决定侵害业主合法权益的，受侵害的业主可以请求人民法院予以撤销。

第七十九条　建筑物及其附属设施的维修资金，属于业主共有。经业主共同决定，可以用于电梯、水箱等共有部分的维修。维修资金的筹集、使用情况应当公布。

第八十条　建筑物及其附属设施的费用分摊、收益分配等事项，有约定的，按照约定；没有约定或者约定不明确的，按照业主专有部分占建筑物总面积的比例确定。

第八十一条　业主可以自行管理建筑物及其附属设施，也可以委托物业服务企业或者其他管理人管理。

对建设单位聘请的物业服务企业或者其他管理人，业主有权依法更换。

第八十二条　物业服务企业或者其他管理人根据业主的委托管理建筑区划内的建筑物及其附属设施，并接受业主的监督。

第八十三条　业主应当遵守法律、法规以及管理规约。

业主大会和业主委员会，对任意弃置垃圾、排放污染物或者噪声、违反规定饲养动物、违章搭建、侵占通道、拒付物业费等损害他人合法权益的行为,有权依照法律、法规以及管理规约,要求行为人停止侵害、消除危险、排除妨害、赔偿损失。业主对侵害自己合法权益的行为,可以依法向人民法院提起诉讼。

第七章　相邻关系

第八十四条　不动产的相邻权利人应当按照有利生产、方便生活、团结互助、公平合理的原则,正确处理相邻关系。

第八十五条　法律、法规对处理相邻关系有规定的,依照其规定;法律、法规没有规定的,可以按照当地习惯。

第八十六条　不动产权利人应当为相邻权利人用水、排水提供必要的便利。

对自然流水的利用,应当在不动产的相邻权利人之间合理分配。对自然流水的排放,应当尊重自然流向。

第八十七条　不动产权利人对相邻权利人因通行等必须利用其土地的,应当提供必要的便利。

第八十八条　不动产权利人因建造、修缮建筑物以及铺设电线、电缆、水管、暖气和燃气管线等必须利用相邻土地、建筑物的,该土地、建筑物的权利人应当提供必要的便利。

第八十九条　建造建筑物,不得违反国家有关工程建设标准,妨碍相邻建筑物的通风、采光和日照。

第九十条　不动产权利人不得违反国家规定弃置固体废物,排放大气污染物、水污染物、噪声、光、电磁波辐射等有害物质。

第九十一条　不动产权利人挖掘土地、建造建筑物、铺设管线以及安装设备等,不得危及相邻不动产的安全。

第九十二条　不动产权利人因用水、排水、通行、铺设管线等利用相邻不动产的,应当尽量避免对相邻的不动产权利人造成损害;造成损害的,应当给予赔偿。

第八章　共　有

第九十三条　不动产或者动产可以由两个以上单位、个人共有。共有包括按份共有和共同共有。

第九十四条　按份共有人对共有的不动产或者动产按照其份额享有所有权。

第九十五条　共同共有人对共有的不动产或者动产共同享有所有权。

第九十六条　共有人按照约定管理共有的不动产或者动产；没有约定或者约定不明确的，各共有人都有管理的权利和义务。

第九十七条　处分共有的不动产或者动产以及对共有的不动产或者动产作重大修缮的，应当经占份额三分之二以上的按份共有人或者全体共同共有人同意，但共有人之间另有约定的除外。

第九十八条　对共有物的管理费用以及其他负担，有约定的，按照约定；没有约定或者约定不明确的，按份共有人按照其份额负担，共同共有人共同负担。

第九十九条　共有人约定不得分割共有的不动产或者动产，以维持共有关系的，应当按照约定，但共有人有重大理由需要分割的，可以请求分割；没有约定或者约定不明确的，按份共有人可以随时请求分割，共同共有人在共有的基础丧失或者有重大理由需要分割时可以请求分割。因分割对其他共有人造成损害的，应当给予赔偿。

第一百条　共有人可以协商确定分割方式。达不成协议，共有的不动产或者动产可以分割并且不会因分割减损价值的，应当对实物予以分割；难以分割或者因分割会减损价值的，应当对折价或者拍卖、变卖取得的价款予以分割。

共有人分割所得的不动产或者动产有瑕疵的，其他共有人应当分担损失。

第一百零一条　按份共有人可以转让其享有的共有的不动产或者动产份额。其他共有人在同等条件下享有优先购买的权利。

第一百零二条 因共有的不动产或者动产产生的债权债务,在对外关系上,共有人享有连带债权、承担连带债务,但法律另有规定或者第三人知道共有人不具有连带债权债务关系的除外;在共有人内部关系上,除共有人另有约定外,按份共有人按照份额享有债权、承担债务,共同共有人共同享有债权、承担债务。偿还债务超过自己应当承担份额的按份共有人,有权向其他共有人追偿。

第一百零三条 共有人对共有的不动产或者动产没有约定为按份共有或者共同共有,或者约定不明确的,除共有人具有家庭关系等外,视为按份共有。

第一百零四条 按份共有人对共有的不动产或者动产享有的份额,没有约定或者约定不明确的,按照出资额确定;不能确定出资额的,视为等额享有。

第一百零五条 两个以上单位、个人共同享有用益物权、担保物权的,参照本章规定。

第九章 所有权取得的特别规定

第一百零六条 无处分权人将不动产或者动产转让给受让人的,所有权人有权追回;除法律另有规定外,符合下列情形的,受让人取得该不动产或者动产的所有权:

(一)受让人受让该不动产或者动产时是善意的;

(二)以合理的价格转让;

(三) 转让的不动产或者动产依照法律规定应当登记的已经登记,不需要登记的已经交付给受让人。

受让人依照前款规定取得不动产或者动产的所有权的,原所有权人有权向无处分权人请求赔偿损失。

当事人善意取得其他物权的,参照前两款规定。

第一百零七条 所有权人或者其他权利人有权追回遗失物。该遗失物通过转让被他人占有的,权利人有权向无处分权人请求损害赔偿,或者自知道或者应当知道受让人之日起二年内向受让人请求返还原物，但受让人通过拍卖或者向具有经营资格的经营者购得该遗失物的，权利人请求返还原物时应当支付受让人所付的费用。权利人向受让人支付所付费用后，有权向无处分权人追偿。

第一百零八条　善意受让人取得动产后，该动产上的原有权利消灭，但善意受让人在受让时知道或者应当知道该权利的除外。

第一百零九条　拾得遗失物，应当返还权利人。拾得人应当及时通知权利人领取，或者送交公安等有关部门。

第一百一十条　有关部门收到遗失物，知道权利人的，应当及时通知其领取；不知道的，应当及时发布招领公告。

第一百一十一条　拾得人在遗失物送交有关部门前，有关部门在遗失物被领取前，应当妥善保管遗失物。因故意或者重大过失致使遗失物毁损、灭失的，应当承担民事责任。

第一百一十二条　权利人领取遗失物时，应当向拾得人或者有关部门支付保管遗失物等支出的必要费用。

权利人悬赏寻找遗失物的，领取遗失物时应当按照承诺履行义务。

拾得人侵占遗失物的，无权请求保管遗失物等支出的费用，也无权请求权利人按照承诺履行义务。

第一百一十三条　遗失物自发布招领公告之日起六个月内无人认领的，归国家所有。

第一百一十四条　拾得漂流物、发现埋藏物或者隐藏物的，参照拾得遗失物的有关规定。文物保护法等法律另有规定的，依照其规定。

第一百一十五条　主物转让的，从物随主物转让，但当事人另有约定的除外。

第一百一十六条　天然孳息，由所有权人取得；既有所有权人又有用益物权人的，由用益物权人取得。当事人另有约定的，按照约定。

法定孳息，当事人有约定的，按照约定取得；没有约定或者约定不明确的，按照交易习惯取得。

第三编　用益物权

第十章　一般规定

第一百一十七条　用益物权人对他人所有的不动产或者动产,依法享有占有、使用和收益的权利。

第一百一十八条　国家所有或者国家所有由集体使用以及法律规定属于集体所有的自然资源,单位、个人依法可以占有、使用和收益。

第一百一十九条　国家实行自然资源有偿使用制度,但法律另有规定的除外。

第一百二十条　用益物权人行使权利,应当遵守法律有关保护和合理开发利用资源的规定。所有权人不得干涉用益物权人行使权利。

第一百二十一条　因不动产或者动产被征收、征用致使用益物权消灭或者影响用益物权行使的,用益物权人有权依照本法第四十二条、第四十四条的规定获得相应补偿。

第一百二十二条　依法取得的海域使用权受法律保护。

第一百二十三条　依法取得的探矿权、采矿权、取水权和使用水域、滩涂从事养殖、捕捞的权利受法律保护。

第十一章　土地承包经营权

第一百二十四条　农村集体经济组织实行家庭承包经营为基础、统分结合的双层经营体制。

农民集体所有和国家所有由农民集体使用的耕地、林地、草地以及其他用于农业的土地,依法实行土地承包经营制度。

第一百二十五条　土地承包经营权人依法对其承包经营的耕地、林地、草地等享有占有、使用和收益的权利,有权从事种植业、林业、畜牧业等农业生产。

第一百二十六条　耕地的承包期为三十年。草地的承包期为三十年至五十年。林地的承包期为三十年至七十年;特殊林木的林地承包期,经国务院林业行政主管部门批准可以延长。

前款规定的承包期届满,由土地承包经营权人按照国家有关规定继续承包。

第一百二十七条　土地承包经营权自土地承包经营权合同生效时设立。

县级以上地方人民政府应当向土地承包经营权人发放土地承包经营权证、林权证、草原使用权证,并登记造册,确认土地承包经营权。

第一百二十八条　土地承包经营权人依照农村土地承包法的规定,有权将土地承包经营权采取转包、互换、转让等方式流转。流转的期限不得超过承包期的剩余期限。未经依法批准,不得将承包地用于非农建设。

第一百二十九条　土地承包经营权人将土地承包经营权互换、转让,当事人要求登记的,应当向县级以上地方人民政府申请土地承包经营权变更登记;未经登记,不得对抗善意第三人。

第一百三十条　承包期内发包人不得调整承包地。

因自然灾害严重毁损承包地等特殊情形,需要适当调整承包的耕地和草地的,应当依照农村土地承包法等法律规定办理。

第一百三十一条　承包期内发包人不得收回承包地。农村土地承包法等法律另有规定的,依照其规定。

第一百三十二条　承包地被征收的,土地承包经营权人有权依照本法第四十二条第二款的规定获得相应补偿。

第一百三十三条　通过招标、拍卖、公开协商等方式承包荒地等农村土地,依照农村土地承包法等法律和国务院的有关规定,其土地承包经营权可以转让、入股、抵押或者以其他方式流转。

第一百三十四条　国家所有的农用地实行承包经营的,参照本法的有关规定。

第十二章　建设用地使用权

第一百三十五条　建设用地使用权人依法对国家所有的土地享有占有、使用和收益的权利,有权利用该土地建造建筑物、构筑物及其附属设施。

第一百三十六条　建设用地使用权可以在土地的地表、地上或者地下分别设立。新设立的建设用地使用权,不得损害已设立的用益物权。

第一百三十七条　设立建设用地使用权,可以采取出让或者划拨等方式。

工业、商业、旅游、娱乐和商品住宅等经营性用地以及同一土地有两个以上意向用地者的,应当采取招标、拍卖等公开竞价的方式出让。

严格限制以划拨方式设立建设用地使用权。采取划拨方式的,应当遵守法律、行政法规关于土地用途的规定。

第一百三十八条　采取招标、拍卖、协议等出让方式设立建设用地使用权的,当事人应当采取书面形式订立建设用地使用权出让合同。

建设用地使用权出让合同一般包括下列条款:

(一)当事人的名称和住所;

(二)土地界址、面积等;

(三)建筑物、构筑物及其附属设施占用的空间;

(四)土地用途;

(五)使用期限;

(六)出让金等费用及其支付方式;

(七)解决争议的方法。

第一百三十九条　设立建设用地使用权的,应当向登记机构申请建设用地使用权登记。建设用地使用权自登记时设立。登记机构应当向建设用地使用权人发放建设用地使用权证书。

第一百四十条　建设用地使用权人应当合理利用土地,不得改变土地用途;需要改变土地用途的,应当依法经有关行政主管部门批准。

第一百四十一条　建设用地使用权人应当依照法律规定以及合同约定支付出让金等费用。

第一百四十二条　建设用地使用权人建造的建筑物、构筑物及其附属设施的所有权属于建设用地使用权人,但有相反证据证明的除外。

第一百四十三条　建设用地使用权人有权将建设用地使用权转让、互换、出资、赠与或者抵押,但法律另有规定的除外。

第一百四十四条　建设用地使用权转让、互换、出资、赠与或者抵押的,当事人应当采取书面形式订立相应的合同。使用期限由当事人约定,但不得超过建设用地使用权的剩余期限。

第一百四十五条　建设用地使用权转让、互换、出资或者赠与的,应当向登记机构申请变更登记。

第一百四十六条　建设用地使用权转让、互换、出资或者赠与的,附着于该土地上的建筑物、构筑物及其附属设施一并处分。

第一百四十七条　建筑物、构筑物及其附属设施转让、互换、出资或者赠与的,该建筑物、构筑物及其附属设施占用范围内的建设用地使用权一并处分。

第一百四十八条　建设用地使用权期间届满前,因公共利益需要提前收回该土地的,应当依照本法第四十二条的规定对该土地上的房屋及其他不动产给予补偿,并退还相应的出让金。

第一百四十九条　住宅建设用地使用权期间届满的,自动续期。

非住宅建设用地使用权期间届满后的续期,依照法律规定办理。该土地上的房屋及其他不动产的归属,有约定的,按照约定;没有约定或者约定不明确的,依照法律、行政法规的规定办理。

第一百五十条　建设用地使用权消灭的,出让人应当及时办理注销登记。登记机构应当收回建设用地使用权证书。

第一百五十一条　集体所有的土地作为建设用地的,应当依照土地管理法等法律规定办理。

第十三章　宅基地使用权

第一百五十二条　宅基地使用权人依法对集体所有的土地享有占有和使用的权利,有权依法利用该土地建造住宅及其附属设施。

第一百五十三条　宅基地使用权的取得、行使和转让,适用土地管理法等法律和国家有关规定。

第一百五十四条　宅基地因自然灾害等原因灭失的,宅基地使用权消灭。对失去宅基地的村民,应当重新分配宅基地。

第一百五十五条　已经登记的宅基地使用权转让或者消灭的,应当及时办理变更登记或者注销登记。

第十四章　地役权

第一百五十六条　地役权人有权按照合同约定,利用他人的不动产,以提高自己的不动产的效益。

前款所称他人的不动产为供役地,自己的不动产为需役地。

第一百五十七条　设立地役权,当事人应当采取书面形式订立地役权合同。

地役权合同一般包括下列条款:

(一)当事人的姓名或者名称和住所;

(二)供役地和需役地的位置;

(三)利用目的和方法;

(四)利用期限;

(五)费用及其支付方式;

(六)解决争议的方法。

第一百五十八条　地役权自地役权合同生效时设立。当事人要求登记的,可以向登记机构申请地役权登记;未经登记,不得对抗善意第三人。

第一百五十九条　供役地权利人应当按照合同约定,允许地役权人利用其土地,不得妨害地役权人行使权利。

第一百六十条　地役权人应当按照合同约定的利用目的和方法利用供役地,尽量减少对供役地权利人物权的限制。

第一百六十一条　地役权的期限由当事人约定,但不得超过土地承包经营权、建设用地使用权等用益物权的剩余期限。

第一百六十二条　土地所有权人享有地役权或者负担地役权的,设立土地承包经营权、宅基地使用权时,该土地承包经营权人、宅基地使用权人继续享有或者负担已设立的地役权。

第一百六十三条　土地上已设立土地承包经营权、建设用地使用权、宅基地使用权等权利的,未经用益物权人同意,土地所有权人不得设立地役权。

第一百六十四条　地役权不得单独转让。土地承包经营权、建设用地使用权等转让的,地役权一并转让,但合同另有约定的除外。

第一百六十五条　地役权不得单独抵押。土地承包经营权、建设用地使用权等抵押的,在实现抵押权时,地役权一并转让。

第一百六十六条　需役地以及需役地上的土地承包经营权、建设用地使用权部分转让时,转让部分涉及地役权的,受让人同时享有地役权。

第一百六十七条　供役地以及供役地上的土地承包经营权、建设用地使用权部分转让时, 转让部分涉及地役权的, 地役权对受让人具有约束力。

第一百六十八条　地役权人有下列情形之一的,供役地权利人有权解除地役权合同,地役权消灭:

(一)违反法律规定或者合同约定,滥用地役权;

(二)有偿利用供役地,约定的付款期间届满后在合理期限内经两次催告未支付费用。

第一百六十九条　已经登记的地役权变更、转让或者消灭的,应当及时办理变更登记或者注销登记。

第四编　担保物权

第十五章　一般规定

第一百七十条　担保物权人在债务人不履行到期债务或者发生当事人约定的实现担保物权的情形,依法享有就担保财产优先受偿的权利,但法律另有规定的除外。

第一百七十一条　债权人在借贷、买卖等民事活动中,为保障实现其债权,需要担保的,可以依照本法和其他法律的规定设立担保物权。

第三人为债务人向债权人提供担保的,可以要求债务人提供反担保。反担保适用本法和其他法律的规定。

第一百七十二条　设立担保物权,应当依照本法和其他法律的规定订立担保合同。担保合同是主债权债务合同的从合同。主债权债务合同无效,担保合同无效,但法律另有规定的除外。

担保合同被确认无效后,债务人、担保人、债权人有过错的,应当根据其过错各自承担相应的民事责任。

第一百七十三条　担保物权的担保范围包括主债权及其利息、违约金、损害赔偿金、保管担保财产和实现担保物权的费用。当事人另有约定的,按照约定。

第一百七十四条　担保期间,担保财产毁损、灭失或者被征收等,担保物权人可以就获得的保险金、赔偿金或者补偿金等优先受偿。被担保债权的履行期未届满的,也可以提存该保险金、赔偿金或者补偿金等。

第一百七十五条　第三人提供担保,未经其书面同意,债权人允许债务人转移全部或者部分债务的,担保人不再承担相应的担保责任。

第一百七十六条　被担保的债权既有物的担保又有人的担保的,债务人不履行到期债务或者发生当事人约定的实现担保物权的情形,债权人应当按照约定实现债权;没有约定或者约定不明确,债务人自己提供物的担保的,债权人应当先就该物的担保实现债权;第三人提供物的担保的,债权人可以就物的担保实现债权,也可以要求保证人承担保证责任。提供担保的第三人承担担保责任后,有权向债务人追偿。

第一百七十七条 有下列情形之一的,担保物权消灭:

(一)主债权消灭;

(二)担保物权实现;

(三)债权人放弃担保物权;

(四)法律规定担保物权消灭的其他情形。

第一百七十八条 担保法与本法的规定不一致的,适用本法。

第十六章 抵押权

第一节 一般抵押权

第一百七十九条 为担保债务的履行,债务人或者第三人不转移财产的占有,将该财产抵押给债权人的,债务人不履行到期债务或者发生当事人约定的实现抵押权的情形,债权人有权就该财产优先受偿。

前款规定的债务人或者第三人为抵押人,债权人为抵押权人,提供担保的财产为抵押财产。

第一百八十条 债务人或者第三人有权处分的下列财产可以抵押:

(一)建筑物和其他土地附着物;

(二)建设用地使用权;

(三)以招标、拍卖、公开协商等方式取得的荒地等土地承包经营权;

(四)生产设备、原材料、半成品、产品;

(五)正在建造的建筑物、船舶、航空器;

(六)交通运输工具;

(七)法律、行政法规未禁止抵押的其他财产。

抵押人可以将前款所列财产一并抵押。

第一百八十一条 经当事人书面协议,企业、个体工商户、农业生产经营者可以将现有的以及将有的生产设备、原材料、半成品、产品抵押,债务人不履行到期债务或者发生当事人约定的实现抵押权的情形,债权人有权就实现抵押权时的动产优先受偿。

第一百八十二条　以建筑物抵押的，该建筑物占用范围内的建设用地使用权一并抵押。以建设用地使用权抵押的，该土地上的建筑物一并抵押。

抵押人未依照前款规定一并抵押的，未抵押的财产视为一并抵押。

第一百八十三条　乡镇、村企业的建设用地使用权不得单独抵押。以乡镇、村企业的厂房等建筑物抵押的，其占用范围内的建设用地使用权一并抵押。

第一百八十四条　下列财产不得抵押：

（一）土地所有权；

（二）耕地、宅基地、自留地、自留山等集体所有的土地使用权，但法律规定可以抵押的除外；

（三）学校、幼儿园、医院等以公益为目的的事业单位、社会团体的教育设施、医疗卫生设施和其他社会公益设施；

（四）所有权、使用权不明或者有争议的财产；

（五）依法被查封、扣押、监管的财产；

（六）法律、行政法规规定不得抵押的其他财产。

第一百八十五条　设立抵押权，当事人应当采取书面形式订立抵押合同。

抵押合同一般包括下列条款：

（一）被担保债权的种类和数额；

（二）债务人履行债务的期限；

（三）抵押财产的名称、数量、质量、状况、所在地、所有权归属或者使用权归属；

（四）担保的范围。

第一百八十六条　抵押权人在债务履行期届满前，不得与抵押人约定债务人不履行到期债务时抵押财产归债权人所有。

第一百八十七条　以本法第一百八十条第一款第一项至第三项规定的财产或者第五项规定的正在建造的建筑物抵押的，应当办理抵押登记。

抵押权自登记时设立。

第一百八十八条 以本法第一百八十条第一款第四项、第六项规定的财产或者第五项规定的正在建造的船舶、航空器抵押的,抵押权自抵押合同生效时设立;未经登记,不得对抗善意第三人。

第一百八十九条 企业、个体工商户、农业生产经营者以本法第一百八十一条规定的动产抵押的,应当向抵押人住所地的工商行政管理部门办理登记。抵押权自抵押合同生效时设立;未经登记,不得对抗善意第三人。

依照本法第一百八十一条规定抵押的, 不得对抗正常经营活动中已支付合理价款并取得抵押财产的买受人。

第一百九十条 订立抵押合同前抵押财产已出租的,原租赁关系不受该抵押权的影响。抵押权设立后抵押财产出租的,该租赁关系不得对抗已登记的抵押权。

第一百九十一条 抵押期间, 抵押人经抵押权人同意转让抵押财产的,应当将转让所得的价款向抵押权人提前清偿债务或者提存。转让的价款超过债权数额的部分归抵押人所有,不足部分由债务人清偿。

抵押期间,抵押人未经抵押权人同意,不得转让抵押财产,但受让人代为清偿债务消灭抵押权的除外。

第一百九十二条 抵押权不得与债权分离而单独转让或者作为其他债权的担保。债权转让的,担保该债权的抵押权一并转让,但法律另有规定或者当事人另有约定的除外。

第一百九十三条 抵押人的行为足以使抵押财产价值减少的, 抵押权人有权要求抵押人停止其行为。抵押财产价值减少的,抵押权人有权要求恢复抵押财产的价值,或者提供与减少的价值相应的担保。抵押人不恢复抵押财产的价值也不提供担保的,抵押权人有权要求债务人提前清偿债务。

第一百九十四条 抵押权人可以放弃抵押权或者抵押权的顺位。抵押权人与抵押人可以协议变更抵押权顺位以及被担保的债权数额等内容,但抵押权的变更,未经其他抵押权人书面同意,不得对其他抵押权人产生不利影响。

债务人以自己的财产设定抵押,抵押权人放弃该抵押权、抵押权顺位或者变更抵押权的，其他担保人在抵押权人丧失优先受偿权益的范围内免除担保责任，但其他担保人承诺仍然提供担保的除外。

第一百九十五条　债务人不履行到期债务或者发生当事人约定的实现抵押权的情形，抵押权人可以与抵押人协议以抵押财产折价或者以拍卖、变卖该抵押财产所得的价款优先受偿。协议损害其他债权人利益的，其他债权人可以在知道或者应当知道撤销事由之日起一年内请求人民法院撤销该协议。

抵押权人与抵押人未就抵押权实现方式达成协议的，抵押权人可以请求人民法院拍卖、变卖抵押财产。

抵押财产折价或者变卖的，应当参照市场价格。

第一百九十六条　依照本法第一百八十一条规定设定抵押的，抵押财产自下列情形之一发生时确定：

（一）债务履行期届满，债权未实现；

（二）抵押人被宣告破产或者被撤销；

（三）当事人约定的实现抵押权的情形；

（四）严重影响债权实现的其他情形。

第一百九十七条　债务人不履行到期债务或者发生当事人约定的实现抵押权的情形，致使抵押财产被人民法院依法扣押的，自扣押之日起抵押权人有权收取该抵押财产的天然孳息或者法定孳息，但抵押权人未通知应当清偿法定孳息的义务人的除外。

前款规定的孳息应当先充抵收取孳息的费用。

第一百九十八条　抵押财产折价或者拍卖、变卖后，其价款超过债权数额的部分归抵押人所有，不足部分由债务人清偿。

第一百九十九条　同一财产向两个以上债权人抵押的，拍卖、变卖抵押财产所得的价款依照下列规定清偿：

（一）抵押权已登记的，按照登记的先后顺序清偿；顺序相同的，按照债权比例清偿；

（二）抵押权已登记的先于未登记的受偿；

（三）抵押权未登记的，按照债权比例清偿。

第二百条　建设用地使用权抵押后,该土地上新增的建筑物不属于抵押财产。该建设用地使用权实现抵押权时,应当将该土地上新增的建筑物与建设用地使用权一并处分,但新增建筑物所得的价款,抵押权人无权优先受偿。

第二百零一条　依照本法第一百八十条第一款第三项规定的土地承包经营权抵押的,或者依照本法第一百八十三条规定以乡镇、村企业的厂房等建筑物占用范围内的建设用地使用权一并抵押的,实现抵押权后,未经法定程序,不得改变土地所有权的性质和土地用途。

第二百零二条　抵押权人应当在主债权诉讼时效期间行使抵押权;未行使的,人民法院不予保护。

第二节　最高额抵押权

第二百零三条　为担保债务的履行,债务人或者第三人对一定期间内将要连续发生的债权提供担保财产的,债务人不履行到期债务或者发生当事人约定的实现抵押权的情形,抵押权人有权在最高债权额限度内就该担保财产优先受偿。

最高额抵押权设立前已经存在的债权,经当事人同意,可以转入最高额抵押担保的债权范围。

第二百零四条　最高额抵押担保的债权确定前,部分债权转让的,最高额抵押权不得转让,但当事人另有约定的除外。

第二百零五条　最高额抵押担保的债权确定前,抵押权人与抵押人可以通过协议变更债权确定的期间、债权范围以及最高债权额,但变更的内容不得对其他抵押权人产生不利影响。

第二百零六条　有下列情形之一的,抵押权人的债权确定:

(一)约定的债权确定期间届满;

(二)没有约定债权确定期间或者约定不明确,抵押权人或者抵押人自最高额抵押权设立之日起满二年后请求确定债权;

(三)新的债权不可能发生;

(四)抵押财产被查封、扣押;

(五)债务人、抵押人被宣告破产或者被撤销;

（六）法律规定债权确定的其他情形。

第二百零七条　最高额抵押权除适用本节规定外,适用本章第一节一般抵押权的规定。

第十七章　质　　权

第一节　动产质权

第二百零八条　为担保债务的履行,债务人或者第三人将其动产出质给债权人占有的, 债务人不履行到期债务或者发生当事人约定的实现质权的情形,债权人有权就该动产优先受偿。

前款规定的债务人或者第三人为出质人,债权人为质权人,交付的动产为质押财产。

第二百零九条　法律、行政法规禁止转让的动产不得出质。

第二百一十条　设立质权,当事人应当采取书面形式订立质权合同。

质权合同一般包括下列条款:

（一）被担保债权的种类和数额;

（二）债务人履行债务的期限;

（三）质押财产的名称、数量、质量、状况;

（四）担保的范围;

（五）质押财产交付的时间。

第二百一十一条　质权人在债务履行期届满前,不得与出质人约定债务人不履行到期债务时质押财产归债权人所有。

第二百一十二条　质权自出质人交付质押财产时设立。

第二百一十三条　质权人有权收取质押财产的孳息,但合同另有约定的除外。

前款规定的孳息应当先充抵收取孳息的费用。

第二百一十四条　质权人在质权存续期间,未经出质人同意,擅自使用、处分质押财产,给出质人造成损害的,应当承担赔偿责任。

第二百一十五条　质权人负有妥善保管质押财产的义务;因保管不善

致使质押财产毁损、灭失的,应当承担赔偿责任。

质权人的行为可能使质押财产毁损、灭失的,出质人可以要求质权人将质押财产提存,或者要求提前清偿债务并返还质押财产。

第二百一十六条 因不能归责于质权人的事由可能使质押财产毁损或者价值明显减少,足以危害质权人权利的,质权人有权要求出质人提供相应的担保;出质人不提供的,质权人可以拍卖、变卖质押财产,并与出质人通过协议将拍卖、变卖所得的价款提前清偿债务或者提存。

第二百一十七条 质权人在质权存续期间,未经出质人同意转质,造成质押财产毁损、灭失的,应当向出质人承担赔偿责任。

第二百一十八条 质权人可以放弃质权。债务人以自己的财产出质,质权人放弃该质权的,其他担保人在质权人丧失优先受偿权益的范围内免除担保责任,但其他担保人承诺仍然提供担保的除外。

第二百一十九条 债务人履行债务或者出质人提前清偿所担保的债权的,质权人应当返还质押财产。

债务人不履行到期债务或者发生当事人约定的实现质权的情形,质权人可以与出质人协议以质押财产折价,也可以就拍卖、变卖质押财产所得的价款优先受偿。

质押财产折价或者变卖的,应当参照市场价格。

第二百二十条 出质人可以请求质权人在债务履行期届满后及时行使质权;质权人不行使的,出质人可以请求人民法院拍卖、变卖质押财产。

出质人请求质权人及时行使质权,因质权人怠于行使权利造成损害的,由质权人承担赔偿责任。

第二百二十一条 质押财产折价或者拍卖、变卖后,其价款超过债权数额的部分归出质人所有,不足部分由债务人清偿。

第二百二十二条 出质人与质权人可以协议设立最高额质权。

最高额质权除适用本节有关规定外,参照本法第十六章第二节最高额抵押权的规定。

第二节 权利质权

第二百二十三条 债务人或者第三人有权处分的下列权利可以出质:

（一）汇票、支票、本票；

（二）债券、存款单；

（三）仓单、提单；

（四）可以转让的基金份额、股权；

（五）可以转让的注册商标专用权、专利权、著作权等知识产权中的财产权；

（六）应收账款；

（七）法律、行政法规规定可以出质的其他财产权利。

第二百二十四条 以汇票、支票、本票、债券、存款单、仓单、提单出质的，当事人应当订立书面合同。质权自权利凭证交付质权人时设立；没有权利凭证的，质权自有关部门办理出质登记时设立。

第二百二十五条 汇票、支票、本票、债券、存款单、仓单、提单的兑现日期或者提货日期先于主债权到期的，质权人可以兑现或者提货，并与出质人协议将兑现的价款或者提取的货物提前清偿债务或者提存。

第二百二十六条 以基金份额、股权出质的，当事人应当订立书面合同。以基金份额、证券登记结算机构登记的股权出质的，质权自证券登记结算机构办理出质登记时设立；以其他股权出质的，质权自工商行政管理部门办理出质登记时设立。

基金份额、股权出质后，不得转让，但经出质人与质权人协商同意的除外。出质人转让基金份额、股权所得的价款，应当向质权人提前清偿债务或者提存。

第二百二十七条 以注册商标专用权、专利权、著作权等知识产权中的财产权出质的，当事人应当订立书面合同。质权自有关主管部门办理出质登记时设立。

知识产权中的财产权出质后，出质人不得转让或者许可他人使用，但经出质人与质权人协商同意的除外。出质人转让或者许可他人使用出质的知识产权中的财产权所得的价款，应当向质权人提前清偿债务或者提存。

第二百二十八条 以应收账款出质的，当事人应当订立书面合同。质权自信贷征信机构办理出质登记时设立。

应收账款出质后,不得转让,但经出质人与质权人协商同意的除外。出质人转让应收账款所得的价款,应当向质权人提前清偿债务或者提存。

第二百二十九条 权利质权除适用本节规定外,适用本章第一节动产质权的规定。

第十八章 留置权

第二百三十条 债务人不履行到期债务,债权人可以留置已经合法占有的债务人的动产,并有权就该动产优先受偿。

前款规定的债权人为留置债权人,占有的动产为留置财产。

第二百三十一条 债权人留置的动产,应当与债权属于同一法律关系,但企业之间留置的除外。

第二百三十二条 法律规定或者当事人约定不得留置的动产,不得留置。

第二百三十三条 留置财产为可分物的,留置财产的价值应当相当于债务的金额。

第二百三十四条 留置债权人负有妥善保管留置财产的义务;因保管不善致使留置财产毁损、灭失的,应当承担赔偿责任。

第二百三十五条 留置债权人有权收取留置财产的孳息。

前款规定的孳息应当先充抵收取孳息的费用。

第二百三十六条 留置债权人与债务人应当约定留置财产后的债务履行期间;没有约定或者约定不明确的,留置债权人应当给债务人两个月以上履行债务的期间,但鲜活易腐等不易保管的动产除外。债务人逾期未履行的,留置债权人可以与债务人协议以留置财产折价,也可以就拍卖、变卖留置财产所得的价款优先受偿。

留置财产折价或者变卖的,应当参照市场价格。

第二百三十七条 债务人可以请求留置债权人在债务履行期届满后行使留置权;留置债权人不行使的,债务人可以请求人民法院拍卖、变卖留置财产。

第二百三十八条 留置财产折价或者拍卖、变卖后,其价款超过债权数额的部分归债务人所有,不足部分由债务人清偿。

第二百三十九条 同一动产上已设立抵押权或者质权,该动产又被留置的,留置债权人优先受偿。

第二百四十条 留置债权人对留置财产丧失占有或者留置债权人接受债务人另行提供担保的,留置权消灭。

第五编 占 有

第十九章 占 有

第二百四十一条 基于合同关系等产生的占有,有关不动产或者动产的使用、收益、违约责任等,按照合同约定;合同没有约定或者约定不明确的,依照有关法律规定。

第二百四十二条 占有人因使用占有的不动产或者动产,致使该不动产或者动产受到损害的,恶意占有人应当承担赔偿责任。

第二百四十三条 不动产或者动产被占有人占有的,权利人可以请求返还原物及其孳息,但应当支付善意占有人因维护该不动产或者动产支出的必要费用。

第二百四十四条 占有的不动产或者动产毁损、灭失,该不动产或者动产的权利人请求赔偿的,占有人应当将因毁损、灭失取得的保险金、赔偿金或者补偿金等返还给权利人;权利人的损害未得到足够弥补的,恶意占有人还应当赔偿损失。

第二百四十五条 占有的不动产或者动产被侵占的,占有人有权请求返还原物;对妨害占有的行为,占有人有权请求排除妨害或者消除危险;因侵占或者妨害造成损害的,占有人有权请求损害赔偿。

占有人返还原物的请求权,自侵占发生之日起一年内未行使的,该请求权消灭。

附　则

第二百四十六条　法律、行政法规对不动产统一登记的范围、登记机构和登记办法作出规定前,地方性法规可以依照本法有关规定作出规定。

第二百四十七条　本法自 2007 年 10 月 1 日起施行。

附录二　储蓄管理条例

1992 年 12 月 11 日由国务院颁布,自 1993 年 3 月 1 日起施行。

第一章　总　则

第一条　为了发展储蓄事业,保护储户的合法权益,加强储蓄管理,制定本条例。

第二条　凡在中国境内办理储蓄业务的储蓄机构和参加储蓄的个人,必须遵守本条例的规定。

第三条　本条例所称储蓄是指个人将属于其所有的人民币或者外币存入储蓄机构,储蓄机构开具存折或存单,个人凭存折或者存单可以支取存款本金和利息,储蓄机构依照规定支付存款本金和利息的活动。

任何单位和个人不得将公款以个人名义转为储蓄存款。

第四条　本条例所称储蓄机构是指经中国人民银行或其分支机构批准,各银行、信用合作社办理储蓄业务的机构,以及邮政企业依法办理储蓄业务的机构。

第五条　国家保护合法储蓄存款的所有权及其合法权益,鼓励个人参加储蓄。

储蓄机构办理储蓄业务,必须遵循"存款自愿,取款自由,存款有息,为储户保密"的原则。

第六条　中国人民银行负责全国储蓄管理工作。

中国人民银行及其分支机构负责储蓄机构和储蓄业务的审批,协调、仲裁有关储蓄机构之间在储蓄业务方面的争议。监督、稽核储蓄机构的业务工作,纠正和处罚违反国家储蓄法律、法规和政策的行为。

第七条　中国人民银行经国务院批准,可以采取适当措施稳定储蓄,保护储户利益。

第八条　除储蓄机构外,任何单位和个人不得办理储蓄业务。

第二章 储蓄机构

第九条 储蓄机构的设置,应当遵循统一原则,方便群众,注重实效,确保安全的原则。

第十条 储蓄机构的设置,应当按照国家有关规定报中国人民银行或其分支机构批准,并申领《经营金融业务许可证》,但国家法律、行政法规另有规定的除外。

第十一条 储蓄机构的设置必须具备下列条件:

(一)有机构名称、组织机构和营业场所;

(二)熟悉储蓄业务的工作人员不少于四人;

(三)有必要的安全防范设备。

第十二条 经当地中国人民银行分支机构批准,储蓄机构可以设立储蓄代办点。储蓄代办点的管理办法,由中国人民银行规定。

第十三条 储蓄机构应当按照规定时间营业,不得擅自停业或者缩短营业时间。

第十四条 储蓄机构应当保证储蓄存款本金和利息的支付,不得违反规定拒绝支付储蓄存款本金和利息。

第十五条 储蓄机构不得使用不正当手段吸收储蓄存款。

第三章 储蓄业务

第十六条 储蓄机构可以办理下列人民币储蓄业务:

(一)活期储蓄存款;

(二)整存整取定期储蓄存款;

(三)零存整取定期储蓄存款;

(四)存本取息定期储蓄存款;

(五)整存零取定期储蓄存款;

(六)定活两便储蓄存款;

(七)华侨(人民币)整存整取定期储蓄存款;

（八）经中国人民银行批准开办的其他种类的储蓄存款。

第十七条 经外汇管理部门批准,储蓄机构可以办理下列外币储蓄业务：

（一）活期储蓄存款；

（二）整存整取定期储蓄存款；

（三）经中国人民银行批准开办的其他种类的外币储蓄存款。

办理外币储蓄业务,存款本金和利息应当用外币支付。

第十八条 储蓄机构办理定期储蓄存款时,根据储户的意愿,可以同时为储户办理定期储蓄存款到期自动转存业务。

第十九条 根据国家住房改革的有关政策和实际需要,经当地中国人民银行分支机构批准,储蓄机构可以办理个人住房储蓄业务。

第二十条 经中国人民银行或其分支机构批准, 储蓄机构可以办理下列金融业务：

（一）发售和兑付以居民个人为发行对象的国库券、金融债券、企业债券等有价证券；

（二）个人定期储蓄存款存单小额抵押贷款业务；

（三）其他金融业务。

第二十一条 储蓄机构可以办理代发工资和代收房租、水电费等服务性业务。

第四章 储蓄存款利率和计算

第二十二条 储蓄存款利率由中国人民银行拟订,经国务院批准后公布,或者由国务院授权中国人民银行制定、公布。

第二十三条 储蓄机构必须挂牌公告储蓄存款利率,不得擅自变动。

第二十四条 未到期的定期储蓄存款,全部提前支取的,按支取日挂牌公告的活期储蓄存款利率计付利息;部分提前支取的,提前支取的部分按支取日挂牌公告的活期储蓄存款利率计付利息, 其余部分到期时按存单开户日挂牌公告的定期储蓄存款利率计付利息。

第二十五条 逾期支取的定期储蓄存款，其超过原定存期的部分，除约定自动转存的外，按支取日挂牌公告的活期储蓄存款利率计付利息。

第二十六条 定期储蓄存款在存期内遇有利率调整，按存单开户日挂牌公告的相应的定期储蓄存款利率计付利息。

第二十七条 活期储蓄存款在存入遇有利率调整，按结息日挂牌公告的活期储蓄存款利率计付利息。全部支取活期储蓄存款，按清户日挂牌公告的活期储蓄存款利率计付利息。

第二十八条 储户认为储蓄存款利息支付有错误时，有权向经办的储蓄机构申请复核，经办的储蓄机构应当及时受理、复核。

第五章 提前支取、挂失、查询和过户

第二十九条 未到期的定期储蓄存款，储户提前支取的，必须持存单和存款人的身份证明办理；代储户支取的，代支取人还必须持其身份证明。

第三十条 存单、存折分为记名式和不记名式。记名式的存单、存折可以挂失，不记名的存单、存折不能挂失。

第三十一条 储户遗失存单、存折或者预留印鉴的印章的，必须立即持本人身份证明，并提供储户的姓名、开户时间、储蓄种类、金额、账号及住址等有关情况，向其开户的储蓄机构书面申请挂失。在特殊情况下，储户可以用口头或者函电形式申请挂失，但必须在五天内补办书面挂失手续。

储蓄机构受理挂失后，必须立即停止支付该储蓄存款；受理挂失前该储蓄存款已被他人支取的，储蓄机构不负赔偿责任。

第三十二条 储蓄机构及其工作人员对储户的储蓄情况负有保密的责任。

储蓄机构不代任何单位和个人查询、冻结或者划拨储蓄存款，国家法律、行政法规另有规定的除外。

第三十三条 储蓄存款的所有权发生争议、涉及办理过户的，储蓄机

构依据人民法院发生法律效力的判决书、裁定书或者调解书办理过户手续。

第六章 法律责任

第三十四条 违反本条例规定,有下列行为之一的单位和个人,由中国人民银行或其分支机构责令其纠正,并可以根据情节轻重处以罚款、停业整顿、吊销《经营金融业务许可证》;情节严重构成犯罪的,依法追究刑事责任:

(一)擅自开办储蓄业务的;

(二)擅自设置储蓄机构的;

(三)储蓄机构擅自开办新的储蓄种类的;

(四)储蓄机构擅自办理本条例规定以外的其他金融业务的;

(五)擅自停业或者缩短营业时间的;

(六)储蓄机构采取不正当手段吸收储蓄存款的;

(七)违反国家利率规定,擅自变动储蓄存款利率的;

(八)泄露储户储蓄情况或者未经法定程序代为查询、冻结、划拨储蓄存款的;

(九)其他违反国家储蓄法律、法规和政策的。

违反本条例第三章第二款规定的,依照国家有关规定予以处罚。

第三十五条 对处罚决定不服的,当事人可以依照《行政复议条例》的规定申请复议。对复议决定不服的,当事人可以依照《中华人民共和国行政诉讼法》的规定向人民法院提起诉讼。

第三十六条 复议申请人逾期不起诉又不履行复议决定的,依照《行政复议条例》规定执行。

第三十七条 储蓄机构违反国家有关规定,侵犯储户合法权益造成损失的,应当依法承担赔偿责任。

第七章　附　则

第三十八条　本条例施行前的定期储蓄存款,在原定存期内,依照本条例施行前国家有关规定办理计息事宜。

第三十九条　本条例由中国人民银行负责解释,实施细则由中国人民银行制定。

第四十条　本条例自 1993 年 3 月 1 日起施行。1980 年 5 月 28 日中国人民银行发布的《中国人民银行储蓄存款章程》同时废止。

附录三　中华人民共和国人民币管理条例

第一章　总则

第一条　为了加强对人民币的管理,维护人民币的信誉,稳定金融秩序,根据《中华人民共和国中国人民银行法》制定本条例。

第二条　本条例所称人民币是指中国人民银行依法发行的货币,包括纸币和硬币。

从事人民币的设计、印制、发行、流通和回收等活动,应当遵守本条例。

第三条　中华人民共和国的法定货币是人民币。以人民币支付中华人民共和国境内的一切公共的和私人的债务,任何单位和个人不得拒收。

第四条　人民币的单位为元,人民币辅币单位为角、分。1 元等于 10 角,1 角等于 10 分。

人民币依其面额支付。

第五条　中国人民银行是国家管理人民币的主管机关,负责本条例的组织实施。

第六条　任何单位和个人都应当爱护人民币。禁止损害人民币和妨碍人民币流通。

第二章　设计和印制

第七条　新版人民币由中国人民银行组织设计,报国务院批准。

第八条　人民币由中国人民银行指定的专门企业印制。

第九条　印制人民币的企业应当按照中国人民银行制定的人民币质量标准和印制计划印制人民币。

第十条　印制人民币的企业应当将合格的人民币产品全部解缴中国

人民银行人民币发行库，将不合格的人民币产品按照中国人民银行的规定全部销毁。

第十一条　印制人民币的原版、原模使用完毕以后，由中国人民银行封存。

第十二条　印制人民币的特殊材料、技术、工艺、专用设备等重要事项属于国家秘密。印制人民币的企业和有关人员应当保守国家秘密；未经中国人民银行批准，任何单位和个人不得对外提供。

第十三条　未经中国人民银行批准，任何单位和个人不得研制、仿制、引进、销售、购买和使用印制人民币所特有的防伪材料、防伪技术、防伪工艺和专用设备。

第十四条　人民币样币是检验人民币印制质量和鉴别人民币真伪的标准样本，由印制人民币的企业按照中国人民银行的规定印制。人民币样币上应当加印"样币"字样。

第三章　发行和回收

第十五条　人民币由中国人民银行统一发行。

第十六条　中国人民银行发行新版人民币，应当报国务院批准。

中国人民银行应当将新版人民币的发行时间、面额、图案、式样、规格、主色调、主要特征等予以公告。

中国人民银行不得在新版人民币发行公告发布前将新版人民币支付给金融机构。

第十七条　因防伪或者其他原因，需要改变人民币的印制材料、技术或者工艺的，由中国人民银行决定。

中国人民银行应当将改版后的人民币的发行时间、面额、主要特征等予以公告。

中国人民银行不得在改版人民币发行公告发布前将改版人民币支付给金融机构。

第十八条　中国人民银行可以根据需要发行纪念币。

　　纪念币是具有特定主题的限量发行的人民币，包括普通纪念币和贵金属纪念币。

　　第十九条　纪念币的主题、面额、图案、材质、式样、规格、发行数量、发行时间等由中国人民银行确定；但是，纪念币的主题涉及重大政治、历史题材的，应当报国务院批准。

　　中国人民银行应当将纪念币的主题、面额、图案、材质、式样、规格、发行数量、发行时间等予以公告。

　　中国人民银行不得在纪念币发行公告发布前将纪念币支付给金融机构。

　　第二十条　中国人民银行设立人民币发行库，在其分支机构设立分支库，负责保管人民币发行基金。各级人民币发行库主任由同级中国人民银行行长担任。

　　人民币发行基金是中国人民银行人民币发行库保存的未进入流通的人民币。

　　人民币发行基金的调拨应当按照中国人民银行的规定办理。任何单位和个人不得违反规定动用人民币发行基金，不得干扰、阻碍人民币发行基金的调拨。

　　第二十一条　特定版别的人民币的停止流通，应当报国务院批准，并由中国人民银行公告。

　　办理人民币存取款业务的金融机构应当按照中国人民银行的规定，收兑停止流通的人民币，并将其交存当地中国人民银行。

　　中国人民银行不得将停止流通的人民币支付给金融机构，金融机构不得将停止流通的人民币对外支付。

　　第二十二条　办理人民币存取款业务的金融机构应当按照中国人民银行的规定，无偿为公众兑换残缺、污损的人民币，挑剔残缺、污损的人民币，并将其交存当地中国人民银行。

　　中国人民银行不得将残缺、污损的人民币支付给金融机构，金融机构不得将残缺、污损的人民币对外支付。

　　第二十三条　停止流通的人民币和残缺、污损的人民币，由中国人民银行负责回收、销毁。具体办法由中国人民银行制定。

第四章 流通和保护

第二十四条 办理人民币存取款业务的金融机构应当根据合理需要的原则,办理人民币券别调剂业务。

第二十五条 禁止非法买卖流通人民币。

纪念币的买卖,应当遵守中国人民银行的有关规定。

第二十六条 装帧流通人民币和经营流通人民币,应当经中国人民银行批准。

第二十七条 禁止下列损害人民币的行为:

(一)故意毁损人民币;

(二)制作、仿制、买卖人民币图样;

(三)未经中国人民银行批准,在宣传品、出版物或者其他商品上使用人民币图样;

(四)中国人民银行规定的其他损害人民币的行为。

前款人民币图样包括放大、缩小和同样大小的人民币图样。

第二十八条 人民币样币禁止流通。

人民币样币的管理办法,由中国人民银行制定。

第二十九条 任何单位和个人不得印制、发售代币票券,以代替人民币在市场上流通。

第三十条 中国公民出入境、外国人入出境携带人民币实行限额管理制度,具体限额由中国人民银行规定。

第三十一条 禁止伪造、变造人民币。禁止出售、购买伪造、变造的人民币。禁止走私、运输、持有、使用伪造、变造的人民币。

第三十二条 单位和个人持有伪造、变造的人民币的,应当及时上交中国人民银行、公安机关或者办理人民币存取款业务的金融机构;发现他人持有伪造、变造的人民币的,应当立即向公安机关报告。

第三十三条 中国人民银行、公安机关发现伪造、变造的人民币,应当予以没收,加盖"假币"字样的戳记,并登记造册;持有人对公安机关没收的人民币的真伪有异议的,可以向中国人民银行申请鉴定。

公安机关应当将没收的伪造、变造的人民币解缴当地中国人民银行。

第三十四条 办理人民币存取款业务的金融机构发现伪造、变造的人民币,数量较多、有新版的伪造人民币或者有其他制造贩卖伪造、变造的人民币线索的,应当立即报告公安机关;数量较少的,由该金融机构两名以上工作人员当面予以收缴,加盖"假币"字样的戳记,登记造册,向持有人出具中国人民银行统一印制的收缴凭证,并告知持有人可以向中国人民银行或者向中国人民银行授权的国有独资商业银行的业务机构申请鉴定。对伪造、变造的人民币收缴及鉴定的具体办法,由中国人民银行制定。

办理人民币存取款业务的金融机构应当将收缴的伪造、变造的人民币解缴当地中国人民银行。

第三十五条 中国人民银行和中国人民银行授权的国有独资商业银行的业务机构应当无偿提供鉴定人民币真伪的服务。

对盖有"假币"字样戳记的人民币,经鉴定为真币的,由中国人民银行或者中国人民银行授权的国有独资商业银行的业务机构按照面额予以兑换;经鉴定为假币的,由中国人民银行或者中国人民银行授权的国有独资商业银行的业务机构予以没收。

中国人民银行授权的国有独资商业银行的业务机构应当将没收的伪造、变造的人民币解缴当地中国人民银行。

第三十六条 办理人民币存取款业务的金融机构应当采取有效措施,防止以伪造、变造的人民币对外支付。

办理人民币存取款业务的金融机构应当在营业场所无偿提供鉴别人民币真伪的服务。

第三十七条 伪造、变造的人民币由中国人民银行统一销毁。

第三十八条 人民币反假鉴别仪应当按照国家规定标准生产。

人民币反假鉴别仪国家标准,由中国人民银行会同有关部门制定,并协助组织实施。

第三十九条 人民币有下列情形之一的,不得流通:

（一）不能兑换的残缺、污损的人民币；

（二）停止流通的人民币。

第五章　罚则

第四十条　印制人民币的企业和有关人员有下列情形之一的，由中国人民银行给予警告，没收违法所得，并处违法所得 1 倍以上 3 倍以下的罚款，没有违法所得的，处 1 万元以上 10 万元以下的罚款；对直接负责的主管人员和其他直接责任人员，依法给予纪律处分：

（一）未按照中国人民银行制定的人民币质量标准和印制计划印制人民币的；

（二）未将合格的人民币产品全部解缴中国人民银行人民币发行库的；

（三）未按照中国人民银行的规定将不合格的人民币产品全部销毁的；

（四）未经中国人民银行批准，擅自对外提供印制人民币的特殊材料、技术、工艺或者专用设备等国家秘密的。

第四十一条　违反本条例第十三条规定的，由工商行政管理机关和其他有关行政执法机关给予警告，没收违法所得和非法财物，并处违法所得 1 倍以上 3 倍以下的罚款；没有违法所得的，处 2 万元以上 20 万元以下的罚款。

第四十二条　办理人民币存取款业务的金融机构违反本条例第二十一条第二款、第三款和第二十二条规定的，由中国人民银行给予警告，并处 1 000 元以上 5 000 元以下的罚款；对直接负责的主管人员和其他直接责任人员，依法给予纪律处分。

第四十三条　故意毁损人民币的，由公安机关给予警告，并处 1 万元以下的罚款。

第四十四条　违反本条例第二十五条、第二十六条、第二十七条第一款、第二项和第四项规定的，由工商行政管理机关和其他有关行政执法机关给予警告，没收违法所得和非法财物，并处违法所得 1 倍以上 3 倍以下的罚款；没有违法所得的，处 1 000 元以上 5 万元以下的罚款。

工商行政管理机关和其他有关行政执法机关应当销毁非法使用的人民币图样。

第四十五条 办理人民币存取款业务的金融机构、中国人民银行授权的国有独资商业银行的业务机构违反本条例第三十四条、第三十五条和第三十六条规定的,由中国人民银行给予警告,并处 1 000 元以上 5 万元以下的罚款;对直接负责的主管人员和其他直接责任人员,依法给予纪律处分。

第四十六条 中国人民银行、公安机关、工商行政管理机关及其工作人员违反本条例有关规定的, 对直接负责的主管人员和其他直接责任人员,依法给予行政处分。

第四十七条 违反本条例第二十条第三款、第二十七条第一款第三项、第二十九条和第三十一条规定的,依照《中华人民共和国中国人民银行法》的有关规定予以处罚;其中,违反本条例第三十一条规定,构成犯罪的,依法追究刑事责任。

第六章 附则

第四十八条 本条例自 2000 年 5 月 1 日起施行。

附录四　中国人民银行残缺、污损的人民币兑换办法

第一条　为维护人民币信誉,保护国家财产安全和人民币持有人的合法权益,确保人民币正常流通,根据《中华人民共和国中国人民银行法》和《中华人民共和国人民币管理条例》制定本办法。

第二条　本办法所称残缺、污损的人民币是指票面撕裂、损缺,或因自然磨损、侵蚀外观、质地受损,颜色变化,图案不清晰,防伪特征受损,不宜再继续流通使用的人民币。

第三条　凡办理人民币存取款业务的金融机构（以下简称金融机构）应无偿为公众兑换残缺、污损的人民币,不得拒绝兑换。

第四条　残缺、污损的人民币兑换"全额"、"半额"两种情况。

（一）能辨别面额,票面剩余四分之三（含四分之三）以上,其图案、文字能按原样连接的残缺、污损的人民币,金融机构应向持有人按原面额全额兑换。

（二）能辨别面额,票面剩余二分之一（含二分之一）至四分之三以下,其图案、文字能按原样连接的残缺、污损的人民币,金融机构应向持有人按原面额的一半兑换。

纸币呈正十字形缺少四分之一的,按原面额的一半兑换。

第五条　兑付额不足 1 分的,不予兑换;5 分按半额兑换的,兑付 2 分。

第六条　金融机构在办理残缺、污损的人民币兑换业务时,应向残缺、污损的人民币持有人说明认定的兑换结果。不予兑换的残缺、污损的人民币,应退回原持有人。

第七条　残缺、污损的人民币持有人同意金融机构认定结果的,对兑换的残缺、污损的人民币纸币,金融机构应当面将带有本行行名的"全额"或"半额"戳记加盖在票面上;对兑换的残缺、污损的人民币硬币,金融机构应当面使用专用袋密封保管,并在袋外封签上加盖"兑换"戳记。

第八条　残缺、污损的人民币持有人对金融机构认定的兑换结果有异议的,经持有人要求,金融机构应出具认定证明并退回该残缺、污损的人民币。

持有人可凭认定证明到中国人民银行分支机构申请鉴定,中国人民银行应自申请日起5个工作日内做出鉴定并出具鉴定书。持有人可持中国人民银行的鉴定书及可兑换的残缺、污损的人民币到金融机构进行兑换。

第九条　金融机构应按照中国人民银行的有关规定,将兑换的残缺、污损的人民币交存当地中国人民银行分支机构。

第十条　中国人民银行依照本办法对残缺、污损的人民币的兑换工作实施监督管理。

第十一条　违反本办法第三条规定的金融机构,由中国人民银行根据《中华人民共和国人民币管理条例》第四十二规定,依法进行处罚。

第十二条　本办法自2004年2月1日起施行。1955年5月8日中国人民银行发布的《残缺人民币兑换办法》同时废止。